イチからはじめる法人税実務の基礎

第5版

税理士
菅原 英雄 著

理論と実務の「つながり」がはっきり見えてくる！

- ▶ 法人税の勉強はしたけど実務に携わるのは初めて、という方に
- ▶ 申告書を作成する実務のプロセスを、根拠条文や考え方など理論とともに解説
- ▶ 最新の改正に対応し各種数値・資料をアップデート

税務経理協会

第5版刊行にあたって

おかげさまで本書も第5版を重ねることができました。

前回改訂から4年が経ち，法人税においても様々な改正がなされました。たとえば，寄附金の損金算入限度額の計算における資本基準の計算方法がそれまで「資本金等の額」を用いていたのが「資本金の額と資本準備金の額の合計額」を用いることとなったり，貸倒引当金において完全支配関係にある法人に対する金銭債権を個別評価金銭債権及び一括評価金銭債権に含まないこととされたり，受取配当等の益金不算入制度における負債利子控除の計算が総資産の按分方式から配当等の額4％相当額を負債利子とする方式に変わりました。これらの改正は，細かい部分ではありますが実務上大きな影響があります。

上述の改正は，いわゆる連結納税制度が令和4年4月1日以後開始する事業年度からグループ通算制度に改変されたことに伴って改正されたものです。この改正を受けて条文構成や規定の表現ぶりもかなり見直された部分があります。

今回は，現時点（令和5年10月現在）における条文及び公表されている別表を用いて，改正された点を中心に見直すとともに，税制改正から時が経ち実務ですでに定着している部分等を全体的に見直して書き換えています。

ただし，本書は，これから法人税実務を始めようとされている実務家の方を中心として基本的な法律と実務とのつながりを実感できるようにすることを第一に考え，グループ通算制度や組織再編，あるいは国際税務といった分野については説明を割愛しておりますのでご了解ください。これらの分野については，中小・零細企業に対する適用状況等を見ながら，本書に加えるかどうか引き続き検討してまいりたいと考えています。

本書を用いることで，法人税の基本となる取扱いを的確に理解し，実務にお役立ていただけると幸いです。

2023年10月

菅原　英雄

は じ め に

　法人税法を体系的に勉強すれば，実際に実務に従事したときにすらすらと申告書が作れるかというと必ずしもそういうわけではないことは多くの方が経験されているのではないでしょうか。もちろん，法人税実務の拠って立つものは法人税法であり，法人税法の正しい理解が，実務を適切に遂行する上で最も重要であることは言うまでもありません。

　しかし，考えてみると，法人税法は，現実の経済取引を土台とし，経理処理のさまざまな常識・慣行や民法・会社法といった法人を巡る他の法律を踏まえて作られています。そもそも机の上だけで法人税法を理解するということ自体容易なことではないわけです。実務経験が乏しい場合には，理論と実務とのつながりが実感しにくいのも当然といえるでしょう。

　そこで，本書では，「イチから始める法人税実務の基礎」と題して，法人税の実務の基礎を解説します。ただし，単なる実務の解説に止まることなく，その根拠となる法律や通達等を示すとともに背景となる考え方についてなるべく平易に解説していますので，税務の初心者の方やこれから勉強してみようという方にも体系的な理解ができるようにしています。

　第1章は，法人税の概要として，これから法人税と向き合っていくに当たり必要な知識をまとめました。第2章では，課税所得の計算を巡る基本的な知識を解説しました。第3章では，法人税の確定申告書を作成するに当たり，誰でも必ず越えなければならない壁である税金の処理について解説しています。第4章から第6章までは，損益計算書項目の御三家ともいえる，交際費等，寄附金及び役員給与を，第7章と第8章では，資産に係る項目として貸倒引当金と減価償却について解説しています。第9章から第11章までは，法人税法固有の項目として，受取配当等の益金不算入・所得税額控除及び青色欠損金について解説しています。そして，第12章では，実務家であれば必ず経験することになる税務調査を取り上げました。

　各章は，特に順番はありませんので，どこから読んでいただいても結構です。本書を一読することにより，法人税のうち最低限おさえておくべき基礎的な事項について，「**理論と実務とのつながりがはっきりと見えてくるようになる**」というのが本書のねらいです。

　それでは，さっそく始めましょう。

2013年11月

菅原　英雄

CONTENTS

第10章　所得税額控除 …………………………… 219

第11章　青色欠損金 …………………………… 233

※　別表四，別表五㈠，別表五㈡については，主要なもののみ表示しています。

【凡　例】

本文中で使用している主な法令等の略語は，次のとおりです。

略語表記	法 令 及 び 通 達 等
通則法	国税通則法
法法	法人税法
法令	法人税法施行令
法規	法人税法施行規則
法基通	法人税基本通達
措法	租税特別措置法
措規	租税特別措置法施行規則
措通	租税特別措置法関係通達
会社	会社法

【例】　法法37③二　→　法人税法37条３項２号

第1章

法人税の概要

　具体的な項目に入る前に，まず，「法人税とは何か」というところから話をはじめていきたいと思います。

　ここでのポイントは，下記のとおりです。

①　法人税は法人の所得に対して課される税金である

②　法人の種類によって課税の対象となる所得の範囲や税率が異なる

③　同一種類の法人であっても通常の所得計算とは別の仕組みで課税される所得がある

　以下，これらの点を説明します。

1 法人税の実態

　税金には国税と地方税とがありますが，国税の一つである法人税は，わが国の税収の5分の1弱を占める重要な税金です。税収が大きい国税は，他に所得税と消費税とがあり，これら三つの国税で国税収入の約85%を占めています（**図表1-1**参照）。

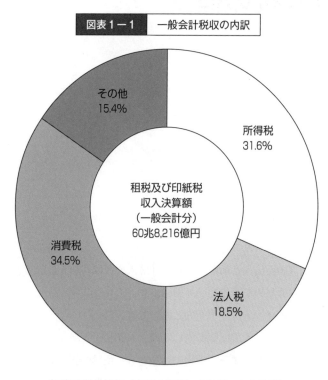

図表1-1　一般会計税収の内訳

その他
15.4%

所得税
31.6%

租税及び印紙税
収入決算額
（一般会計分）
60兆8,216億円

消費税
34.5%

法人税
18.5%

（国税庁統計情報（令和2年度）よりデータを入手）

　近年は，消費税の税率アップと企業業績の上昇に伴う法人税収・源泉所得税収の増加から税収全体がアップしましたが，現実には国家予算に占める税収の割合は6割程度です（**図表1-2**参照）。残りの多くは，いわゆる赤字国債による収入で国の財政を支えていることは皆さんよく御存じのことと思います。法人税についてみると，税率が昭和の終わりにピーク（43.3%）となり，その後，徐々に下降し，現

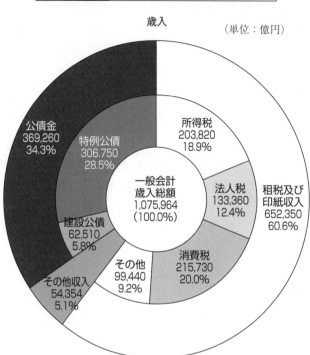

図表 1 − 2　令和 4 年度一般会計予算の概要

歳入　　　　　　　（単位：億円）

公債金 369,260 34.3%
特例公債 306,750 28.5%
建設公債 62,510 5.8%
その他収入 54,354 5.1%
一般会計歳入総額 1,075,964 (100.0%)
所得税 203,820 18.9%
法人税 133,360 12.4%
租税及び印紙収入 652,350 60.6%
消費税 215,730 20.0%
その他 99,440 9.2%

（財務省　令和 4 年 4 月「日本の財政関係資料」）

在では23.2％となっており，税収に占める法人税の割合はやや小さくなっています。

　また，法人税の対象となる法人の数は約280万社[注1]あります。しかし，これらの法人がすべて法人税を負担しているわけではありません。法人税は，会社の儲けに対してかかる税金ですから，儲けがないと税金はでてきません。直接には法人税を納めない連結子法人[注2]を除いた約279万社のうち62.3％は欠損法人，つまり赤字会社です。ということは，実際に法人税を支払っているのは，法人全体の4割にも満たないということになります。つまり，全体の4割にも満たない法人が，日本の税収の5分の1弱を納めているというのが法人税の実態ということになります。

（注 1 ）　国税庁会社標本調査結果（令和 2 年度分）による。
（注 2 ）　令和 2 年度の税制改正により連結納税制度は2022年 4 月 1 日からグループ通算制度に改定されています。

2 法人税の概要

さて，**1**で少し触れましたが，法人税は会社の儲けに対してかかる税金です。儲けとは利益のことです。特に税金の計算の基礎となる利益のことを「所得」といいます。言い換えると，法人税とは，「法人の所得に対して課される税金」ということになります。そこで，次に「法人」と「所得」との関係について説明します。

ここで言いたいことは，

①	法人の種類によって課税の対象となる所得の範囲や税率が異なる
②	同一種類の法人であっても，所得によっては計算の仕組みや税率が異なる場合がある

ということです。以下，この点を確認します。

1 法人の種類

法人税法では，法人そのものの定義はありません。したがって，他から意味を借りてくること（借用概念）になります。法人とは何かといったテーマは，たとえば，海外の事業体に対して日本の法人税を当てはめる場面などで大変重要な意味を持ちます。差し当たりここでは「我々のような自然人ではないが，法律上の権利能力を有するもの（＝法的主体となり得るもの）」といった程度の説明にとどめておきたいと思います。

前置きが長くなりましたが，下に示したとおり，法人税法では，まず，法人を内国法人と外国法人とに分けて規定しています。

【法人税法の条文構成】

第1編　総則（第1条～第20条）

第2編　内国法人の法人税（第21条～第137条）

第3編　外国法人の法人税（第138条～第147条の4）

第4編　雑則（第148条～第158条）

第5編　罰則（第159条～第163条）

内国法人とは，国内に本店又は主たる事務所を有する法人をいいます（法法2三）。また，外国法人は，内国法人以外の法人，つまり日本以外の国や地域に本店又は主たる事務所を有する法人をいいます（法法2四）。

そして，内国法人は，その源泉が国内にあるか国外にあるかを問わず，すべての所得に対して納税義務を負います（法法4①，5）。また，外国法人は，その源泉が国内にある所得に対してのみ納税義務を負います（法法8①，141）。

次に，法人税法では，内国法人を五つに分類して課税関係を規定しています。

概要を示すと**図表1-3**のとおりです。

| 図表1-3 法人の種類と課税所得 |

課税の対象となる所得／法人の種類	各事業年度の所得	法人課税信託の所得（受託者が法人である場合）	退職年金等積立金（退職年金業務を行う信託会社，保険会社等）	特定同族会社の留保金
(1)公共法人	−	−	−	−
(2)公益法人等	○（収益事業から生じた所得のみ）	○	○	−
(3)協同組合等	○	○	○	−
(4)人格のない社団等	○（収益事業から生じた所得のみ）	○	○	−
(5)普通法人	○	○	○	○

※　○は課税，−は該当なしを表す。

以下，それぞれを簡単に説明します。

(1)　公共法人

公共法人とは，地方自治体や国立大学法人など法人税法別表第一に掲げられている法人をいいます（法法2五）。これらの法人は，いわば政府の代行機関というべきものであり，その事業内容は公共サービスと位置付けられます。したがって，公共法人には納税義務がありません（法法4②）。

(2)　公益法人等

公益法人等とは，公益財団法人や日本赤十字社など法人税法別表第二に掲げられ

ている法人をいいます（法法２六）。これらの法人は，その所得のうち収益事業に関わるものに対してのみ課税されます。ただし，特別法に基づいて設立された非営利法人であることに鑑み，普通法人よりも軽減された税率で課税されます。

(3) 協同組合等

協同組合等とは農業協同組合や消費生活協同組合など法人税法別表第三に掲げられている法人をいいます（法法２七）。これらの法人は，組合員の共同の利益の増進を図ることを目的としており，必ずしも営利のみを目的としているとは言えないことから，公益法人等と同様に，軽減税率により課税されます。

(4) 人格のない社団等

人格のない社団等とは，条文では，「法人でない社団又は財団で代表者又は管理人の定めがあるものをいう。」とされています（法法２八）。わかりにくい定義ですが，具体例をあげると，ＰＴＡや同窓会といったものがあげられます。厳密にはこれらの団体は法人とは言えないのですが，法人税法上は法人とみなし，収益事業を行った場合には，通常の税率で法人税が課されることになっています（法法３，４①）。たまたまＰＴＡがバザーを催したときに法人税がかかるのかといった質問を受けることがありますが，収益事業とは，物品販売業等の特定の事業を継続して事業場を設けて行われるもの（法法２十三，法令５）であることから，ほとんどのケースでは法人税の対象とはならないものと思われます。

(5) 普通法人

普通法人とは，上の四つのどれにも該当しない法人をいいます（法法２九）。その中心は，株式会社や持分会社といった営利法人で，法人税の納税義務者の大部分を占めています。中小企業の優遇措置の一環として，資本金の額又は出資金の額が１億円以下の一定の法人については，その所得のうち800万円以下の部分について，軽減税率（2022年12月現在15％）が適用されます（法法66②，措法42の３の２①）。

なお，資本金が１億円以下であっても，大法人（資本金の額が５億円以上）に完全支配（100％支配）されている場合には，この軽減税率は適用されず，普通税率（2022年12月現在23.2％）で課税されます。

❷　課税の対象となる所得

　法人税では，原則として所得を種類別に区分することはしません。この点，所得を給与所得や雑所得など10種類に区分し，その区分された所得の種類ごとに税額の計算方法を規定している所得税とは大きく異なっています。ただし，次の所得に対しては，通常の所得計算とは別に計算方法を定めています。

(1)　法人課税信託の所得

　信託とは，財産の移転を受けた受託者が，一定の目的に従って，財産を管理，処分することをいいますが（信託法2），課税上は，信託の受益者が収益の発生時又は収益の受領時に課税されるのが一般的です。しかし，信託期間が長く，受託者段階で収益を留保されることによって課税の繰延べが起きやすいものや，租税回避に使われる恐れがあるものなどの一定の信託（法人課税信託）については，その受託者に対して，信託に係る所得を課税することとしています。この場合，受託者は，信託資産等及び固有資産等ごとに別の者とみなして，法人税法の規定を適用して所得を計算することとされています（法法4の2）。

(2)　退職年金等積立金

　法人が確定給付年金や確定拠出年金など一定の企業年金制度等を導入している場合には，法人が掛金を拠出する時点では従業員に対して給与所得課税がされずに法人の単純損金となります。そして，従業員が退職して退職年金等を支給された時点でその者に対し所得税（年金であれば雑所得，一時金であれば退職所得）が課税されます。つまり，掛金の拠出から年金等の支給時まで所得税の課税が繰り延べられていることになるわけです。

　そこで，法人税法は，その間の所得税の繰延べに対する利子に相当するものとして，退職年金業務を行う保険会社や信託銀行等に対し，退職年金等積立金に対して1％の税率で法人税を課すこととしています（法法9，87）。

　したがって，退職年金等積立金に対する法人税は，法人の所得に対して課される税金というよりも個人の所得税に対する利息として理解すべきものといえます。

　なお，退職年金等積立金に対する法人税については，平成11年4月1日以降開始する事業年度の退職年金等積立金について課税が停止されています（措法68の5）。

⑶ 特定同族会社の留保金

　個人やその親族が支配している会社にあっては，利益を内部に留保して個人の所得税を回避することが可能となります。したがって，法人税法では，株主とその親族等が50％を超える株式を有する場合のその株式の発行法人を特定同族会社として，留保された所得のうち一定の金額に対して，特別の法人税を課すこととしています（法法67）。ただし，資本金が１億円以下の特定同族会社は，大法人（資本金の額が５億円以上）に完全支配（100％支配）されているなど一定の場合を除き，課税の対象から除かれています。

⑷　そ　の　他

　やや特殊にはなりますが，法人が支払っている費用のうち，その相手方や目的・内容等を隠していると，当局にとって，それが本当に費用なのかどうかわからないということになります。このような費用は，使途不明金として損金の額に算入しないといった取扱いがあります（法基通９－７－20）。そして，使途不明金のうち，一定の要件を満たすものは，使途秘匿金として，支出額の40％に相当する金額の法人税を課すこととされています（措法62①）。

　また，土地税制の一環として，所有期間が５年を超える土地の譲渡益に対しては，その譲渡益の５％の追加課税が，所有期間が５年未満の土地の譲渡益に対しては，譲渡益の10％の追加課税が行われることとされています（措法63）。ただし，この措置は，1998年１月１日以後された土地の譲渡等については適用しないこととされています（措法62の３⑬，63⑦）。

　以上，法人の種類と課税所得との関係について簡単に説明しました。本書では，最も例の多い「普通法人の各事業年度の所得に対する法人税」を前提に解説します。

　なお，平成26年度の税制改正で，地域間の税源の偏在性を是正する目的から地方法人税が創設され，2014年10月１日以後に開始する事業年度から国（税務署）に対して申告・納付することとされました。本書では，特に断りがない限り「地方法人税」と「法人税」とを区別することなくすべて「法人税」としていますのでご了承ください。

第1章 3 法人税を規定しているもの

1 法　　令

　法人税を定めている法律は，法人税法です。また，政策的な配慮に基づく取扱いや，時限的な取扱いなどを定めた租税特別措置法にも法人税に関する規定があります。法人税法と租税特別措置法とは，一般法と特別法の関係があるといえます（**図表1-4**参照）。したがって，実務においては，租税特別措置法の規定が法人税法上の取扱いをどのように修正しているのか知っておくことが重要となります。

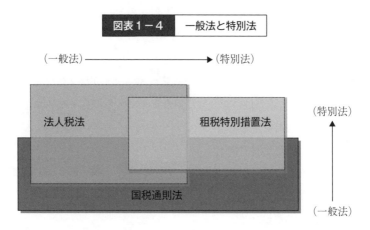

図表1-4　一般法と特別法

　たとえば，ある法人が取得価額が30万円未満の減価償却資産を購入して，事業の用に供したとしましょう。通常であれば，決算時において，法人税法31条の規定により，減価償却の償却限度額まで償却費として損金の額に算入します。ところが，この資産を購入した法人が資本金1億円以下で，大法人に所有されていない中小企業であったならば，租税特別措置法67条の5により全体で300万円に達するまでは，その取得価額は全額を損金算入することができます。

　中小企業に対する優遇措置や試験研究・賃金の引上げの促進等といった政策から作られた税の仕組みはそのほとんどが租税特別措置法に規定されていますので，租税特別措置法を知らないと税金としては損することが多いといえます。

　なお，各税法の共通的な取扱いを規定したものとして，国税通則法があります。

各税法の共通的な取扱いには，たとえば，申告，更正決定等の納税義務の確定や，納付，徴収，還付，付帯税，期間計算，税務調査，不服審査などの手続があります。もっとも，手続といっても，青色申告に係る更正など，個別の税法特有の手続として，各税法でその取扱いを修正している場合があります。つまり，国税通則法と各税法との関係にも，一般法と特別法の関係があるといえるわけです（**図表1－4**参照）。

また，法人税法は税金を計算するために具体的に規定される必要があります。法律だけでそれをやろうとすると大変な分量になりわかりにくくなってしまいます。そこで，大枠については，法律で規定し，具体的な取扱いについては政令又は省令に規定を委任するということを行います（**図表1－5**参照）。

法人税法の政令は「法人税法施行令」，法人税法の省令は「法人税法施行規則」といいます。法人税法施行令は内閣が制定し，法人税法施行規則は財務大臣が制定します。

たとえば，減価償却は，法人税法31条に規定がありますが，そこで規定されているのは，「法人が当期に減価償却費として損金算入できるのは，法人が選定した一定の方法により計算した償却限度額までですよ」といった程度です。具体的な減価償却の方法や選定の手続等は法人税法施行令48条以下に規定されています。そして，手続のために必要な書類や各要件の詳細は法人税法施行規則9条の3以下に規定されています。

このように，法人税法は「法律」「政令」「省令」で構成されていますが，これらを補完するものとして「告示」があります。たとえば，全額損金算入が可能な指定寄附金の範囲は，財務大臣が指定することによって定まります。そ

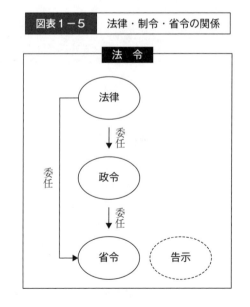

図表1－5　法律・制令・省令の関係

法　令

法律
↓委任
政令
↓委任
省令　　告示
委任

してこの指定は告示という形で公表されています。そのほか，租税特別措置法に定める各種の措置の適用範囲も財務大臣の指定によって定められていることが多く見受けられます。したがって，告示も法律と同様の効果があるといえます。

告示は官報に掲載されることで一般に公表されますが，主なものについては財務省のホームページでもみることができます。

なお，法人税は，経済に与える影響が大きく，政治の主要なテーマとなりやすいことや，法人をめぐる法律や会計制度の変更による影響から毎年改正が行われています。特に平成10年代から20年代のはじめごろまでは，金融制度や商法・会社法の改正，会計制度の見直し等を受けて重要な改正が目白押しでした（**図表１－６**参照）。

改正法案は，新しい年度に合わせて施行できるよう，通常は３月末までに国会で議決されます。前年の秋口あたりから，与党の税制調査会で来年度の税制改正のための審議を始めます。また，これと前後して，内閣府に設置されている税制調査会や各種専門家の委員会等，様々なところで，意見・要望等の集約が行われ，内容を検討するといった作業が続けられます。12月半ばには，内閣が「税制改正大綱」を閣議決定することで税制改正の骨格が固まります。そして，衆議院・参議院の審議期間を考慮して，通常は，１月下旬から２月の上旬には財務省関連法案として国会に提出します。なお，これと並行して財務省主税局では政令案・省令案を準備します。そして，３月末に法案が可決・成立し，公布されることにより，４月から改正

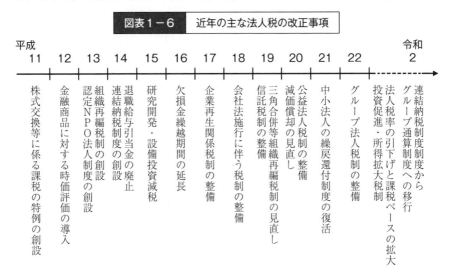

図表１－６　近年の主な法人税の改正事項

平成												令和
11	12	13	14	15	16	17	18	19	20	21	22	2
株式交換等に係る課税の特例の創設	金融商品に対する時価評価の導入	認定NPO法人制度の創設　連結納税制度の創設　組織再編税制の創設	退職給与引当金の廃止	研究開発・設備投資減税	欠損金繰越期間の延長	企業再生関係税制の整備	会社法施行に伴う税制の整備	三角合併等組織再編税制の整備　信託税制の見直し	公益法人税制の整備　減価償却の見直し	中小法人の繰戻還付制度の復活	グループ法人税制の整備	連結納税制度からグループ通算制度への移行　法人税率の引下げと課税ベースの拡大　投資促進・所得拡大税制

後の税法が施行されることになります。社会・政治状況によって大きくずれることもありますが，大体このような作業が毎年繰り返されているわけです（**図表1-7**参照）。

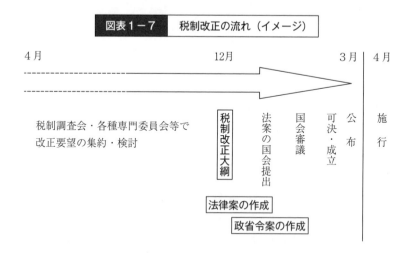

図表1-7 税制改正の流れ（イメージ）

4月 　　　　　　　　　　　　 12月 　　　　　　　　 3月 ｜ 4月

税制調査会・各種専門委員会等で
改正要望の集約・検討

税制改正大綱

法案の国会提出

国会審議

可決・成立

公布

施行

法律案の作成

政省令案の作成

2 通達・その他

　法人税の実務の上で，もう一つ，幅を利かせているものがあります。それは「通達」です。通達とは，上級行政庁が法令の解釈や行政の運用方針について下級官庁に行う命令・指示のことをいいます。国税庁長官は様々な通達を発遣していますが，私達にとって特に重要なのは，法令の解釈に関する通達（法令解釈通達）です。法令解釈通達には，法人税法に対しては「法人税基本通達」があり，租税特別措置法に対しては「租税特別措置法関係通達」があります。そのほか，国税庁長官が個別に発する「個別通達」があります。

　上述のとおり，通達とは，行政庁内部で行われる命令ないし指示であるので，直接私たちを拘束するものではないとされています。裁判所も通達に拘束されません。

　しかし，現実には，通達に反した税務の取扱いをしていると税務調査で否認されるといったことも起こり得ます。それは，通達が当局としての法令解釈（公定解釈）を示したものであるからです。したがって，実務を遂行する上では，通達は事実上の拘束力をもっています。

　また，通達とは別に，国税庁が公表している「質疑応答」や各種Q&Aがありま

す。これらはいわば「お知らせ」に過ぎないので，法的には私たちを拘束しません
が，やはり公定解釈を示しているという点で，実務的には影響力をもっているとい
えます。

　これらの通達や質疑応答等の情報は，すべて国税庁のホームページで閲覧可能で
す。

　以前は，当局の人の書いた書物や雑誌記事が重要視されていた傾向がありました
が，近年は，それらに替わり，国税庁が質疑応答のような形で積極的に情報発信に
努めているように見受けられます。それはそれで好ましいことと思いますが，如何
せん法人を巡る複雑な取引を網羅することは到底無理なことであり，私どものよう
な実務家は情報に書かれていないところをどのように判断するかが仕事をする上で
の大きなポイントとなります。

　以上，法人税とは何かといったテーマを中心に思いついたことを書き連ねました。
そろそろ本題に入っていきたいと思います。

第2章

所得金額の計算
―財務諸表と別表四・五との関係―

　本章では，法人の利益と所得とはどのような関係にあるのか，また，所得の計算と申告書の基本構造はどうなっているのかといったことを説明します。ここでのポイントは次の五つです。

① 所得の計算は企業会計の利益計算に準拠しているが，両者では目的が違うため所得と利益は一致しない。

② 一致しない部分は，申告書の別表四で会計上の利益に加減算して所得金額を計算する。

③ 一方，申告書の別表五は，法人税から見た利益のたまりと元手の状況を示している。

④ 別表四と別表五は，損益計算書と貸借対照表の役割を担っている。

⑤ 別表五に示されている利益積立金は，会計上の利益剰余金及び利益と所得の不一致部分のうち法人内部に留保されたものから構成されている。

第2章

1 法人税額の計算

　所得金額の計算に入る前に，法人税額の計算について若干触れておきたいと思います。

　法人税は，法人の所得の金額に税率を乗じることで計算されますが，その税率は，23.2％となっています。ただし，資本金1億円以下の中小法人については，その所得のうち800万円以下の部分について，15％の軽減税率で課税されます（第1章 **2** **1** (5)参照）。

　この中小法人に係る軽減税率の適用については，次の点に留意する必要があります（法法66①②⑤，措法42の3の2①）。

○　資本金の額が1億円以下であっても資本金の額が5億円以上の大法人に100％支配されている場合や完全支配関係にある複数の大法人に100％保有されている場合には，軽減税率は適用されないこと

○　過去3期分（当該事業年度開始の日前3年以内に終了した各事業年度）の所得の金額の年平均が15億円を超える場合（適用除外法人に該当する場合）には，軽減税率は19％となること

　上記二つ目の適用除外法人の軽減税率が19％となるのは，もともと法人税法で定める軽減税率は19％とされているからです。中小法人については租税特別措置法によりさらにそれが15％とされていますが，適用除外法人については，租税特別措置法の適用から除外されるにとどまるため，法人税法に定める軽減税率が適用されることになるわけです。

　これらを簡単な表にまとめると次のとおりです。

適用関係			税率
中小法人	年800万円以下	下記以外	15％
		適用除外法人	19％
	年800万円超		23.2％
中小法人以外の普通法人			23.2％

　なお，軽減税率の15％は，租税特別措置法による適用期限がこれまで繰り返し更

新されてきましたが，現在では2025年 3 月31日までに開始する事業年度がその適用期限となっています。

　また，地方法人税法は，法人税額を課税標準としますが，その税率は10.3％となっています。

　法人税確定申告書では，先頭にある別表一で納付すべき税額を計算しますが，上記の税率を乗じるのは，別表一次葉で行います。

　別表一は，申告書の一番先頭にくる別表です。したがって，納税地，法人名，法人番号等の基本的な事項を記載する欄が上段にあります（図表では省略）。そして，法人が確定申告をすることで納めるべき税額を「差引確定法人税額15」欄に表示します。

　矢印がたくさんありやや見づらい点はご容赦いただくとして，まず，別表一の「所得金額又は欠損金額 1 」欄に，別表四で計算した所得金額の合計額を転記するところから始まります。そして，その金額は，別表一次葉の「法人税額の計算」の各欄に千円未満を切り捨てて記載します。既述したように中小法人の場合には，800万円の所得金額までは15％の軽減税率が適用されるので，所得金額のうち800万円までを「45」欄に記載し，800万円を超える部分，すわなち，所得金額全体から800万円を差し引いた金額を「47」欄に記載し，それぞれ右側の欄で税額を計算することになります。

　別表一次葉で計算した税額は，再度別表一に転記され，一定の税額控除や中間納付した税額を差し引いて納付すべき確定税額を計算します。また，地方法人税については，「法人税額 2 」欄の金額から，租税特別措置法で規定されている各種の特別税額控除額（「法人税額の特別控除額 3 」欄の金額）を差し引き，使途秘匿金課税がある場合には当該税額（「 9 」欄の外書き）を加算した金額を課税標準として「28」欄に記載し，別表一次葉で税額を計算します（図表では別表一における地方法人税の確定税額欄等は省略しています）。

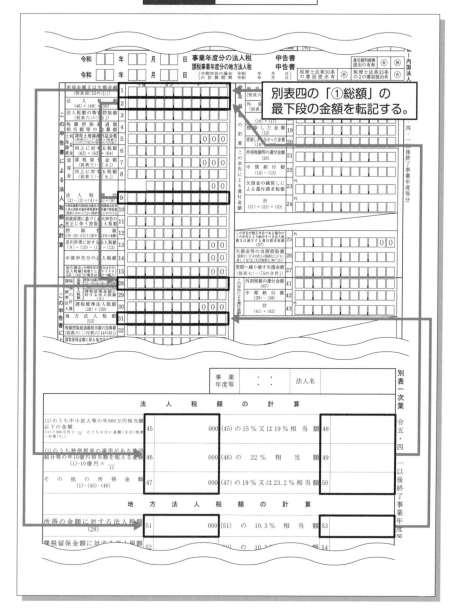

別表四の「①総額」の
最下段の金額を転記する。

2 所得計算の前提

　会社の所得の計算はすべて税法独自のルールで行うのかというとそういうわけではありません。まず，企業会計で計算された利益があり，それに加算・減算といった調整を加えて計算することとされています。まず，このことを法人税の規定から確認していきたいと思います。

　所得の計算に関する通則は法人税法22条に規定されています。

法人税法第22条（各事業年度の所得の金額の計算）

　　内国法人の各事業年度の所得の金額は，当該事業年度の益金の額から当該事業年度の損金の額を控除した金額とする。

2　　内国法人の各事業年度の所得の金額の計算上当該事業年度の益金の額に算入すべき金額は，別段の定めがあるものを除き，資産の販売，有償又は無償による資産の譲渡又は役務の提供，無償による資産の譲受けその他の取引で資本等取引以外のものに係る当該事業年度の収益の額とする。

3　　内国法人の各事業年度の所得の金額の計算上当該事業年度の損金の額に算入すべき金額は，別段の定めがあるものを除き，次に掲げる額とする。

　　一　当該事業年度の収益に係る売上原価，完成工事原価その他これらに準ずる原価の額

　　二　前号に掲げるもののほか，当該事業年度の販売費，一般管理費その他の費用（償却費以外の費用で当該事業年度終了の日までに債務の確定しないものを除く。）の額

　　三　当該事業年度の損失の額で資本等取引以外の取引に係るもの

4　　第2項に規定する当該事業年度の収益の額及び前項各号に掲げる額は，別段の定めがあるものを除き，一般に公正妥当と認められる会計処理の基準に従って計算されるものとする。

5　（記載省略）

この条文の網掛け部分をみると，所得金額の計算は次のような構造になっていることがわかります。

```
所得の金額  ＝  益金の額  －  損金の額
              ⇩          ⇩                    ＝  利益の金額
           収益の額  －  原価・費用・損失の額
```

つまり，法人税法上の所得の金額の計算は，企業会計における損益法による利益計算方式と同じ構造となっているわけです。

また，４項では，益金の額の基になる収益の額，損金の額の基になる原価・費用・損失の額は，それぞれ公正妥当な会計処理の基準に従って計算することを要請しています。

公正妥当な会計処理の基準というと，企業会計原則，会社法の計算規定，企業会計基準委員会の会計基準，中小企業の会計に関する指針などがすぐに頭に浮かぶことと思います。しかし，これらの明文化されたルールはすべての取引が網羅されているわけではありませんし，これらのルールとは異なる会計処理が即公正妥当ではないとは必ずしも言い切れない面があります。また，逆に明文化された会計基準がすべて税法に照らして公正妥当であるとも言い切れない面があります。ここはもう少し広い概念，すなわち一般に行われ，確立している会計慣行といった意味で捉えておく必要があります。

このように，法人税法が，所得計算について公正妥当な企業会計の慣行に従った処理を前提としているのは，所得と利益はその大部分が重なり合うからです（**図表２－２参照**）。その重なり合う部分については，法人税法として規定する必要はないので法律の簡素化が図られているともいえます。

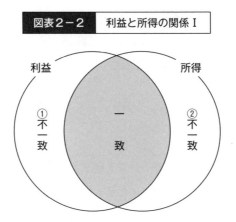

図表２－２　利益と所得の関係Ⅰ

　なお，**図表２－２**の不一致となる部分については，法人税法22条の基本的な規定に対する例外規定（別段の定め）として，法人税法22条の２以下及び租税特別措置法に定められています。したがって，法人税の課税所得の計算に関する規定は，その大部分が「別段の定め」ということになります。

3 所得と利益の不一致の内容

それでは，所得と利益が不一致となる部分とはどのようなものなのか具体的に見ていきたいと思います。

図表2-2を見てわかるとおり，所得と利益が不一致となる部分には次の二つがあります。

(1)	企業会計上は利益であるが法人税法上は所得とはならないもの
(2)	企業会計上は利益ではないが法人税法上は所得となるもの

この二つをもう少しわかりやすくするために， **1** で述べた所得の金額と利益の金額の算式を使って分解してみると**図表2-3**のイ，ロ，ハ，ニのようになります。それぞれの内容について簡単に説明します。

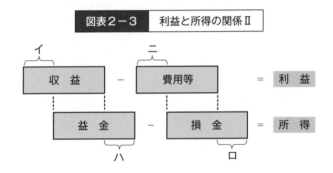

図表2-3　利益と所得の関係Ⅱ

(1) **企業会計上は利益であるが法人税法上は所得とはならないもの（利益から減算するもの）**

イ　益金不算入

たとえば，法人税法では，他の内国法人から受領した配当のうち一定の部分は益金の額に算入しないこととされています。この場合には，企業会計上は利益となりますが，所得計算上は益金不算入とすることで所得を構成しないことになります。

ロ　損 金 算 入

たとえば，当期の利益を計算するときに，過去の欠損金と相殺することはありませんが，法人税法では，青色申告法人の繰越欠損金のうち一定のものは所得の金額から控除することとなっています。したがって，その分，所得金額は減じられることになります。

⑵　企業会計上は利益ではないが法人税法上は所得となるもの（利益に加算するもの）

ハ　益 金 算 入

たとえば，税率の低い国に子会社を作ってそこに所得を集めて租税回避を図るといった行為を防止する税制（外国子会社合算税制）があります。この税制が適用されると，海外子会社の所得を内国法人の所得に取り込むことになります。つまり，もともと当社の利益ではないのですが，法人税法上は益金算入することで所得金額を構成することになります。

ニ　損金不算入

たとえば，法人税法では得意先を接待する費用（交際費等）は一定の限度額以上は損金の額に算入しないといった取扱いがあります。つまり，企業会計上は費用ですが，法人税法上は損金不算入とすることで，その分所得金額を構成することになります。一定の役員給与の損金不算入や，減価償却超過額の損金不算入など，実務上，利益と所得の相違の多くは，この損金不算入の取扱いによるものといえます。

実際に所得と利益が完全に一致することはまずありません。それは，企業会計における利益計算の目的と所得計算の目的が違うからです。所得計算の目的はあくまでも課税額の算定です。そのためには，課税の公平という考え方が何よりも大事であり，そのための様々な取扱いや，政策上の目的から作られた取扱いなどにより企業会計上の利益との不一致となる部分がどうしても生じます。この不一致部分は企業会計上の利益を調整することで所得金額と一致させます。つまり，上記⑴の部分は利益から減算し，⑵の部分は利益に加算するわけです。これらの調整のことを一般に「申告調整」と言います（**図表2-4**参照）。

$$利\ 益\ +\ \frac{ハ\ \ 益\ 金\ 算\ 入}{二\ \ 損\ 金\ 不\ 算\ 入}\ -\ \frac{イ\ \ 益\ 金\ 不\ 算\ 入}{ロ\ \ 損\ 金\ 算\ 入}\ =\ 所\ 得$$

　一方，法人税法では，会計上で費用又は損失としてあらかじめ経理処理しておかないと損金として認められないものがあります（たとえば，減価償却費など）。この「確定した決算において費用又は損失として経理すること」を法人税法上は「損金経理」といいます（法法２二十五）が，損金の額に算入される項目のうち，損金経理が要件とされているものについては，株主総会等の承認を受けた損益計算書に費用又は損失として計上しない限り，所得金額の計算上は損金の額に算入することができません。

　このように，決算書類を作成する段階で法人税法上の規定に基づいて経理処理することを「決算調整」といいます。

　決算調整は，上記に示した「損金経理」がほとんどですが，剰余金の処分等，必ずしも費用又は損失として経理処理しないものも決算調整に含まれます。

　したがって，法人税法上の所得計算は，企業会計に基づく経理処理に決算調整を加えた確定決算における利益の金額を出発点としてそれに申告調整を行うことで計算されるということになります。

　そして，決算調整額は確定決算における利益の金額にすでに反映されることになりますので，所得と利益の不一致は専ら申告調整上の問題であることがわかるかと思います。

4 別表四と損益計算書

　申告調整は，別表四（所得の金額の計算に関する明細書）上で行います（次頁の**図表2-5**参照）。

　別表四の「当期利益又は当期欠損の額1」欄には損益計算書の税引後の当期利益（又は当期損失）の金額を記載します。先ほど，所得と利益が一致することはまずないと言いましたが，仮に加算，減算が全くなければ，「1」欄の金額がそのまま「所得金額又は欠損金額52」欄に移記され，それが別表一の「1」欄に転記されることにより，その金額に税率が乗じられ税金が計算されます。なお，別表四では，加算項目や減算項目の内よく出てくるものや誤りやすいものはあらかじめ活字になって印刷されています。

　このように，別表四は企業会計で計算された利益の金額から所得の金額を導くための別表です。その意味では，法人税における損益計算書の役割を持つと言えます。

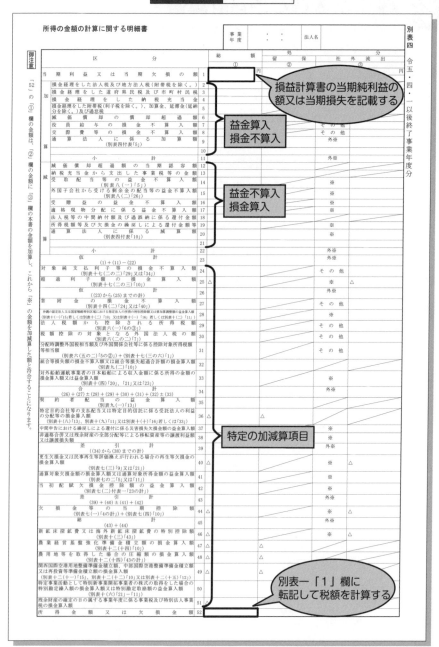

所得の金額の計算に関する明細書

損益計算書の当期純利益の額又は当期損失を記載する

益金算入
損金不算入

益金不算入
損金算入

特定の加減算項目

別表一「１」欄に
転記して税額を計算する

5 別表五㈠と貸借対照表

　今さら言うまでもありませんが，損益計算書は企業の経営成績を示し，貸借対照表は企業の財政状態を示しています。いわば，一定期間ごとのプールに注入した水と排水した水の量を示したのが損益計算書であり，一定期間ごとのプールの水かさを示したのが貸借対照表というわけです。

　これと同じような構造が法人税の申告書にもあります。別表四が法人税法上の利益（所得）を計算するという意味で損益計算書の役割をもつことは **3** で述べました。ここでは，法人税における貸借対照表の役割をもつ別表について説明します。それは，別表五㈠（利益積立金額及び資本金等の額の計算に関する明細書）です。

　別表五㈠では，法人税から見た利益のたまり（利益積立金）と元手（資本金等の額）の状況を示しています。具体的に別表五㈠を見ていきましょう（次頁の**図表2－6**参照）。

　期末の貸借対照表の純資産の部に記載されている繰越利益剰余金は，別表五㈠では「繰越損益金（損は赤）25③」及び「④」欄に記載します。利益準備金や別途積立金といった他の利益剰余金の項目があれば「利益準備金1④」欄以下に記載します。ちなみに期首（前期末）の繰越利益剰余金は「繰越損益金（損は赤）25①」及び「②」欄に記載します。また，別表五㈠の下の方には「Ⅱ資本金等の額の計算に関する明細書」があります。ここでは，期末の資本金及び資本剰余金を「資本金又は出資金32④」欄以下に記載します。

　このように，別表五㈠の右側の欄（「④」欄）には，貸借対照表の純資産の部の利益剰余金と資本金・資本剰余金の内容が，まず記載されます。そして，残りの欄には，申告調整の結果変動した利益のたまりや元手の金額を記載し，それぞれ合計金額を「差引合計額31」欄や「差引合計額36」欄に記載します。つまり，別表五㈠は，企業会計上の純資産に，税務上の調整額を加算する（減算する）ことで法人税法上の純資産額を計算するわけです。企業会計上の金額を基礎としてそれに税務上の調整を加えるという点では，別表四と同じ構造にあるといえます。なお，別表五㈠は，期中の変動額を記載する必要があることから，実務では利益剰余金や資本金等の額については「株主資本等変動計算書」から転記します（次項参照）。

図表2−6　別表五(一)

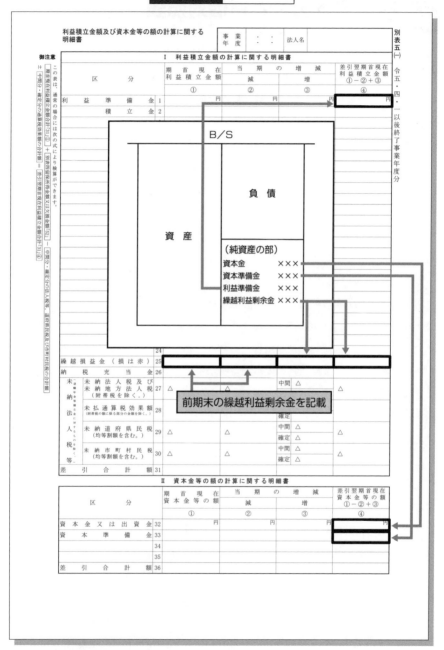

第2章 6 留保と社外流出

　別表四及び別表五は損益計算書及び貸借対照表と同様の役割をもつ別表であることを申し上げましたが，まだ具体的なイメージが湧いてこないのではないかと思います。

　そこで，再び，別表四に話を戻します。別表四には，「総額①」欄の右側に「処分」という欄があり，内訳として「留保②」「社外流出③」といった欄があります。

　留保というのは利益（剰余金）を会社に留める（留保する）ことを言います。また，社外流出というのは，利益（剰余金）を会社からはき出す（流出する）ことを言います。これだけでは何のことかわからないので具体例を挙げましょう。

　たとえば，当期純利益が100円あったとします。また，当期中に株主に対する配当として50円支払ったとします。そうすると，当期，手元にどれだけの財産が増えたかというと100円－50円＝50円ということになります。

　これを別表四に表すと次のようになります。

所得の金額の計算に関する明細書（別表四）

区　　　　　分		総　　額	処　　　　　分		
			留　　保	社　外　流　出	
		①	②	③	
当 期 利 益 又 は 当 期 欠 損 の 額	1	100円	50円	配　当	50円
				その他	
加算					
減算					

　上の「留保②」欄に記載した50円は法人の内部に何らかの形で純資産として残っている金額を示しています。これを法人税に沿った言い方をすると「利益積立金として50円が留保されている。」ということになります。このことを条文で確認しましょう。

法人税法第2条（定義）

　十八　利益積立金額

　　法人の所得の金額で留保している金額として政令で定める金額をいう。

　利益積立金の定義規定は，法人税法２条18号にありますが，具体的な内容に関する規定については，法人税法施行令９条に委任されています。

　そこで，法人税法施行令９条をみると，まず利益積立金を構成するもの（プラス側）として，１項１号に「所得の金額」が掲げられています。「所得の金額」とは，ここまで説明してきたとおり，企業会計で計算された利益の金額に税法上の調整をした金額です。ここには「交際費等の損金不算入額」など，別表四で流出処理した所得は含まれないことになります。そして，利益積立金を構成しないもの（マイナス側）として１項８号に「剰余金の配当」が掲げられています。つまり，配当を行うことで利益（剰余金）が社外に流出することから，その分利益積立金が減じられるというわけです。

　前頁の別表四に戻りますが，所得の金額100円（便宜上，申告調整はないものとします）のうち社外に流出した配当50円（「社外流出③」欄）を除くと50円の留保

された金額（留保所得）が算出されます（「留保②」欄）。これが利益積立金を構成し，別表五㈠に反映されることになります。

7 別表四・五(一)と損益計算書・貸借対照表，株主資本等変動計算書

　次に，別表四に記載された留保所得がどのように別表五(一)に反映するのか説明します。5 の例を土台にしてさらに情報を付け加えます。

　当期純利益の100円は，売上1,000円から売上原価500円及び販管費400円を除いたものだとします。また，配当を50円支出しているので，利益準備金5円を積み立てます。そして，前期末の純資産の内容については株主資本等変動計算書の「前期末残高」のとおりであるとします。

　そうすると，この法人の損益計算書，貸借対照表及び株主資本等変動計算書は次のようになります。

損益計算書	
売上高	1,000
売上原価	500
売上総利益	500
販売費一般管理費	400
営業利益	100
当期純利益	100

貸借対照表	
資産の部	×××
負債の部	×××
純資産の部	
資本金	200
利益剰余金	
利益準備金	10
繰越利益剰余金	300

株主資本等変動計算書

	株主資本					純資産合計
		利益剰余金			株主資本合計	
	資本金	利益準備金	繰越利益剰余金	利益剰余金合計		
前期末残高	200	5	255	260	460	460
当期変動額						
剰余金の配当		5	△55	△50	△50	△50
当期純利益			100	100	100	100
当期変動額合計		5	45	50	50	50
当期末残高	200	10	300	310	510	510

これらの情報を基に，別表五㈠を作成すると次のようになります。

利益積立金額及び資本金等の額の計算に関する明細書			事業年度	： ：	法人名			別表五㈠
		I　利益積立金額の計算に関する明細書						
区　　分		期首現在利益積立金額 ①	当期の増減			差引翌期首現在利益積立金額 ①－②＋③ ④		令五・四・一以後終了事業年度分
			減 ②		増 ③			
利　益　準　備　金	1	5 円	円			5 円	10 円	
積　　立　　金	2							
	3							
	4							
	5							
	6							
	7							
	8							
	20							
	21							
	22							
	23							
	24							
繰　越　損　益　金（損　は　赤）	25	255	255			300	300	
納　税　充　当　金	26							
未納法人税等（附帯税を除く。） 未納法人税及び未納地方法人税（附帯税を除く。）	27	△	△	中間 確定	△ △	△		
未払通算税効果額（附帯税の額に係る部分の金額を除く。）	28			中間 確定				
未納道府県民税（均等割額を含む。）	29	△	△	中間 確定	△ △	△		
未納市町村民税（均等割額を含む。）	30	△	△	中間 確定	△ △	△		
差　　引　　合　　計　　額	31	260	255			305	310	
		II　資本金等の額の計算に関する明細書						
区　　分		期首現在資本金等の額 ①	当期の増減			差引翌期首現在資本金等の額 ①－②＋③ ④		
			減 ②		増 ③			
資　本　金　又　は　出　資　金	32	円	円		円		円	
資　本　準　備　金	33	200				200		
	34							
	35							
差　　引　　合　　計　　額	36	200				200		

これを見ると，別表四の「留保②」欄に記載した50円は，別表五(一)では利益準備金の期中増の5円（「利益準備金1③」欄）と繰越損益金の期中増の45円（「繰越損益金25」欄の期末残高④と期首残高①との差額）という形で反映されていることがわかります。

　なお，別表五(一)では，期中の利益積立金の増加は「③」欄に記載し，利益積立金の減少は「②」欄に記載することになっています。ただし，「繰越損益金（損は赤）25」欄については，前期の繰越利益剰余金を「②」欄で一旦全額を消去し，改めて期末の繰越利益剰余金を「③」欄に建てるという記載方法になっています。これは，一旦，前期からの繰越額はすべて取り崩し，配当や各種の剰余金に充てられたという発想に基づくものと思われます（平成18年5月の会社法施行前まであった利益処分計算書の考え方を引きずっているのかもしれません）。

第2章 8 別表四と別表五㈠との関係

　ここで，別表四と別表五㈠の検算式について触れておきたいと思います。

　実際の別表五㈠の左側をみると「御注意」として次のような文言が書かれています。

この表は，通常の場合には次の算式により検算ができます。

	期首現在利益積立金額合計「31」①
+	別表四留保所得金額又は欠損金額「52」
−	中間分，確定分法人税県市民税の合計額
=	差引翌期首現在利益積立金額合計「31」④

　上の算式のうち，「中間分，確定分法人税県市民税の合計額」については**第3章**で詳しく説明しますので，ここをはずして再度この算式を眺めると次のような式になります。

　期首利益積立金額(別表五㈠「31」①欄) ＋ 留保所得金額(別表四「52」②欄)
　＝ 期末利益積立金額(別表五㈠「31」④欄)

　これを先ほどの例（**5** **6**参照）を用いて数字を当てはめると

　260 ＋ 50 ＝ 310

　つまり，期首現在の積み立てられた利益に当期中に新たに留保された利益を足せば期末時点での積み立てられた利益になるという，ごく当たり前の算式になっていることがわかります。

　別表四と別表五㈠は損益計算書と貸借対照表との関係と同様に，相互に関連しあっていることがだんだんイメージされてきたでしょうか。

　もう少しだけ，補足しておきましょう。

　たとえば，決算後，当期に計上すべき売上（売掛金）100円が翌期に計上されていることが判明したという事例を考えます。税務調査で指摘されることの多いいわゆる期ズレの例です。申告期限までに自ら判明したもので，決算を修正できない場合には当然のことながら確定申告書上で調整することになります。

この場合の別表四及び別表五㈠は次のようになります。

所得の金額の計算に関する明細書（別表四）

区　分		総　　額	処　　　　分		
			留　　保	社　外　流　出	
		①	②	③	
当期利益又は当期欠損の額	1	×××円	×××円	配　当	円
				その他	
加算	売上計上もれ	100	100		
減算					

利益積立金額及び資本金等の額の計算に関する明細書（別表五㈠）

Ⅰ　利益積立金額の計算に関する明細書					
区　分		期首現在利益積立金額	当期の増減		差引翌期首現在利益積立金額①－②＋③
			減	増	
		①	②	③	④
売掛金		円	円	100円	100円

　上の別表は，会計上認識されなかった売上100を所得に加算するとともに，100という財産が売掛債権という形で留保され期末の利益積立金を構成することを示しています。このように，会計上は利益ではないが所得金額を構成するもので社内に留保されるものは，個別に別表四で加算留保処理し，併せて別表五㈠に表示するという調整を行います。

　ちなみに，翌期には，会計上で売上及び売掛金が計上済みであるため，次のような別表処理になります。

所得の金額の計算に関する明細書（別表四）

区　分		総　　額	処　　　　分		
			留　　保	社　外　流　出	
		①	②	③	
当期利益又は当期欠損の額	1	×××円	×××円	配　当	円
				その他	
加算					
減算	売上計上もれ認容	100	100		

利益積立金額及び資本金等の額の計算に関する明細書（別表五㈠）

Ⅰ　利益積立金額の計算に関する明細書					
区　分		期首現在利益積立金額	当期の増減		差引翌期首現在利益積立金額①－②＋③
			減	増	
		①	②	③	④
売掛金		100円	100円	円	0円

　すなわち，売掛金という期首の利益積立金が企業会計上で受け入れられたのでこれを消し，売上の二重計上を解消するために所得から同額を減算するわけです。

　ここまでの説明で，利益積立金は，

①　会計上の利益剰余金

②　利益と所得との不一致部分で内部に留保されているもの

といった二つの部分から構成されていることがおわかりいただけたのではないかと思います（例外となる未納法人税等（別表五㈠の「27」から「30」欄）については，**第3章**で説明します）。そして，期末の利益積立金は翌期（以降）に引き継がれていきます。つまり，別表五㈠は当期と翌期をつなぐ役割を担っているわけです。

第3章

租税公課

　本章では，租税公課の取扱いについて説明します。法人税の申告書の作成に当たって，最初にぶつかる壁がここではないかと思います。やや分量が多いのですが，法人税の申告書を作成する上で大変重要な部分なので，省略せずに丁寧に説明したいと思います。

　租税公課の取扱いは，第2章で説明した利益積立金とともに，よく理解しておかないと，実務で混乱することになります。逆にいえば，租税公課の処理が理解できていると，小規模な会社においては，ほぼ8割方，申告書が書ける状態になっているといってもよいのではないでしょうか。

　それでは，まず，利益積立金と国税である法人税及び地方税である道府県民税・市町村民税（以下，道府県民税と市町村民税をあわせて住民税といいます）との関係から説明を始めます。

1 利益積立金と法人税・住民税

　前章で，利益積立金とは，法人税から見た利益のたまりをいい，以下から構成されることを説明しました。

(1)	会計上の利益剰余金
(2)	利益と所得の不一致部分（別表四で申告調整する部分）のうち法人内部に留保されるもの

　利益積立金の基本的な要素は上述のとおりですが，例外として，法人税法では，当期の所得に対して課される法人税や住民税で翌期に行う確定申告により納付されるもの（したがって，当期末にはまだ支払っていない＝期末時点ではその分のお金がまだ留保されているもの）についても，利益積立金からマイナスすることにしています。法人税額や住民税額はそもそも納付することで社外に流出される金額です。翌期に行う確定申告により納付するということは翌期に社外流出することになりますが，本来的には当期の所得で負担すべきものですから，当期の留保所得から除いておくことが自然だと考えたわけです。結果として，前期以前の法人税や住民税に未納税額がある場合にも利益積立金から除かれていることになります。

　つまり，利益積立金には，法人税や住民税の未納税額は一切含まないというわけです。このことをまず条文から確認しましょう。

法人税法第2条（定義）

　十八　利益積立金額

　　　法人の所得の金額で留保している金額として政令で定める金額をいう。

法人税法施行令第9条（利益積立金額）

　法第2条第18号（定義）に規定する政令で定める金額は，同号に規定する法人の当該事業年度前の各事業年度（以下この条において「過去事業年度という。）の第1号から第7号までに掲げる金額の合計額から当該法人の過去事業年度の第8号から第14号までに掲げる金額の合計額を減算した金額に，当該法人の当該事業年度開始の日以後の第1号から第7号までに掲げる金額を加算し，これから当該法人の同日以後の第8号から第14号までに掲げる金額を減額した

金額とする。

一　イからヲまでに掲げる金額の合計額からワからネまでに掲げる金額の合計額を減算した金額

　　イ～ワ　（省略）

　　カ　法人税及び地方法人税として納付することとなる金額並びに地方税法の規定により当該法人税に係る道府県民税及び市町村民税として納付することとなる金額並びに同条第３項に規定する通算税効果額を支払うこととなる場合のその支払うこととなる金額

（以下省略）　　　　　　　　　　　　　　（注：条文中の括弧書きは適宜省略）

　法人税法施行令９条１号をみると，利益積立金の算定上，減算する項目として法人税として納付することとなる金額や住民税として納付することとなる金額があることがわかります。つまり，この規定により，期末時点で未納となっている法人税額や住民税額は利益積立金から減算することになるわけです。

　当期の利益から算定される法人税や住民税は，もし確定債務（未払金）として決算書上費用に計上されるのであれば，別表四の「当期利益又は当期欠損の額１」欄に記載される当期利益及び留保欄（②欄）には，すでに確定債務たる法人税や住民税が差し引かれた金額が記載され，その分，当期の利益積立金は減じられているので，上記のような規定はいらないのかもしれません。

　しかし，法人税も住民税も確定申告によって納税額が確定する税金です。確定申告するのは翌期ですから，当期の利益から算定されるとしても，翌期に確定する法人税や住民税は，税務上当期の確定債務であるとはいえません。したがって，これらの税額を利益積立金から除くためにあえて上記の規定を置いたものと思われます。

　未納の法人税額や住民税額を利益積立金から減算するためには，別表五㈠（利益積立金額及び資本金等の額の計算に関する明細書）を使用します。具体的には，未納法人税等「27」，「29」及び「30」欄の「当期の増③」の「確定」欄に△表示することで行います（**図表３－１参照**）。もし，当期の中間や前期以前に未納となっている法人税や住民税がなければ，「差引翌期首現在利益積立金額④」には「当期の増③」の「確定」欄で△表示した金額がそのまま移記されます。なお，繰り返しになりますが，これらの税金は，法人税法上，当期に損金となる前提で取扱い（損金

不算入とする取扱いなど）が仕切られているわけではありませんので，別表四での所得金額の加減算と連動することはなく，別表五㈠単独でのマイナス処理になります。

図表3-1　別表五㈠

利益積立金額及び資本金等の額の計算に関する明細書

事業年度	： ：	法人名	

I　利益積立金額の計算に関する明細書

区　分		期首現在利益積立金額 ①	当期の増減 減 ②	当期の増減 増 ③	差引翌期首現在利益積立金額 ①-②+③ ④
利　益　準　備　金	1	円	円	円	円
積　　立　　金	2				
	3				
	4				
	5				
	6				
	7				
	8				
	9				
	10				
	11				
	12				
	13				
	14				
	15				
	16				
	17				
	18				
	19				
	20				
	21				
	22				
	23				
	24				
繰　越　損　益　金（損は赤）	25				
納　税　充　当　金	26				
未納法人税等（退職年金等積立金に対するものを除く。）　未納法人税及び未納地方法人税（附帯税を除く。）	27	△	△	中間 △／確定 △	△
未払通算税効果額（附帯税の額に係る部分の金額を除く。）	28			中間／確定	
未納道府県民税（均等割額を含む。）	29	△	△	中間 △／確定 △	△
未納市町村民税（均等割額を含む。）	30	△	△	中間 △／確定 △	△
差　引　合　計　額	31				

この欄で納付することとなる法人税額・住民税額を減算する。

II　資本金等の額の計算に関する明細書

区　分		期首現在資本金等の額 ①	当期の増減 減 ②	当期の増減 増 ③	差引翌期首現在資本金等の額 ①-②+③ ④
資本金又は出資金	32	円	円	円	円
資　本　準　備　金	33				
	34				
	35				
差　引　合　計　額	36				

第3章 2 損金不算入となる租税公課

　租税公課は，法人にとってはコスト以外の何物でもないので，当然，納付すれば費用計上されるものです。

　しかし，法人税法では，**図表3－2**に掲げるとおり，損金の額に算入されない租税公課を規定しています（法法38，40，41①，55④，⑤）。

図表3－2 主な租税公課の取扱い

税　　の　　種　　類		取扱い
所得に対して課される税金	○法人税　○道府県民税　○市町村民税	損金不算入
税に関する行政上の制裁	○延滞税（国税）　○過少申告加算税　○無申告加算税 ○不納付加算税　○重加算税　○過怠税（印紙税） ○延滞金（地方税，ただし納期限の延長の場合を除く） ○過少申告加算金，不申告加算金，重加算金	損金不算入
社会秩序維持のために課されるもの	○罰金及び科料（外国や外国の地方公共団体が課すものを含む）　○過料　○国民生活安定緊急措置法による課徴金及び延滞金　○私的独占の禁止及び公正取引の確保に関する法律による課徴金及び延滞金（外国や国際機関が課す類似のものを含む）等	損金不算入
税額控除されるもの	○所得税額　○外国税額	損金不算入
その他	○消費税　○印紙税　○利子税　○事業税　○固定資産税 ○納期限延長の場合の延滞金等	損金算入

　損金不算入となる租税公課には，性質上主に次の三つに区分できます。

■1　技術的な理由から損金不算入とされるもの

　所得に対して課される税金とは，法人税と住民税です。これらの税金を損金不算入としたのは，仮にこれらを損金の額に算入すると，所得にばらつきが生じるからです。たとえば，**図表3-3**のように，毎期の税引前所得が同額であると仮定しましょう。税率が40％とすると，課税所得と税額は表のように推移します。

　図表3-3のとおり，所得に対して課される税金を損金とした場合には各期同じ業績をあげながら，課税所得と税金とにばらつきが生じることがわかります（もっとも，上記の例では税額は段々と285と286の間に収斂していくことになります）。

　このように，法人税と住民税を損金不算入としたのは，上述のような不都合をなくすという専ら技術的な理由によるものと思われます。なお，このような理由付けをすると，地方税である事業税についても，少なくとも所得割部分は損金不算入にすべきではないかとの疑問が湧くところです。しかし，事業税は，事業を行うことに対する税金であり，法人税や住民税のように「所得に対して課される税金」とは異なります。したがって，課税標準の一部に所得金額や利益金額を用いていても損金不算入とはされていません。

図表3-3　法人税を損金算入した場合のイメージ

事業年度	第一期	第二期	第三期	第四期	第五期
税 引 前 所 得	1,000	1,000	1,000	1,000	1,000
税金の損金算入額	—	400	240	304	278
課 税 所 得	1,000	600	760	696	722
税　　　　　額	400	240	304	278	288

❷ 制裁効果の減殺を防ぐために損金不算入とするもの

図表３－２で掲げた「税に関する行政上の制裁」を目的とする税金や「社会秩序維持のために課されるもの」は，損金算入を認めてしまうと制裁効果や防止効果が減殺されてしまいます。したがって，損金不算入としています。

❸ 法人税額から控除するため一旦所得に加算するもの

法人の預金や受取配当等について課された源泉所得税は，法人税の前払いとして位置付けられています。したがって，これらの所得税を納付した場合には，確定申告のときに法人税額から控除することになります。

また，日本の法人は，全世界の所得に対して課税されますが，海外で稼得した所得に対しては，外国でも課税されることがあります。この税額（外国税額）は，日本と海外とで二重課税となっている税額です。そこで，法人税法では，国際的な二重課税を解消するために，法人税額から外国税額のうち一定部分を控除することができる仕組み（外国税額控除制度）を導入しています。

しかし，法人税額から控除する所得税額や外国税額を損金のままにしておくと，所得金額からマイナスするのと法人税額からマイナスするのとで法人は二重の利益を受けることになってしまいます。そこで，これらの税額については，損金不算入としているわけです。

第３章 3 損金不算入となる租税公課の別表四と別表五㈠の処理

　2 で述べた損金不算入となる租税公課は，支出時点では法人の損金として計上されることが多いものと思われます。したがって，損金の額に算入している場合には，別表四で加算することになります（**図表３−４参照**）。

　別表四の加算欄には，すでに活字になっているものがあります。すなわち，「損金経理をした法人税及び地方法人税２」，「損金経理をした道府県民税及び市町村民税３」及び「損金経理をした附帯税，加算金，延滞税及び過怠税５」の各欄には，それぞれ該当する税金で損金の額に算入したものを記入することになります。

　また，そのほかの租税公課で損金不算入になるものは，加算欄の空欄の「総額①」と「社外流出③」欄に記載することになります。**図表３−４**では，業務遂行上生じた交通反則金を損金としていた場合の例を記載しています（「10」欄）。

　なお，「法人税額から控除される所得税額29」，「税額控除の対象となる外国法人税の額30」の各欄については，損金の額に算入した金額をそのまま記載するのではなく，そのうち税額控除の対象となる金額を別表六㈠（所得税額の控除に関する明細書）及び別表六（二の二）（当期の控除対象外国法人税額に関する明細書）で計算してその金額を移記することになります。

　ここで，皆さんは疑問に思われるかもしれません。第２章７では，所得金額に加算するもので社内に留保されるものは，別表四で加算留保処理し，併せて別表五㈠の「期中の増③」欄及び「差引翌期首現在利益積立金④」欄に表示する調整を行う旨説明しました（31頁参照）。

　一方，社外流出してしまうもの，例えば，過少申告加算税などの付帯税を納付した場合や，上述した交通反則金を納付した場合には，実際に金銭を支払ってしまうので，損金不算入として別表四上で所得金額に加算したとしても利益積立金が増えるわけではありません。その場合には，別表四の処分欄では，「社外流出③」欄に金額が記載され，別表五㈠には連動させないことになります（**図表３−４の「５」及び「10」欄参照**）。しかし，別表四の加算欄のうち「２」欄と「３」欄，すなわち，損金の額に算入した法人税と住民税は，期中に納付しているにもかかわらず，加算金額を「留保②」欄に記載することになっています。「社外流出③」欄には斜

図表3-4　別表四

所得の金額の計算に関する明細書

事 業 年 度	： ・	法人名

別表四　令五・四・一以後終了事業年度分

御注意

「52」の①欄の金額は、②欄の金額に③欄の本書の金額を加算し、これから、※の金額を加減算した額と符合することになります。

区　分		総　額 ①	処　分		
			留　保 ②	社　外　流　出 ③	
当 期 利 益 又 は 当 期 欠 損 の 額	1	円	円	配　当	円
				その他	
加	損金経理をした法人税及び地方法人税（附帯税を除く。）	2				
	損金経理をした道府県民税及び市町村民税	3				
	損 金 経 理 を し た 納 税 充 当 金	4				
	損金経理をした附帯税（利子税を除く。）、加算金、延滞金（延納分を除く。）及び過怠税	5			その他	
	減 価 償 却 の 償 却 超 過 額	6				
	役 員 給 与 の 損 金 不 算 入 額	7			その他	
	交 際 費 等 の 損 金 不 算 入 額	8			その他	
	通 算 法 人 に 係 る 加 算 額（別表四付表「5」）	9			外※	
算	交　通　反　則　金	10	○○		その他	○○
	小　　　　計	11			外※	
減	減 価 償 却 超 過 額 の 当 期 認 容 額	12				
	納税充当金から支出した事業税等の金額	13				
	受 取 配 当 等 の 益 金 不 算 入 額（別表八（一）「5」）	14			※	
	外国子会社から受ける剰余金の配当等の益金不算入額（別表八（二）「26」）	15			※	
	受 贈 益 の 益 金 不 算 入 額	16			※	
	適 格 現 物 分 配 に 係 る 益 金 不 算 入 額	17			※	
	法人税等の中間納付額及び過誤納に係る還付金額	18				
	所得税額等及び欠損金の繰戻しによる還付金額等	19			※	
算	通 算 法 人 に 係 る 減 算 額（別表四付表「10」）	20			※	
		21				
	小　　　　計	22			外※	
仮　　　　計 (1) + (11) − (22)		23			外※	
対 象 純 支 払 利 子 等 の 損 金 不 算 入 額（別表十七（二の二）「29」又は「34」）		24			その他	
超 過 利 子 額 の 損 金 算 入 額（別表十七（二の三）「10」）		25	△		※	△
仮　　　　計 ((23) から (25) までの計)		26			外※	
寄 附 金 の 損 金 不 算 入 額（別表十四（二）「24」又は「40」）		27			その他	
沖縄の認定法人又は国家戦略特別区域における指定法人の所得の特別控除額又は益金算入額（別表十（一）「15」若しくは別表十二（二）「10」又は別表十（一）「16」若しくは別表十二（二）「11」）		28			※	
法 人 税 額 か ら 控 除 さ れ る 所 得 税 額（別表六（一）「6の③」）		29			その他	
税額控除の対象となる外国法人税の額（別表六（二の二）「7」）		30			その他	
分配時調整外国税相当額及び外国関係会社等に係る控除対象所得税額等相当額（別表六（五の二）「5の②」）+（別表十七（三の六）「1」）		31			その他	
組合等損失額の損金不算入額又は組合等損失超過合計額の損金算入額（別表九（二）「10」）		32				
対外船舶運航事業者の日本船舶による収入金額に係る所得の金額の損金算入額又は益金算入額（別表十（四）「20」、「21」又は「23」）		33			※	
合　　　　計 (26) + (27) ± (28) + (29) + (30) + (31) + (32) ± (33)		34			外※	
契 約 者 配 当 の 益 金 算 入 額（別表九（一）「13」）		35				
特定目的会社等の支払配当又は特定目的信託に係る受託法人の利益の分配等の損金算入額（別表十（八）「13」、別表十（九）「11」又は別表十（十）「16」若しくは「33」）		36	△	△		
中間申告における繰戻しによる還付に係る災害損失欠損金額の益金算入額		37			※	
非適格合併又は残余財産の全部分配等による移転資産等の譲渡利益額又は譲渡損失額		38			※	
差　　引　　計 ((34) から (38) までの計)		39			外※	
更生欠損金又は民事再生等評価換えが行われる場合の再生等欠損金の損金算入額（別表七（三）「9」又は「21」）		40	△		※	
通算対象欠損金額の損金算入額又は通算対象所得金額の益金算入額（別表七の二「5」又は「11」）		41			※	
当 初 配 賦 欠 損 金 控 除 額 の 益 金 算 入 額（別表七（二）付表一「23の計」）		42			※	
差　　引　　計 (39) + (40) ± (41) + (42)		43			外※	
欠 損 金 等 の 当 期 控 除 額（別表七（一）「4の計」）+（別表七（四）「10」）		44	△		※	△
総　　　　計 (43) + (44)		45			外※	
新鉱床探鉱費又は海外新鉱床探鉱費の特別控除額（別表十三（三）「43」）		46	△		※	△
農業経営基盤強化準備金積立額の損金算入額（別表十二（十四）「10」）		47	△	△		
農用地等を取得した場合の圧縮額の損金算入額（別表十二（十四）「43の計」）		48	△	△		
関西国際空港用地整備準備金積立額、中部国際空港整備準備金積立額又は再投資準備金積立額の損金算入額（別表十二（十一）「15」、別表十二（十二）「10」又は別表十二（十五）「10」）		49	△	△		
特定事業活動として特別新事業開拓事業者の株式の取得をした場合の特別勘定繰入額の損金算入額又は特別勘定取崩額の益金算入額（別表十（六）「21」〜「11」）		50	△	△		
残余財産の確定の日の属する事業年度に係る事業税及び特別法人事業税の損金算入額		51	△	△		
所 得 金 額 又 は 欠 損 金 額		52			外※	

48

線まで引いて書けないようにしてあります。これはいったいどういうことなのでしょうか。

その理由は，　**1**　で述べた説明と関係します。もう一度，**図表3−1**を参照してください。別表五㈠の「未納法人税27」，「未納道府県民税29」及び「未納市町村民税30」のうち，「差引翌期首現在利益積立金額④」欄には，期末現在の未納税額が表示されます。また，「期首現在利益積立金額①」欄は前期から引き継がれた法人税や住民税の未納税額が表示されています。そして，「当期の減②」欄と「当期の増③」欄はそれぞれ未納税額の減少や増加を表示しています。　**1**　の説明で，当期の利益から計算された法人税や住民税を「当期の増③」欄で△表示するのは，納付することとなる法人税及び住民税を利益積立金からマイナスするのとともに未納税額が増加したことを示していることになるわけです。

つまり，「27」，「29」及び「30」欄は，法人税や住民税の未納税額の増減を示すことで期末現在で未納となっている金額を表示する機能をもっていることになります。

未納となっている法人税や住民税を表示するためには，前期以前や当期中に発生した未納税額から納付されたものを差し引く必要があります。そこで，本来は社外流出であるはずの法人税や住民税の納付額を，別表四上で社外流出とするのではなく，一旦，加算・留保とした上で，別表五㈠の「当期の減②」欄に△表示することとしているのです（**図表3−5**参照）。別表五㈠の「当期の減②」欄は利益積立金を減算する欄です。この欄で△表示するということは，マイナスのマイナス，つまり利益積立金をプラスさせていることになり，結果として別表四の加算と連動していることがわかります。

また，当期の中間分として納付した法人税や住民税は，当期に負担すべき法人税や住民税の前払いです。したがって，発生した段階で別表五㈠の「当期の増③」欄に△表示することにより利益積立金から減算します。そして，納付した段階で「当期の減②」欄に△表示することになります。言い方を変えると，法人税や住民税を発生した段階で利益積立金から減算することで，納付段階においては既に社外流出処理されているとも言えるわけです。

なお，別表五㈠の未納法人税等の「当期の増③」欄は，法人税や住民税の「発生」を，「当期の減②」欄は，法人税や住民税の「納付」を記載する欄としてイ

メージしていただければよろしいかと思います。そして，「当期の増③」欄は必ず
しも経理処理と連動するとは限らないということがポイントです。

図表３−５では，ここまでの説明について金額を置いて記載しています。

前期の未納法人税等の状況は，次のとおりです。

未納法人税	10,000
未納道府県民税	600
未納市町村民税	1,400

これらの未納税額は，当期に確定申告することにより納付した税金です。また，
当期に中間分として納付した税金は次のとおりです。

中間分法人税	10,000
中間分道府県民税	600
中間分市町村民税	1,400

図表３−５　　法人税等の損金不算入と別表四・五㈠の処理

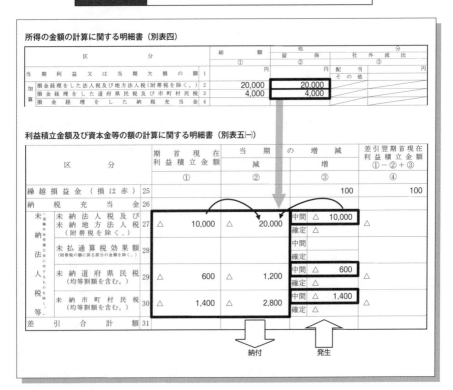

　これらの中間納付額は，前期の所得金額をもとに計算される税金ですが，あくまでも当期の確定税額（翌期の確定申告で納付する税金）の前払いとして納付した税金です。この設例では，上記の税金を下記の仕訳を行うことにより，すべて損金経理により納付しています。

（確定申告分の納付）						
（借）	法人税，住民税及び事業税	12,000	（貸）現		金	12,000
（中間分の納付）						
（借）	法人税，住民税及び事業税	12,000	（貸）現		金	12,000

　法人税及び住民税は，一旦仮払法人税や仮払地方税などの勘定を使って仕訳し，期末時に「法人税，住民税及び事業税」勘定に振り替えるのが通常かもしれませんが，ここでは，一気に損益計算書の表示科目で仕訳をしています。

　以上，くどいようですが，損金不算入となる租税公課の別表四の加算処理と法人税及び住民税に関する別表五㈠の記載のルールについてまとめると次のとおりです。

○　損金不算入となる租税公課は別表四で加算・流出が基本。ただし，損金の額に算入した法人税及び住民税については，加算・留保で別表五㈠へ転記

○　別表五㈠では，納付した法人税及び住民税は「当期の減②」欄で△表示し，利益積立金のマイナスを元に戻す

○　中間分及び確定分の発生税額は，別表五㈠「当期の増③」欄で△表示し，利益積立金からマイナスする（経理処理とは必ずしも連動せず）

　この段階で，ようやく，第2章 **8** で説明した別表四と別表五㈠の検算式が完結します。

　もう一度，別表五㈠の左側に書かれている「御注意」を見てみましょう（図表3－1参照）。

この表は，通常の場合には次の算式により検算ができます。

| 期首現在利益積立金額合計「31」① |

\+ | 別表四留保所得金額又は欠損金額「52」 |

− | 中間分，確定分法人税県市民税の合計額 |

＝ | 差引翌期首現在利益積立金額合計「31」④ |

　この検算式は，基本的に「期首現在の積み立てられた利益に当期中に新たに留保された利益を足せば期末時点での積み立てられた利益になる」ということを示した算式であることは前章で説明しました。そして，これまでの説明で，この算式のマイナス側に書かれている「中間分，確定分法人税県市民税の合計額」が，利益積立金からマイナスする「納付することとなる法人税と住民税」を示していることがおわかりいただけるのではないでしょうか。具体的には，別表五㈠の未納法人税等の「27」欄，「29」欄及び「30」欄の「当期の増③」欄に記載した中間と確定の△表示した金額の合計額をもってくればよいということになります。

　上記の検算式では，別表四の留保所得に本来流出となるはずの法人税や住民税の金額が含まれているので，期末の利益積立金額にこれらの税金が含まれてしまうのではないかと思われる方もおられるかもしれませんが心配は無用です。損金の額に算入した法人税や住民税が中間分の納付であれば，上記検算式の「中間分，確定分法人税県市民税の合計額」の中にその金額が含まれますので，利益積立金から差し引きかれることになりますし，前期以前の未納分であればすでに期首の利益積立金から除かれていますので実際には社外流出処理がなされているわけです。

第3章 4 租税公課の損金算入時期

　これまでは，租税公課のうち損金不算入のものに関する別表処理を中心に説明しましたが，損金算入するものに関する問題として，損金算入時期の問題があります。これについては，法人税基本通達9－5－1（租税の損金算入の時期）から9－5－7（賦課金，納付金等の損金算入の時期）までに取扱いが明らかにされています。

　このうち法人税基本通達9－5－1に沿って取扱いを整理すると次のとおりです。

1 申告納税方式による税金

　もともと損金とはならない法人税や住民税を除くと，申告納税方式による税金には消費税，事業税，事業所税といったものがありますが，これらは，申告により債務が確定しますので，申告書が提出された日の属する事業年度の損金の額に算入します。ただし，消費税については，会計処理として，「税抜処理」と「税込処理」があり，「税抜処理」を選択している場合には，消費税相当額は損金に関係させないことになります。また，「税込処理」をしている場合，申告期限未到来の消費税を未払金に計上して損金の額に算入する方法も認められています（平元直法2－1「消費税法の施行に伴う法人税の取扱いについて」通達「7」参照）。

2 賦課課税方式による税金

　賦課課税方式による税金は，賦課決定により債務が確定しますので，原則として賦課決定のあった日の属する事業年度の損金の額に算入します。ただし，納期の開始日や実際に納付した日の属する事業年度で損金経理することも認められています。この税金には，固定資産税，不動産取得税，自動車税，都市計画税等があります。

3 特別徴収方式による税金

　軽油引取税やゴルフ場利用税のように，税金相当額を代金の一部として顧客から収受し，特別徴収義務者として納入する税金は，原則として納入申告書が提出された日（申告の日）の属する事業年度の損金の額に算入します。ただし，収入金額の中に申告期限未到来の税金が含まれている場合には，その金額を損金経理により未払金に計上することも認められています。

　なお，特別徴収した税金を預り金処理している場合には，当然のことながら損金に関係させないことになります。

5　租税公課と別表五㈡の処理

　ここで，ようやく租税公課の納付状況に関する別表に話を移したいと思います。**3**では，損金不算入となる租税公課の別表四での加算処理について説明しました。しかし，本当は，別表四での加算処理をする前に作成しておかなければならない別表があります。それは，別表五㈡（租税公課の納付状況等に関する明細書）です（**図表３－６**参照）。

　別表五㈡の上段をみると，左から「期首現在未納税額①」「当期発生税額②」「当期中の納付税額③～⑤」「期末現在未納税額⑥」という四つの欄があります。つまり，期首の未納税額に期中の発生税額を足して，納付税額を差し引くと期末の未納税額が算定できるという構造になっているわけです。そして，当期中の納付税額欄には，経理処理別に「充当金取崩しによる納付③」「仮払経理による納付④」「損金経理による納付⑤」の各欄に記載するようになっています。ちなみに，**3**で掲げた設例は，「損金経理による納付」になります。別表五㈡は，**図表３－６**の左側に示したとおり，次のア～カの六つの部分から構成されています。

ア　法人税及び住民税の納付状況に関する明細

　既述のとおり，前期以前の未納税額や当期に中間分として発生した税額を損金経理により納付した場合には，別表四で加算することになります。ちなみに，**図表３－６**では，**3**で掲げた設例に沿って金額が入れてあります。

イ　事業税の納付状況に関する明細

　既述のとおり事業税は申告納税方式による税金なので，前期の確定分の税額は，「17」欄の「当期発生税額②」欄に記載することになります。この点，同じ申告納税方式による税金である法人税や住民税とは記載の仕方が違います。

　くどいようですが，法人税や住民税の前期の確定分の税額は，前期の利益積立金から減算しなければならないので，別表上は，前期に未納税額として表示し，当期の別表では「期首現在未納税額①」欄に記載します。一方，事業税はそのような処理をする必要がありませんので，前期確定分は当期の発生税額として記載するわけです。したがって，当期の確定税額を未納税額として表示する必要もないので当期分の確定税額欄はありません。

租税公課の納付状況等に関する明細書

事業年度 01:○:○ / 02:○:○　法人名　×××

別表五(二)　令五・四・一以後終了事業年度分

税目及び事業年度			期首現在未納税額 ①	当期発生税額 ②	当期中の納付税額			期末現在未納税額 ①+②-③-④-⑤ ⑥
					充当金取崩しによる納付 ③	仮払経理による納付 ④	損金経理による納付 ⑤	
ア	法人税及び地方法人税	：：	1	円		円	円	円	円
		00:01:○:○	2	10,000				10,000	0
		当期分 中間	3		10,000円			10,000	0
		当期分 確定	4		×××				×××
		計	5	10,000				20,000	
	道府県民税	：：	6						
		00:01:○:○	7	600				600	0
		当期分 中間	8		600			600	0
		当期分 確定	9		×××				×××
		計	10	600				610	
	市町村民税	：：	11						
		00:01:○:○	12	1,400				1,400	0
		当期分 中間	13		1,400			1,400	0
		当期分 確定	14		×××				×××
		計	15	1,400				2,800	
イ	事業税及び特別法人事業税	：：	16						
		：：	17						
		当期中間分	18						
		計	19						
ウ	その損金算入のもの	利子税	20						
		延滞金(延納に係るもの)	21						
			22						
			23						
エ	の他 損金不算入のもの	加算税及び加算金	24						
		延滞税	25						
		延滞金(延納分を除く。)	26						
		過怠税	27						
			28						
			29						

> 損金の額に算入される税金なので別表四には連動しない

納税充当金の計算

オ	期首納税充当金	30	円	取崩額 その他 損金算入のもの	36	円
	繰入額 損金経理をした納税充当金	31		損金不算入のもの	37	
		32			38	
	計 (31)+(32)	33		仮払税金消却	39	
	取崩額 法人税額等 (5の③)+(10の③)+(15の③)	34		計 (34)+(35)+(36)+(37)+(38)+(39)	40	
	事業税及び特別法人事業税 (19の③)	35		期末納税充当金 (30)+(33)－(40)	41	

通算法人の通算税効果額の発生状況等の明細

	事業年度		期首現在未決済額 ①	当期発生額 ②	当期中の決済額		期末現在未決済額 ⑤
					支払額 ③	受取額 ④	
カ	：：	42	円		円	円	円
	：：	43					
	当期分	44		中間 円 / 確定			
	計	45					

ウ　損金の額に算入されるその他の税金等

損金不算入の取扱いを受ける租税公課以外のもの（たとえば，固定資産税，事業所税，利子税，期限延長に係る延滞金等）は，損金算入時期に誤りがなければ，損金経理による納付をしている限り，別表四に連動するものはありません。

エ　損金不算入とされるその他の税金等

損金不算入とされる加算税，延滞税等について，損金経理をしている場合には，別表四で加算する必要があります（別表四「5」欄等）。

オ　納税充当金の計算に関するもの

納税充当金とは，翌期に納付することとなる法人税や住民税等の引当てであり，会計上は未払法人税等として負債計上されるものに該当します。詳細はこのあと説明します。

カ　グループ通算制度を適用している場合のグループ法人間の法人税相当額の授受に関するもの

グループ通算制度を適用している場合には、グループ内での損益通算や繰越欠損金の通算により、自社の法人税の負担が軽減することがあります。この軽減する法人税相当額のことを通算税効果額といいますが、この通算税効果額をグループ間で精算する場合の支払額又は受取額は損金又は益金に算入しないこととされています。そこで、通算税効果額の発生額及び支払額及び受取額を記載することで別表四（正確には別表四付表）の加減算と別表五（一）「28」欄とを連動させます。

本書では、グループ通算制度固有の税務処理については、説明を省略しています。予めご了承ください。

なお，**図表3-7**では，別表五㈡の各欄と別表四・別表五㈠との関連を併せて示しましたので参考にしてみてください。

租税公課の納付状況等に関する明細書

事業年度　01・8・8　02・8・8　法人名　×　×　×

別表五㈡　令五・四・一以後終了事業年度分

税目及び事業年度	期首現在未納税額①	当期発生税額②	当期中の納付税額			期末現在未納税額①＋②－③－④－⑤⑥
			充当金取崩しによる納付③	仮払経理による納付④	損金経理による納付⑤	
法人税及び地方法人税	1 円					円
00 01 　2						
当期分 中間 3		別表五㈠「27」③				
確定 4						
計 5	別表五㈠「27」①				別表四「2」	別表五㈠「27」④
道府県民税 6						
00 01 　7						
当期分 中間 8		別表五㈠「29」③				
確定 9						
計 10	別表五㈠「29」①					別表五㈠「29」④
市町村民税 11						
00 01 　12						
当期分 中間 13						
確定 14						
計 15			別表四「3」			
事業税及び特別法人事業税 16						
00 01 　17						
当期中間分 18		別表五㈠「30」③				
計 19	別表五㈠「30」①					別表五㈠「30」④
その他 損金算入のもの 利子税 20						
延滞金（延納に係るもの）21						
22						
23						
損金不算入のもの 加算税及び加算金 24						
延滞税 25						
延滞金（延納分を除く。）26						
過怠税 27				別表四「5」		
28						
29						

納税充当金の計算

繰入額	期首納税充当金 30	円	取崩額 その他	損金算入のもの 36	円
	損金経理をした納税充当金 31			損金不算入のもの 37	
	32			38	
	計 (31)＋(32) 33			仮払税金消却 39	
取崩額	法人税額等 (5の③)＋(10の③)＋(15の③) 34			計 (34)＋(35)＋(36)＋(37)＋(38)＋(39) 40	
	事業税及び特別法人事業税 (19の③) 35			期末納税充当金 (30)＋(33)－(40) 41	

通算法人の通算税効果額の発生状況等の明細

事業年度	期首現在未決済額①	当期発生額②	当期中の決済額		期末現在未決済額⑤
			支払額③	受取額④	
・・ 42	円		円	円	円
・・ 43					
当期分 44		中間 円 確定			
計 45					

第3章 **6** 納税充当金とは何か

　会計上は，当期の利益に関連して発生する法人税，住民税及び事業税については，損益計算書において，「税引前当期純利益」の次に「法人税，住民税及び事業税」として表示することとされています（企業会計基準27号「法人税住民税及び事業税等に関する会計基準」）参照。なお，損益計算書の表示のイメージについては**図表3−8**参照）。

　この「法人税，住民税及び事業税」の中に含まれる金額のうち主なものは，

　①　期末に未払計上した法人税，住民税及び事業税（所得割額部分）

　②　期中に納付（中間納付）した法人税，住民税及び事業税（所得割額部分）

　③　税額控除の対象となる源泉所得税

といったところです。

　このうち①は，翌期の確定申告により納付する税金であり，決算時に次の仕訳をすることで計上されます。

（借） 法人税，住民税及び事業税　×××　**（貸）** 未払法人税等　×××

　貸方の「未払法人税等」は貸借対照表の「負債の部」に計上されますが，税務上，「納税充当金」という場合には，通常はこの「未払法人税等」を指します（**図表3−8参照**）。

　1で説明しましたが，税務上は，翌期の確定申告により納付する税金は当期の確定債務とは見ません。したがって，納税充当金（未払法人税等）は，費用（租税公課）を引き当てたものとして取り扱われます。法人税法では，損金となる費用・損失の引当が認められるのは，一定の事業等について認められた貸倒引当金の繰入などごく限られたものだけです。したがって，上記の仕訳により計上された納税充当金はその全額が損金不算入となります。

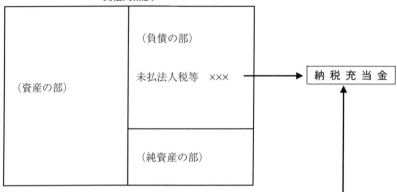

図表3-8　納税充当金と財務諸表との関係

貸借対照表

（資産の部）	（負債の部） 未払法人税等　××× （純資産の部）

→ **納 税 充 当 金**

損益計算書

売上高	×××	
売上原価	×××	
売上総利益		×××
販売費及び一般管理費	×××	
営業利益		×××
営業外収益	×××	
営業外費用	×××	
経常利益		×××
特別利益	×××	
特別損益	×××	
税引前当期純利益		×××
法人税，住民税及び事業税		×××
当期純利益		×××

① 法人税，住民税及び
　事業税の未払計上額

② 法人税，住民税及び
　事業税の中間納付額

③ 税額控除の対象とな
　る源泉所得税額等

別表四の「1」欄へ

第3章 7 納税充当金の別表表記

納税充当金に関する別表表記については，

① 納税充当金を設定したとき

② 納税充当金を取り崩して税金を納めたとき

③ 余った納税充当金を整理するとき

といった場面別に整理するのがわかりやすいと思います。

1 納税充当金を設定したとき

納税充当金を設定したときとは，**6**で掲げた仕訳をしたときということです。言い換えると，翌期に行う確定申告により納付する税額を期末時に租税公課の引当てとして損金の額に算入したときということです。記載する別表は別表五(二)→別表四→別表五(一)ですが，**図表3－9**では，下記の仕訳をした場合のB／S，P／L，別表五(二)，別表四，別表五(一)の関係を示しました。

(借)	法人税，住民税及び事業税	100,000	**(貸)**	未払法人税等	100,000

納税充当金を損金経理により設定した場合には，別表五(二)の「納税充当金の計算」欄の「損金経理をした納税充当金31」欄に金額を記載するとともに，別表四「損金経理をした納税充当金4」欄に移記して所得金額に加算します。同時に別表五(一)の「納税充当金26」欄の「当期の増③」欄に転記します。

また，通常は，貸借対照表の未払法人税等の金額と別表五(二)「期末納税充当金41」欄及び別表五(一)「納税充当金26」欄の「差引翌期首現在利益積立金額④」欄とは一致するため，申告書の作成に当たっては，ここをチェックします。

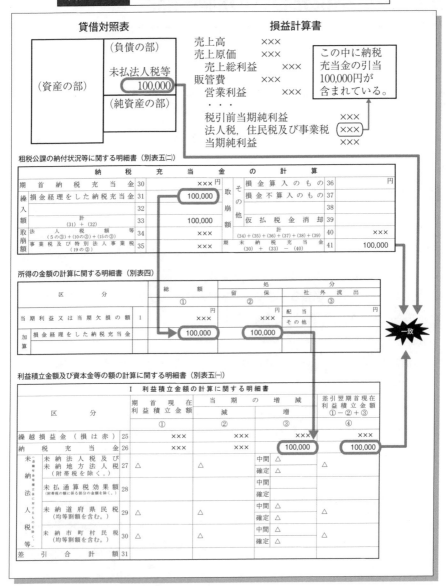

図表3−9　納税充当金に関するP／L，B／Sと別表との関係

2　納税充当金を取り崩して税金を納めたとき

納税充当金から税金を納める場合には，次の仕訳を行うことになります。

（借）未払法人税等	×××	（貸）現　　　　金	×××

ここで，簡単な設例に基づいて説明します。

期首納税充当金	50,000
期首現在未納法人税	10,000
期首現在未納道府県民税	600
期首現在未納市町村民税	1,400
期首現在未納事業税	1,700

期首納税充当金とは，前期末に設定した未払法人税等をいいます。また，期首現在の未納税金は，通常，当期中に確定申告することにより納付することとなる前期分の法人税，住民税及び事業税です。これらの未納税金を，当期中に納税充当金を取り崩して納付した場合の別表五㈡，別表四，別表五㈠の関係を示したのが**図表3－10**です。

納税充当金を取り崩して納付した場合には，別表五㈡の「当期中の納付税額」欄の「充当金取崩しによる納付③」欄にそれぞれ記載し，そのうち，法人税と住民税については，別表五㈠の「27」「29」及び「30」欄の「当期の減②」欄にそれぞれ記載します。法人税と住民税の別表五㈠への転記の意味については，**3**での説明を参考にしてください。

また，法人税と住民税は，損金不算入となる租税公課です。そこで，別表四で加算する必要があるかどうかですが，納税充当金を取り崩して納付している場合には，納付時にもともと損金とはなっていないので，加算する必要はありません。

ただし，事業税の納付については注意が必要です。事業税は損金算入される税金ですから，納税充当金を取り崩して納付した場合には，別表四で減算して損金算入する必要があります。この場合，別表四の「納税充当金から支出した事業税等の金額13」欄を使って減算します。そして，前期に所得加算した納税充当金を減算しますので，「留保②」欄に記載し，利益積立金を減少させます。この留保の減算は，

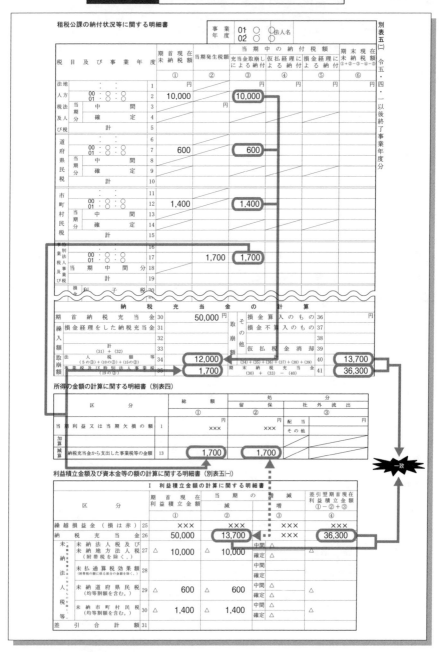

図表３－10　納税充当金の取崩しと別表との関係

別表五㈠では，「納税充当金26」欄の「当期の減②」欄の金額に含まれることにな
ります。

　なお，この「納税充当金26」欄の「当期の減②」欄と別表四での減算金額が一致
しないことに疑問を持たれるかもしれません（**図表３−10**の点線矢印）。その場合
には，頭の中で，納税充当金の取崩額を一旦別表四の減算欄で全部減算（留保）し
てみてください。納税充当金に関する別表四の「留保②」の減と別表五㈠の「当期
の減②」が一致しますね。そして，その上で，損金不算入となる法人税と住民税を
別表四の所定の欄で加算してみてください。そうすることで，**3**で説明した法人
税と住民税に関する別表四の加算と別表五㈠の記載との関係がぴったりはまること
がわかると思います。

3　余った納税充当金を整理するとき

　納税充当金は，翌期に納付する税金を正確に計算して，その金額を引き当てると
いうのが基本です。貸借対照表に表示された「未払法人税等」の金額が，実際に納
付する税額と大きく乖離する場合には会計上問題とされます。

　しかし，税務上は，損金の額に算入した納税充当金は所得に加算しますので，実
際の納付額と乖離があっても特に問題となることはありません。

　また，納税充当金が余った場合にそのままにしておいても税務上は特に問題はあ
りません。しかし，会計上は，裏付けのない金額が負債に計上されることを防止す
るために余った納税充当金を整理することが考えられます。

　その場合には，次の仕訳をすることにより納税充当金の残額を消却するのが最も
シンプルな方法と思われます。

（借） 未 払 法 人 税 等	×××	**（貸）** 雑　　　　　益	×××

　納税充当金の設定時に所得に加算されていますので，納税充当金を消却するため
に計上した雑益については，別表四で減算することになります。

　なお，**2**の設例で余った納税充当金36,300を翌期に雑益に計上して消却した場
合の別表処理を**図表３−11**で示しましたので参考にしてください。

図表3−11　納税充当金の戻入

（借）未払法人税等（納税充当金）　36,300　（貸）雑　益　36,300

租税公課の納付状況等に関する明細書（別表五(二)）

納　　税　　充　　当　　金　　の　　計　　算						
期　首　納　税　充　当　金	30	36,300 円	その他取崩額	損金算入のもの	36	円
繰入額	損金経理をした納税充当金	31			損金不算入のもの	37	
		32			戻入れ	38	36,300
	計 (31) ＋ (32)	33			仮払税金消却	39	
取崩額	法　人　税　額　等 （5の③）＋（10の③）＋（15の③）	34			計 (34)＋(35)＋(36)＋(37)＋(38)＋(39)	40	36,300
	事業税及び特別法人事業税 （19の③）	35		期末納税充当金 (30)＋(33)−(40)		41	0

所得の金額の計算に関する明細書（別表四）

	区　　　　　分	総　　　額	処　　　　　　分		
			留　保	社　外　流　出	
		①	②	③	
	当期利益又は当期欠損の額 1	××× 円	××× 円	配当	円
				その他	
減算	納税充当金戻入認容	36,300	36,300		

利益積立金額及び資本金等の額の計算に関する明細書（別表五(一)）

Ⅰ　利益積立金額の計算に関する明細書							
区　　　　　分		期首現在利益積立金額	当　期　の　増　減				差引翌期首現在利益積立金額 ①−②＋③
			減		増		
		①	②		③		④
繰越損益金（損は赤）	25	×××	×××		×××		×××
納　税　充　当　金	26	36,300	36,300		0		0
未納法人税等（退職年金等積立金に対するものを除く。）	未納法人税及び未納地方法人税 （附帯税を除く。）	27	△	△	中間	△	△
					確定	△	
	未払通算税効果額 （附帯税の額に係る部分の金額を除く。）	28			中間		
					確定		
	未納道府県民税 （均等割額を含む。）	29	△	△	中間	△	△
					確定	△	
	未納市町村民税 （均等割額を含む。）	30	△	△	中間	△	△
					確定	△	
差　引　合　計　額	31						

第3章 8 納税充当金の設定と申告書の作成順序

　なぜここで申告書の作成順序がでてくるのか不思議に思われる方もいらっしゃるかもしれません。**第2章**で，法人の所得は，企業会計で計算された利益が基になるという説明をしました。当然の帰結として，法人税の申告書は　決算書の作成　→　申告書の作成　という順番で行われることは今さら言うまでもないことかもしれません。

　しかし，細かくみていくと，実務上は必ずしも決算書を作成し終えてから申告書の作成に移るわけではありません。中小企業では特に決算書と別表の作成が同時進行するケースの方が多いのではないかと思われます。

　その一つのケースとして，ここでは納税充当金の設定を採り上げてみたいと思います。

　納税充当金とは，これまで説明してきたとおり，翌期に納付する税金の引当てです。

　したがって，税引前の当期純利益が計算されたら，法人税や住民税及び事業税の税率を乗じてみて，さらに中間納付分を差し引いて大凡の納付額を計算して引き当てるという方法でもちろんOKです。その場合には，決算書を固めてから申告書の作成に移るということになりますから，特にここで説明することはありません。

　しかし，私どものような実務家は，翌期の確定申告により納付する金額を正確に計算して納税充当金を引き当てることを前提として仕事をする場合が多いものと思われます。また，**1**で説明した，利益積立金からマイナスする「納付することとなる法人税及び住民税」には，実際の納付予定額をもってくることが原則です。

　そこで，その場合の一つの方法として，決算書を固める前の段階で，未払法人税等を引き当てる前の当期純利益を別表四の「当期利益又は当期欠損の額1」欄にもってきて（**図表3−12①**），申告書の別表一や地方税の申告書（第六号様式等）をつくってしまう（**図表3−12②**）という方法があります。そうすることによって，翌期に納付する法人税，住民税及び事業税の金額が正確に算出されます。その上で，その金額を基に**6**で示した仕訳をして未払法人税等を計上し（**図表3−12③**），決算書を固めます。

そして，決算書が固まったら，損益計算書の税引後の当期純利益を再度，別表四の「1」欄に置き直すとともに，「損金経理をした納税充当金5」欄に引き当てた納税充当金（未払法人税等）の金額を入れて別表四を完成（**図表3−12**⑤）させるわけです。

　なお，申告書の作成については，パソコンソフトを使われている方が多いと思われます。パソコンソフトが便利なのは，一つの数字を入れるとそれにつじつまが合うように他の別表が即座に作られることにあります。ですから，先ほどのように税引前の当期純利益を別表四の頭に持ってきて計算した場合，別表五㈠も同時に作成されてしまうことがあります。その場合には，貸借対照表上の未払法人税等を計上する前の繰越利益剰余金を基に別表五㈠の「繰越損益金25」欄の「差引翌期首現在利益積立金額④」欄が記載されていることが考えられますので，最終的に申告書を完成させる場合には，この繰越損益金が財務諸表で表示されている繰越利益剰余金と一致しているか再度確認しておく必要があります（そうしませんと，別表五㈠の検算式が合わなくなります）。

　図表3−12では，以上の作業を簡単に図にしています。参考にしてください。

図表3-12　納税充当金の設定手順

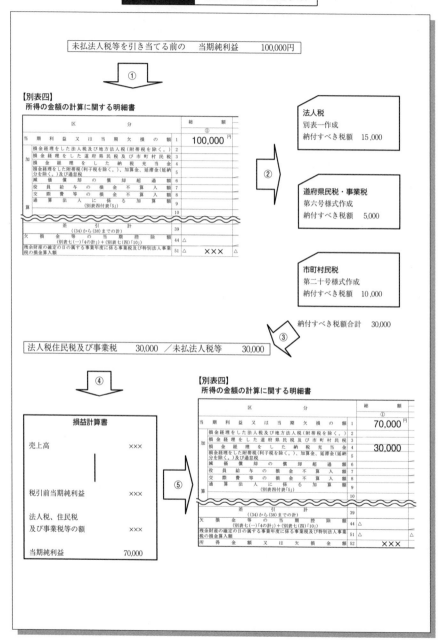

9 仮払経理

別表五㈡でまだ，説明していないものがありました。「当期中の納付税額」のうちの「仮払経理による納付④」欄についてです。

仮払経理による納付とは，文字どおり，税金の納付に当たって，

| (借) 仮 払 税 金 | ××× | (貸) 現 金 | ××× |

という仕訳を行う方法をいいます。

通常，期末時には，この仮払税金勘定は，「法人税，住民税及び事業税」勘定等に振り替える処理を行いますが，仮払経理ではこのような振替処理はしないで，貸借対照表上に「仮払税金」勘定をそのまま表記します。

なぜ，このような経理をするのかということについては，これは想像ですが，以前には，法人税等の納付も「租税公課」勘定を使って処理をしていた時代がありました。そうすると，販売費及び一般管理費の中にこれらの税金が租税公課として入り込んでくることになります。そこで，法人税等を含まない営業利益ベースでの業績評価のために，広く仮払経理が浸透していたのではないかと思われます。なお，現在はかなり減ってきているようですが，古い会社などはそのままの経理処理を行っているケースもあるようです。

仮払経理は，「仮払」という中途半端な勘定がそのまま残る形となりますので，税務上は，一旦すべて別表四で減算し，損金の額に算入します。その上で，損金不算入となる税金は，いままで説明してきたルールどおりに損金不算入とする処理を行います。別表五㈠では，貸借対照表上に計上されている仮払税金は，税務上はないことになりますので，利益積立金にマイナス表示をします（**図表3−13**参照）。

また，通常，翌期には，前期から引き継がれた貸借対照表上の仮払税金が，損金経理又は納税充当金（未払法人税等）等で消却されます。この場合，損金経理により仮払税金を消却した場合には，すでに，前期に損金処理をしており，当期の損金算入とはなりませんので，別表四で加算することになります（**図表3−14**参照）。

以上を設例を使って別表四，別表五㈠，別表五㈡との関係を示すと**図表3−13**及び**図表3−14**のとおりとなります。

図表3-13　仮払経理と別表処理

設 例　当期に以下の税金を仮払経理により納付した。

確定申告により納付した法人税　　10,000　　確定申告により納付した市町村民税　1,400
確定申告により納付した道府県民税　600　　確定申告により納付した事業税　　　1,700
【仕訳】（借）仮払税金　13,700　　　（貸）現金　13,700

租税公課の納付状況等に関する明細書

事業年度 01・○・○　02・○・○　法人名　　　別表五(二)　令五・四・一以後終了事業年度分

税 目 及 び 事 業 年 度		期首現在未納税額①	当期発生税額②	当期中の納付税額 充当金取崩しによる納付③	仮払経理による納付④	損金経理による納付⑤	期末現在未納税額①+②-③-④-⑤⑥
法人税及び地方法人税	1	円		円	円	円	円
	00/01 2	10,000			10,000		
当期分 中間 3			円				
当期分 確定 4							
計 5							
道府県民税	6						
	00/01 7	600			600		
当期分 中間 8							
当期分 確定 9							
計 10							
市町村民税	11						
	00/01 12	1,400			1,400		
当期分 中間 13							
当期分 確定 14							
計 15							
特別法人事業税及び事業税	16						
	00/01 17		1,700		1,700		
当期中間分 18							
	19						

所得の金額の計算に関する明細書（別表四）

区 分		総 額①	処 分 留 保②	社 外 流 出③
当 期 利 益 又 は 当 期 欠 損 の 額	1	××× 円	××× 円	配当　　　円 その他
加算 損金経理をした法人税及び地方法人税（附帯税を除く。）	2	10,000	10,000	
加算 損金経理をした道府県民税及び市町村民税	3	2,000	2,000	
減算 仮払法人税等認容		13,700	13,700	

利益積立金額及び資本金等の額の計算に関する明細書（別表五(一)）

I 利益積立金額の計算に関する明細書

区 分		期首現在利益積立金額①	当期の増減 減②	当期の増減 増③	差引翌期首現在利益積立金額①-②+③④
仮 払 法 人 税	21			△ 10,000	△ 10,000
仮 払 道 府 県 民 税	22			△ 600	△ 600
仮 払 市 町 村 民 税	23			△ 1,400	△ 1,400
仮 払 事 業 税	24			△ 1,700	△ 1,700
繰 越 損 益 金 （ 損 は 赤 ）	25	×××	×××	×××	×××
納 税 充 当 金	26				
未納法人税等 未納法人税及び未納地方法人税（附帯税を除く。）	27	△	△ 10,000	中間 △ 確定 △	△
未払通算税効果額（附帯税の額に係る部分の金額を除く。）	28			中間 確定	
未 納 道 府 県 民 税（均等割額を含む。）	29	△	△ 600	中間 △ 確定 △	△
未 納 市 町 村 民 税（均等割額を含む。）	30	△	△ 1,400	中間 △ 確定 △	△
差 引 合 計 額	31				

71

図表３－14－１　仮払税金の消却と別表処理

設例１　（損金経理による消却）

前期計上した以下の仮払税金を次の仕訳により消却した。

法人税　10,000／道府県民税　600／市町村民税　1,400／事業税　1,700

【仕訳】　（借）租税公課　13,700　　　（貸）仮払税金　13,700

所得の金額の計算に関する明細書（別表四）

区　　　分		総　　額	処　　　　　　　　分		
			留　　保	社　外　流　出	
		①	②	③	
当 期 利 益 又 は 当 期 欠 損 の 額	1	×××　円	×××　円	配　当	円
				その他	
加算	仮 払 税 金 消 却 否 認	13,700	13,700		

利益積立金額及び資本金等の額の計算に関する明細書（別表五㈠）

I　利益積立金額の計算に関する明細書							
区　　　　分		期 首 現 在 利 益 積 立 金 額	当　期　の　増　減				差引翌期首現在利益積立金額 ①－②＋③
			減		増		
		①	②		③		④
仮 払 法 人 税	21	△　10,000	△　10,000				
仮 払 道 府 県 民 税	22	△　600	△　600				
仮 払 市 町 村 民 税	23	△　1,400	△　1,400				
仮 払 事 業 税	24	△　1,700	△　1,700				
繰 越 損 益 金 （ 損 は 赤 ）	25	×××	×××		×××		×××
納 税 充 当 金	26						
未納法人税等（退職年金等積立金に対するものを除く。）	未 納 法 人 税 及 び 未 納 地 方 法 人 税 （ 附 帯 税 を 除 く 。 ）	27	△	△	中間	△	△
					確定	△	
	未 払 通 算 税 効 果 額 （附帯税の額に係る部分の金額を除く。）	28			中間		
					確定		
	未 納 道 府 県 民 税 （均等割額を含む。）	29	△	△	中間	△	△
					確定	△	
	未 納 市 町 村 民 税 （均等割額を含む。）	30	△	△	中間	△	△
					確定	△	
差 引 合 計 額	31						

図表3－14－2　仮払税金の消却と別表処理

設例2　（納税充当金の取崩しによる消却）

前期計上した以下の仮払税金を次の仕訳により消却した。

法人税　10,000／道府県民税　600／市町村民税　1,400／事業税　1,700

【仕訳】（借）未払法人税等(納税充当金)　13,700　（貸）仮払税金　13,700

租税公課の納付状況等に関する明細書（別表五(二)）

期首納税充当金	30	円	取崩額 その他 損金算入のもの	36	円
繰入額 損金経理をした納税充当金	31		損金不算入のもの	37	
	32			38	
計 (31)＋(32)	33		仮払税金消却	39	13,700
取崩額 法人税額等 (5の③)＋(10の③)＋(15の③)	34		計 (34)＋(35)＋(36)＋(37)＋(38)＋(39)	40	13,700
事業税及び特別法人事業税 (19の③)	35		期末納税充当金 (30)＋(33)－(40)	41	×××

別表四　⇒　損金経理していないので加算なし

利益積立金額及び資本金等の額の計算に関する明細書（別表五(一)）

Ⅰ　利益積立金額の計算に関する明細書

区分		期首現在利益積立金額 ①	当期の増減 減 ②	当期の増減 増 ③	差引翌期首現在利益積立金額 ①－②＋③ ④
仮払法人税	21	△ 10,000	△ 10,000		
仮払道府県民税	22	△ 600	△ 600		
仮払市町村民税	23	△ 1,400	△ 1,400		
仮払事業税	24	△ 1,700	△ 1,700		
繰越損益金（損は赤）	25	×××	×××	×××	×××
納税充当金	26	×××	13,700		
未納法人税等（退職年金等積立金に対するものを除く。） 未納法人税及び未納地方法人税（附帯税を除く。）	27	△	△	中間 △ 確定 △	△
未払通算税効果額（附帯税の額に係る部分の金額を除く。）	28			中間 確定	
未納道府県民税（均等割額を含む。）	29	△	△	中間 △ 確定 △	△
未納市町村民税（均等割額を含む。）	30	△	△	中間 △ 確定 △	△
差引合計額	31				

納税充当金を使って仮払税金を消却する場合には、何ら損金処理はされないので別表四には影響ありません。別表五（二）の該当欄に記載するとともに、会計上の処理に合わせて、仮払税金の減少を納税充当金の減少に振り替える処理を別表五（一）上で行うことになります。

10 還付金の処理

　税金を納め過ぎた場合には，還付を受けることになりますが，還付金が益金の額に算入されるかどうかは，その税金を納めたときに損金の額に算入されるものかどうかによって決まります。つまり，納付のときに損金算入される税金は，還付のときは益金の額に算入され，納付のときに損金不算入とされる税金は，還付のときは益金不算入とされます（法法26）。

　益金不算入とされている税金について，還付があったときに雑収入等で受け入れている場合には，当然のことながら，別表四で減算することになります。ただし，この時，注意しなければならないのは，実際に現金が返ってくるわけですから，原則として利益積立金を構成することになるということです。このことをまず，条文で確認しましょう。

法人税法第２条（定義）

　十八　利益積立金額

　　法人の所得の金額で留保している金額として政令で定める金額をいう。

法人税法施行令第９条（利益積立金額）

　　法第２条第18号（定義）に規定する政令で定める金額は，同号に規定する法人の当該事業年度前の各事業年度（以下この条において「過去事業年度」という。）の第１号から第７号までに掲げる金額の合計額から当該法人の過去事業年度の第８号から第14号までに掲げる金額の合計額を減算した金額に，当該法人の当該事業年度開始の日以後の第１号から第７号までに掲げる金額を加算し，これから当該法人の同日以後の第８号から第14号までに掲げる金額を減額した金額とする。

　一　イからヲまでに掲げる金額の合計額からワからネまでに掲げる金額の合計額を減算した金額

　　イ〜ニ　（省略）

　　ホ　法第26条第１項（還付金等の益金不算入）に規定する還付を受け又

は充当される金額（同項第１号に掲げる金額にあっては，法第38条第１項（法人税額等の損金不算入）の規定により所得の金額の計算上損金の額に算入されない法人税の額及び地法法人税の額並びに当該法人税の額に係る地方税法の規定による道府県民税及び市町村民税（都民税及びこれらの税に係る均等割を含む。）の額に係る部分の金額を除く。）

（以下省略）

（注：条文中の括弧書きは適宜省略）

　法人税法施行令９条１号ホをみると，利益積立金を構成する項目として，益金不算入となる還付金等の規定があることがわかります。この条文に関し，実務上よくみられる二つの還付について説明します。

■1　所 得 還 付

　たとえば，次の例を考えます。

　当期，業績が悪かったため，納付すべき法人税はほとんど計算されなかったとしましょう。当社の預金利息に対して課された源泉所得税500は，法人税の前払いとして税額控除の対象となりますが，そのうち400は，法人税から控除しきれないため，翌期に還付されることになったとします。翌期に次の仕訳により，この400を雑収入で受けたときの別表処理（翌期）は次のようになります。

（借）現　　　金	400	（貸）雑　収　入	400

所得の金額の計算に関する明細書（別表四）

区　　分		総　額 ①	処　分 留保 ②	社　外　流　出 ③
当 期 利 益 又 は 当 期 欠 損 の 額	1	×××円	×××円	配当 / その他
加算 減算　所得税額等及び欠損金の繰戻しによる還付金額等	19	400		※　400

75

別表四の「所得税額等及び欠損金の繰戻しによる還付金額等19」欄をみると，留保欄には斜線が引いてあり，流出欄のみ記載可能となっています。これは，「所得からは減算するが利益積立金は減らさない」ということを意味しています。つまり，前記の政令規定が根拠となって，還付を受けた所得税額は利益積立金を構成することになるわけです。したがって，社外流出欄に金額を記載するものの，本来の意味で「社外流出」というわけではないので「※」がついています。このような欄は他にもたくさんありますが，皆同様の趣旨です（「受取配当等の益金不算入額14」欄等）。

❷ 中間還付

それでは，次の例はどうでしょうか。

前期，業績がよかったが，当期は急激に業績が悪化したため，次のとおり納付すべき税額（翌期の確定申告で納付すべき税額）が中間納付額（前期の税額を基に計算される当期の税額の前払部分）に満たなくなったとします。

	確定税額	中間納付額 （損金経理）	還付金額 （翌期）
法 人 税	6,000	10,000	4,000
道府県民税	400	600	200
市町村民税	1,000	1,400	400

この場合には，その差額が翌期に還付されますが，まず，当期の別表処理は**図表3-15**のようになります。

図表3－15　中間還付の別表処理（当期）

租税公課の納付状況等に関する明細書

事業年度 00・8・8／01・8・8　法人名　　別表五(二)　令五・四・一以後終了事業年度分

税目及び事業年度			期首現在未納税額①	当期発生税額②	充当金取崩しによる納付③	仮払経理による納付④	損金経理による納付⑤	期末現在未納税額①＋②－③－④－⑤⑥
法人税及び地方法人税	・ ・	1	円	円		円	円	円
	・ ・	2						
	当期分 中間	3		10,000円			10,000	
	確定	4		△4,000				△4,000
	計	5		6,000				
道府県民税	・ ・	6						
	・ ・	7						
	当期分 中間	8		600			600	
	確定	9		△ 200				△ 200
	計	10		400				
市町村民税	・ ・	11						
	・ ・	12						
	当期分 中間	13		1,400			1,400	
	確定	14		△ 400				△ 400
	計	15		1,000				
事業税及び特別法人事業税	・ ・	16						
	・ ・	17						
	当期中間分	18						
	計	19						

所得の金額の計算に関する明細書（別表四）

区　分		総額①	処分 留保②	社外流出 配当／その他③
当期利益又は当期欠損の額	1	×××円	×××円	円
加算 損金経理をした法人税及び地方法人税（附帯税を除く。）	2	10,000	10,000	
損金経理をした道府県民税及び市町村民税	3	2,000	2,000	

利益積立金額及び資本金等の額の計算に関する明細書（別表五(一)）

I　利益積立金額に関する明細書

区　分		期首現在利益積立金額①	当期の増減 減②	当期の増減 増③	差引翌期首現在利益積立金額①－②＋③④
還付法人税	21			4,000	4,000
還付道府県民税	22			200	200
還付市町村民税	23			400	400
	24				
繰越損益金（損は赤）	25	×××	×××	×××	×××
納税充当金	26				
未納法人税等 未納法人税及び未納地方法人税（附帯税を除く。）	27	△	△ 10,000	中間 △ 10,000／確定 △	△
未払通算税効果額（附帯税の額に係る部分の金額を除く。）	28			中間／確定	
未納道府県民税（均等割額を含む。）	29	△	△ 600	中間 △ 600／確定 △	△
未納市町村民税（均等割額を含む。）	30	△	△ 1,400	中間 △ 14,000／確定 △	△

翌期に中間還付がある場合には，別表五㈡の確定欄にそれぞれ還付予定額をマイナス表示します。そうすることによって，合計欄で当期の発生額がわかります。また，還付予定額は別表五㈠の「当期の増③」欄に移記し，利益積立金を増額させます。

　還付予定額について利益積立金を増額する理由は，　1　の説明を思い出してください。法人税及び住民税については「納付することとなる税額」を利益積立金からマイナスするのでしたね。この場合の「納付することとなる税額」とは当期の発生額です。したがって，法人税でいうなら，この設例では6,000ということになります。しかし，中間納付額は10,000であり，この分は，発生額として利益積立金からすでにマイナスされています（別表五㈠「未納法人税28」欄の「当期の増③」欄）。つまり，本来，利益積立金は6,000をマイナスすればよいのに10,000がマイナスされていますので，4,000がマイナスし過ぎということになります。そこで，この4,000は還付法人税として「当期の増③」欄に記載して利益積立金を増額するわけです。住民税についても同様です。

　そして，翌期に実際に還付を受けて収益計上した段階で，別表四「法人税等の中間納付額及び過誤納に係る還付金額18」欄で減算するとともに留保欄に記載し，別表五㈠「当期の減②」欄で利益積立金を減算します。条文では，先に掲げた法人税法施行令9条1号ホの括弧書き（波線部分）に該当します。つまり，益金不算入となる還付金額は基本的には利益積立金を構成するのですが，そのうち，法人税及び住民税の還付額を除くこととされています。損金不算入であっても還付金額そのものは原則として利益積立金を構成するのですが，発生段階で利益剰余金から減算する法人税等については，還付の場面では，発生段階においてマイナスの利益剰余金が既に戻されているので，還付の段階では利益剰余金を構成させないことにしているわけです。

　なお，翌期にこれらの還付金を雑収入で受け入れた場合の別表処理を**図表3－16**に示しましたので参考にしてください。

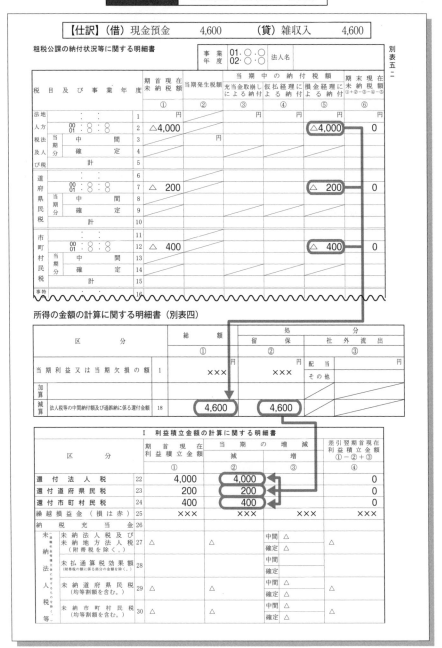

図表3－16　中間還付の別表処理（翌期）

【仕訳】（借）現金預金　　4,600　　（貸）雑収入　　4,600

3 未収還付法人税等を計上した場合

最後に，翌期に還付される法人税等について，当期に未収入金（未収還付法人税等）を計上した場合について説明します。

1 及び 2 で掲げた設例のとおり，当期の確定税額が税額控除の対象となる所得税や中間納付額に満たない場合には，その満たない部分の金額は翌期に還付されますが，当期末に還付額が合理的に見積もることができる場合には，以下のとおり未収入金として計上することが考えられます。

（借）未収還付法人税等	4,600	（貸）還付法人税等	4,600

ここでは，2 の設例を前提にして還付される予定金額を還付法人税等という収益科目を使って未収計上していますが，「法人税，住民税及び事業税」の貸方計上という形で，費用のマイナス計上をしても構わないかと思われます。

一方，法人税法では，これらの還付金は，確定申告をすることにより，その期（翌期）で確定することになりますので，次のとおり期末時点で計上した会計上の収益（費用のマイナス）は，なかったことにする必要があります。

所得の金額の計算に関する明細書（別表四）

区　　　分		総　　額		処　　　　分			
				留　保		社　外　流　出	
		①		②		③	
当 期 利 益 又 は 当 期 欠 損 の 額	1		円		円	配　当	円
						その他	
加算							
減算	未収還付法人税等		4,600	4,600			

利益積立金額及び資本金等の額の計算に関する明細書（別表五(一)）

		Ⅰ　利益積立金額の計算に関する明細書				
区　　　分		期 首 現 在 利 益 積 立 金 額	当　期　の　増　減		差引翌期首現在利益積立金額 ①－②＋③
			減	増	
		①	②	③	④
	3				
未収還付法人税等	4			△4,600	△4,600
	5				
繰越損益金	6				

翌期では，実際に還付を受けた段階で，

| （借）現　　　　　金 | 4,600 | （貸）未収還付法人税等 | 4,600 |

という仕訳をきることになると思われますが，別表では，次のとおり，この期の益金として申告加算することで，前期に減算した未収還付法人税等を整理します。

ここで，大事なことは，これらの処理は **1** や **2** で示した別表四，別表五(一)及び別表五(二)の各処理とは，全く区別して行う必要があるという点です。上記の別表処理は，あくまでも還付金の未収計上に伴う期間損益のズレの調整である旨を理解しておくと混乱することはないかと思います。

所得の金額の計算に関する明細書（別表四）

区　　　分		総　　額	処　　　　　分		
			留　　保	社　外　流　出	
		①	②	③	
当 期 利 益 又 は 当 期 欠 損 の 額	1	円	円	配　当	円
				その他	
加算	未収還付法人税等	4,600	4,600		
減算					

利益積立金額及び資本金等の額の計算に関する明細書（別表五(一)）

Ⅰ　利益積立金額の計算に関する明細書				
区　　　分	期 首 現 在 利 益 積 立 金 額	当　期　の　増　減		差引翌期首現在利 益 積 立 金 額 ①−②＋③
		減	増	
	①	②	③	④
	円	円	円	円
未収還付法人税等	△4,600	△4,600		
繰越損益金				

第4章

交際費等

　本章では，「交際費等」について解説します。個別の取扱いとして，このテーマを取り上げるのは，交際費等が原則として損金算入が認められない費用だからです。言い換えますと，税務調査で指摘されやすいテーマだからです。特に，資本金が1億円を超える法人は注意が必要です。

　交際費等の範囲は極めて広く，その境目はグレーである場合が多いだけに慎重な判断が求められます。

交際費等の取扱い

　皆さんの会社の損益計算書をみると，大概「販管費及び一般管理費」の内訳の一つに「接待交際費」という科目があるのではないでしょうか。通常は，お中元やお歳暮のための費用や，社長さん又は営業担当者が得意先をレストランやスナックに連れて行ったりしたときにかかった費用をこのような科目で処理していることと思います。

租税特別措置法第61条の４（交際費等の損金不算入）第１項

　法人が平成26年４月１日から令和６年３月31日までの間に開始する各事業年度（以下この条において「適用年度」という。）において支出する交際費等の額（当該適用年度終了の日における資本金の額又は出資金の額（資本又は出資を有しない法人でその他政令で定める法人にあっては，政令で定める金額。以下この項及び次項において同じ。）が100億円以下である法人（通算法人の当該適用年度終了の日において当該通算法人との間に通算完全支配関係がある他の通算法人のうちいずれかの法人の同日における資本金の額又は出資金の額が100億円を超える場合における当該通算法人を除く。）については，当該交際費等の額のうち接待飲食費の額の100分の50に相当する金額を超える部分の金額）は，当該適用年度の所得の金額の計算上，損金の額に算入しない。

　上の条文の網掛け部分を読むと，「法人が支出する交際費等の額は，損金の額に算入しない。」と書いてあります。次に，かっこ書きを読むと，資本金の額又は出資金の額が100億円以下である法人については，「接待飲食費」の100分の50を超える部分の金額が，上述の交際費等の額とされていることが分かります。

　つまり，法人が支出する交際費等の額は，資本金の額が100億円を超える超大規模法人については，その全額が損金不算入となり，それ以外の法人は，「接待飲食費」の半分を超えると，その超える部分の金額が損金不算入となるわけです（なお，資本金の額が１億円以下の中小企業については，別の取扱いも可能となりますが，それは次項で詳しく解説します）。

また，グループ通算制度を採用している企業グループにあっては，通算法人のうちいずれの資本金が100億円を超える場合には，全ての通算グループ内法人の交際費等の額はその全額が損金不算入とされています（上記条文の二重かっこ部分参照）。

次に交際費等の取扱いを考える上で必要となるのは，「接待飲食費とは何か」という問題です。

これについては，以下の条文を見る必要があります。

租税特別措置法第61条の4（交際費等の損金不算入）第6項

　　第1項に規定する交際費等とは，交際費，接待費，機密費その他の費用で，法人が，その得意先，仕入先その他事業に関係のある者等に対する接待，供応，慰安，贈答その他これらに類する行為（以下この項において「接待等」という。）のために支出するもの（次に掲げる費用のいずれかに該当するものを除く。）をいい，第1項に規定する接待飲食費とは，同項の交際費等のうち飲食その他これに類する行為のために要する費用（専ら当該法人の法人税法第2条第15号に規定する役員若しくは従業員又はこれらの親族に対する接待等のために支出するものを除く。第2号において「飲食費」という。）であつて，その旨につき財務省令で定めるところにより明らかにされているものをいう。（以下記載省略）

この条文の網掛け部分見てみると，接待飲食費とは「飲食その他これに類する行為のために要する費用であって，その旨につき財務省令で定めるところにより明らかにされているものをいう。」と書かれています。財務省令で定めるところにより明らかにされているものとは，最低限次の内容を記載した書類を保存することをいいます（措規21の18の4参照）。

① 飲食等をした年月日

② 得意先等の氏名，名称及びその関係

③ 費用の金額

④ 飲食店等の名称と所在地

また，条文のかっこ書きには，「役員若しくは従業員又はこれらの親族に対する接待等のために支出するものを除く」こととされています。いわゆる社内接待費といわれるような社員どうしで行った宴会や懇親会はここでいう接待飲食費には入ら

ないことには注意すべきでしょう。

　さらに，飲食のための費用だけではなく「これに類する費用」となっていますから，例えば，テーブルチャージ料やサービス料といった，飲食のために直接かかった費用はもとより，ホテルの宴会場を借りてパーティーをする場合の宴会場使用料等も入ります。ただし，得意先を送迎するためのタクシー代などは，飲食に直接かかった費用ではないため接待飲食費には含まれません。また，カラオケで接待したときはどうなるかといった質問をいただくことがありますが，飲食したことがわかるレシート等を上記の書類と合わせて保存しておくことが望ましいと言えます。なお，ゴルフや旅行の際の飲食費は接待飲食費に該当しないこととされています（国税庁「接待飲食費に関するFAQ」）。ただし，それぞれのイベントが終わって解散した後に，任意で行われた飲食に係る費用は含まれるとしています。行事の一環として行われているのかどうかということが判断のポイントです。

第4章 2 交際費等に該当しない費用

もう一度先ほどの条文を見てみましょう。今度は波線のところを中心に見ていきます。

租税特別措置法第61条の4（交際費等の損金不算入）第6項

　　第1項に規定する交際費等とは，交際費，接待費，機密費その他の費用で，法人が，その得意先，仕入先その他事業に関係のある者等に対する接待，供応，慰安，贈答その他これらに類する行為（以下この項において「接待等」という。）のために支出するもの（次に掲げる費用のいずれかに該当するものを除く。）をいい，第一項に規定する接待飲食費とは，同項の交際費等のうち飲食その他これに類する行為のために要する費用（専ら当該法人の法人税法第2条第15号に規定する役員若しくは従業員又はこれらの親族に対する接待等のために支出するものを除く。第2号において「飲食費」という。）であつて，その旨につき財務省令で定めるところにより明らかにされているものをいう。

一　専ら従業員の慰安のために行われる運動会，演芸会，旅行等のために通常要する費用

二　飲食費であつて，その支出する金額を基礎として政令で定めるところにより計算した金額が政令で定める金額以下の費用

三　前二号に掲げる費用のほか政令で定める費用

租税特別措置法施行令第37条の5（交際費等の範囲）

1　法第六十一条の四第四項第二号に規定する政令で定めるところにより計算した金額は，同項に規定する飲食費として支出する金額を当該飲食費に係る飲食その他これに類する行為に参加した者の数で除して計算した金額とし，同号に規定する政令で定める金額は，5千円とする。

2　法第六十一条の四第四項第三号に規定する政令で定める費用は，次に掲げる費用とする。

　一　カレンダー，手帳，扇子，うちわ，手拭いその他これらに類する物品を贈
　　　与するために通常要する費用
　二　会議に関連して，茶菓，弁当その他これらに類する飲食物を供与するため
　　　に通常要する費用
　三　新聞，雑誌等の出版物又は放送番組を編集するために行われる座談会その
　　　他記事の収集のために，又は放送のための取材に通常要する費用

　この条文からは，交際費等から除かれる費用のひとつに一定の飲食費があること
がわかります。具体的には，上記の政令規定を読むと「飲食費として支出する金額
を飲食に参加した人数で除した金額が５千円以下の費用」となります。つまり，得
意先等の接待のための１人当たりの飲食代が５千円以下であるような飲食費が交際
費等から除かれているわけです。これは，当局による重箱の隅を突くような税務調
査はやめましょうというのがその趣旨です。結果として， 1 で説明した「接待飲
食費」は，「１人当たり５千円を超える飲食費」として位置づけられます。損金の
額に算入されない交際費等と飲食費との関係を図にイメージすると**図表４−１**のよ
うになります。
ここでいう飲食費の内容は，接待飲食費とほぼ同じで次の二つがポイントとなりま
す。

　■　一定の書類を保存していること
　■　役員，従業員及びこれらの親族を接待するものではないこと

　ただし，一定の書類に関して， 1 で記載した４つの項目に加えて飲食等に参加
した人数を必ず記載しなければならない点に注意が必要です。なぜなら，１人当た
りの金額が５千円以下であることを示す必要があるからです。したがって，本当は
飲食に要した費用が１人当たり５千円を超えているのに，書類上は人数を水増しす
る等して１人当たり５千円以下にしてしまうと不正行為となり，これが税務調査で
判明すると交際費として課税された該当部分について重加算税の対象となってしま
います（税務調査及び重加算税については第13章参照）。

　また，１人当たり５千円というのは，くどいようですが飲食に要した費用を参加
人数で除して算定しますので，誰かが個人的に余分に出したので１人当たり５千円

以下になったとしても全体の費用を全体の人数で割って判定する必要があります。したがって，実際の費用計上額と5千円基準の基となる飲食等に支出する費用とは食い違うこともありますので注意が必要です。この点，例えば，同業者パーティー等への参加費用として1人当たり5千円以下の会費を支払った場合，原則としては，そのパーティー全体の費用を参加者で割った金額が判定基準となりますが，参加者の立場では費用の全体がわからないことが多いことから，明らかに参加費を超えた内容であるといったことがない限り会費で判断して差し支えないこととされています（措通61の4(1)－23注書き）。

　なお，1人当たり5千円以下の飲食費の他，交際費等に該当しない費用として，上記の条文に規定されているのは以下の費用です。

　①　従業員を対象とした運動会や旅行など通常「福利厚生費」とされる費用

　②　カレンダーや手帳など，少額な広告宣伝用物品の費用

　③　会議のために通常要すると認められる飲食物の費用

　④　いわゆるマスコミの取材のための費用

　これらの費用については，第5章の **4** の「交際費等との隣接費用」で再度説明します。

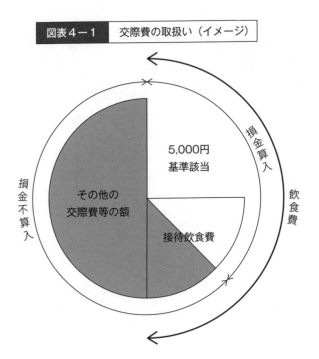

図表4－1　交際費の取扱い（イメージ）

5,000円
基準該当

その他の
交際費等の額

接待飲食費

損金算入

飲食費

損金不算入

第4章 3 中小企業の取扱い

まず，条文から見てみましょう。

租税特別措置法第61条の4（交際費等の損金不算入）第2項

　前項の場合において，法人（カッコ内省略）のうち当該適用年度終了の日における資本金の額又は出資金の額が1億円以下であるもの（次に掲げる法人を除く。）については，前項の交際費等の額のうち定額控除限度額（8百万円に当該適用年度の月数を乗じてこれを12で除して計算した金額をいう。）を超える部分の金額をもつて，同項に規定する超える部分の金額とすることができる。

一　普通法人のうち当該適用年度終了の日において法人税法第66条第5項第2号又は第3号に掲げる法人《各事業年度の所得に対する法人税の税率》（筆者注：資本金5億円以上の大法人に完全支配されている法人）に該当するもの

二　記載省略

資本金の額が1億円以下の中小企業の場合には，**1**で説明した取扱いのほかに，上の条文のとおり，年間の交際費等の額の800万円までを損金の額に算入する取扱いのどちらか有利な方を選択することができます（条文網かけ部分）。

　1で説明した取扱いでは，資本金の額又は出資金の額が100億以下の場合，接待飲食費の半分までは損金算入可能ということですから，接待飲食費の半分に相当する金額が800万円を超える場合，つまり，接待飲食費の額が1,600万円を超えるような支出がある場合には，中小企業であっても**1**の取扱いを選択した方が有利となります。

　ただし，たとえ，資本金が1億円以下であったとしても，資本金が5億円以上の法人に100％保有されている関係（完全支配関係）があれば，この取扱いはなく，すべて**1**で説明した取扱いとなりますので注意が必要です。

第4章 4 交際費等が損金不算入となる趣旨

　会社の営業成績を上げるために顧客を接待することはごく普通の行為です。むしろこのような費用は営業戦略上必要な費用であるとも言えます。したがって，交際費等の額は全額損金の額に算入して然るべきであるという意見も理解できるところです。

　交際費等の損金性を制限する措置は，昭和29年に設けられたのが最初ですが，当時は，専ら「資本蓄積のために無駄な支出を抑制するための措置」という観点から説明されていたようです。つまり，「日本全体がまだ貧しくて，企業の財政基盤をしっかりさせなければいけない時に，会社のお金で遊行飲食費のような冗費（無駄な費用）を多額に支出するのはけしからん」というわけです。そういえば，昔は「社用族」などといって，会社のお金を使って（普段行けないような値段の高いところで）飲み食いする行為を批判する風潮が強かったように思います。当時の国会での議論等を読むと，制度創設には，倫理的な観点からの交際費等の支出に対する批判が強く後押しした感があります。

　交際費課税制度はその後，徐々に強化され現在に至っているわけですが，制度改正時の当局の説明の中には必ずと言っていいほど「交際費等の支出に対する社会的批判を踏まえ……」というような意味の言葉がでてきます。

　つまり，交際費等の損金不算入制度は，元はと言えば，「遊行飲食費を抑え，資本の増強を図る」というのが直接の趣旨であったところ，それに加えて，「企業倫理を高める」といった倫理面からの要請が，その後の制度の維持・強化に強く影響しているというのが実情ではないかと思います。

　なお，最近の傾向として，飲食費に限っては，他の交際費等の支出と比べ，公正な取引を歪めるための支出が紛れ込む要素が比較的少なく，また，経済の活性化を図る観点から，交際費課税を緩める方向にあります（ **1** 及び **2** 参照）。

5　交際費等とは何か

交際費等を巡る実務では，「どのような費用が交際費等に該当するのか」という点に最もウェイトが置かれているのではないかと思います。そこで，今まで何回もでてきた条文である租税特別措置法第61条の4（交際費等の損金不算入）第6項をもう一度見ていきたいと思います。

> **租税特別措置法第61条の4（交際費等の損金不算入）第6項**
> 　第1項に規定する交際費等とは，交際費，接待費，機密費その他の費用で，法人が，その得意先，仕入先その他事業に関係のある者等に対する接待，供応，慰安，贈答その他これらに類する行為（以下この項において「接待等」という。）のために支出するもの（次に掲げる費用のいずれかに該当するものを除く。）をいい，第1項に規定する接待飲食費とは，同項の交際費等のうち飲食その他これに類する行為のために要する費用（専ら当該法人の法人税法第2条第15号に規定する役員若しくは従業員又はこれらの親族に対する接待等のために支出するものを除く。第2号において「飲食費」という。）であつて，その旨につき財務省令で定めるところにより明らかにされているものをいう。（以下記載省略）

上の条文の網掛け部分は，交際費等の意義を示している部分ですが，ここでは次の3つの要素が書かれています。

> ①　交際費，接待費，機密費その他の費用であること
> ②　支出の相手方が「事業に関係のある者」であること
> ③　接待，供応，慰安，贈答その他これらに類する行為のために支出するものであること

以下，それぞれについて説明します。

❶ 交際費，接待費，機密費その他の費用とは何か

　交際費や接待費として処理される費用には，例えば得意先との飲食の費用や謝礼のための贈答品の購入費用などがすぐに頭に浮かびますが，機密費として処理される費用というと，何やら謎めいた費用で表には出せないような（袖の下でわたすような）支出を含む費用というイメージが強くなるような気がします。これらの名目を実際の費用科目として経理処理の中で使用するかどうかはさておき，これらの名目で処理される費用はいずれにしても「相手の歓心を買って事がうまく運ぶように図る」という目的から支出される費用であることは明らかです。

　また，その他の費用というのは，どんな名目の費用でもよいというわけではありません。「交際費，接待費，機密費」の例に代表されるようなそれ以外の名目で処理される費用という意味で理解する必要があります。したがって，次に掲げるような性質を有するものは交際費等には含まれないこととされています（措通61の4(1)－1(1)～(5)）。

- ・　寄附金
- ・　値引き及び割戻し
- ・　広告宣伝費
- ・　福利厚生費
- ・　給与等

　ただし，これらの費用の中にも交際費等に該当するかどうか判断に迷う支出がある場合も見受けられます。その問題については「 **4** 交際費等との隣接費用」で説明します。

❷ 事業に関係のある者とは何か？

　これについては，通達で次のように示されています。

租税特別措置法関係通達61の4(1)−22（交際費等の支出の相手方の範囲）

　　措置法第61条の４第６項に規定する「得意先，仕入先その他事業に関係の
　ある者等」には，直接当該法人の営む事業に取引関係のある者だけでなく間
　接に当該法人の利害に関係ある者及び当該法人の役員，従業員，株主等も含
　むことに留意する。

　つまり，仕入先や得意先に限らず，法人に何らかの利害があると認められる者と
いったかなり広い対象に対する支出が交際費等となる可能性があることを示してい
ます。たとえば，従業員をスナックに連れて行って飲ませる行為や，株主に景品を
配ったりする行為も交際費等となり得るわけです。

　また，交際費課税制度の趣旨から，支出先が個人であることが前提になっている
ように思われる方も多いようですが，実務においては，支出先が個人か法人かと
いったことには関係なく，支出の内容が交際費等に該当するのであれば交際費課税
の対象になるという理解をしておく必要があります。

❸　接待，供応，慰安，贈答その他これに類する行為のための支出とは何か？

　平たく言えば，接待も供応も共に「酒や食事で相手をもてなすこと」を言います。
また，慰安も「相手を慰め楽しませること」ということで，供応が相手の胃袋を満
たすイメージがあるのに対し，慰安はもう少し楽しませる方にウェイトがある言葉
かもしれません。細かい言葉の意味はともかく，営利を目的とする会社がこのよう
な行為のために支出する場合には一般的には交際費として処理されることについて
はそれほど疑義はないものと思われます。ただし，「その他これに類する行為」と
はどこまでの行為を言うのか必ずしも判然とはしていません。結局，❶で説明し
た「交際費，接待費，機密費その他の費用」として処理されるような支出の目的と
なった行為ということになります。

　近年では当局が敗訴した著名な判決を受けて交際費等を次の３つで説明するケー
スが多く，「交際費等に該当するための三要件」などと言われています。

　なお，交際費等に該当する費用については措置法関係通達61の4(1)-15に例示があります。税務調査でも引き合いに出されることが多いので以下に示しておきたいと思います。上述した三要件と照らし合わせて読むとよく理解できるのではないかと思います。

租税特別措置法関係通達61の4(1)-15（交際費等に含まれる費用の例示）

　次のような費用は，原則として交際費等の金額に含まれるものとする。ただし，措置法第61条の4第4項第2号の規定の適用を受ける費用を除く。

(1)　会社の何周年記念又は社屋新築記念における宴会費，交通費及び記念品代並びに新船建造又は土木建築等における進水式，起工式，落成式等におけるこれらの費用（これらの費用が主として61の4(1)-10に該当するもの（著者注：福利厚生費に該当するもの……次項参照）である場合の費用を除く。）

　　（注）　進水式，起工式，落成式等の式典の祭事のために通常要する費用は，交際費等に該当しない。

(2)　下請工場，特約店，代理店等となるため，又はするための運動費等の費用

　　（注）　これらの取引関係を結ぶために相手方である事業者に対して金銭又は事業用資産を交付する場合のその費用は，交際費等に該当しない。

(3)　得意先，仕入先等社外の者の慶弔，禍福に際し支出する金品等の費用（61の4(1)-10の2から61の4(1)-11まで，61の4(1)-13の(3)及び61の4(1)-18の(1)に該当する費用（著者注：災害を受けた取引先や自社の従業員等と同視し得る者へ支出する場合等の費用）を除く。）

(4)　得意先，仕入先その他事業に関係のある者（製造業者又はその卸売業者と直接関係のないその製造業者の製品又はその卸売業者の扱う商品を取り扱う販売業者を

含む。）等を旅行，観劇等に招待する費用（卸売業者が製造業者又は他の卸売業者から受け入れる。(5)の負担額に相当する金額を除く。）

(5)　製造業者又は卸売業者がその製品又は商品の卸売業者に対し，当該卸売業者が小売業者を旅行，観劇等に招待する費用の全部又は一部を負担した場合のその負担額

(6)　いわゆる総会対策等のために支出する費用で総会屋等に対して，会費，賛助金，寄附金，広告料，購読料等の名目で支出する金品に係るもの

(7)　建設業者等が高層ビル，マンション等の建設に当たり，周辺の住民の同意を得るために，当該住民又はその関係者を旅行，観劇等に招待し，又はこれらの者に酒食を提供した場合におけるこれらの行為のために要した費用

　　(注)　周辺の住民が受ける日照妨害，風害，電波障害等による損害を補償するために当該住民に交付する金品は，交際費等に該当しない。

(8)　スーパーマーケット業，百貨店業等を営む法人が既存の商店街等に進出するに当たり，周辺の商店等の同意を得るために支出する運動費等（営業補償等の名目で支出するものを含む。）の費用

　　(注)　その進出に関連して支出するものであっても，主として地方公共団体等に対する寄附金の性質を有するもの及び令第14条第1項第6号イに掲げる費用（著者注：繰延資産に該当する費用）の性質を有するものは，交際費等に該当しない。

(9)　得意先，仕入先等の従業員等に対して取引の謝礼等として支出する金品の費用（61の4(1)-14に該当する費用（著者注：一定のルールに基づく報奨金等の費用）を除く。）

(10)　建設業者等が工事の入札等に際して支出するいわゆる談合金その他これに類する費用

(11)　(1)から(10)までに掲げるもののほか，得意先，仕入先等社外の者に対する接待，供応に要した費用で61の4(1)-1の(1)から(5)までに該当しない全ての費用（**1** 参照）

4 交際費等との隣接費用

　上述したように，交際費等は「接待交際費」勘定に計上されているものに限らないわけですが，実務では，交際費等と隣接費用との間にグレーゾーンが存在し，交際費等の認定を巡って当局と軋轢が生じる場合があります。

　以下，主な隣接費用の内容について説明します。(1)から(4)までは，法律で直接規定されている項目です（**4**の冒頭で示した条文を参照）。基本的には，「接待，供応，慰安，贈答その他これらに類する行為のための支出ではあるものの，交際費等には該当させない」というものを法律で規定したものです。(5)及び(6)は通達で明らかにしている事項で，「紛らわしいがもともと接待，供応，慰安，贈答その他これらに類する行為のための支出ではない」というものです。

(1) 福利厚生費

　2に示した措置法の規定のとおり，従業員の慰安のための運動会，演芸会，旅行等はあくまでも福利厚生の一環として行われる行事であり，慰安のためとはいえ，交際費等には該当しないこととされています。その理由は，これらの行事は従業員に一律に行われるものであり，常識的にはそれほどぜいたくなものではないからです。裏を返せば，従業員によって対象になったりならなかったりする場合や過度にぜいたくな催しだったりすると交際費等として課税される場合があるということになります（措通61の4(1)-10参照）。

(2) 広告宣伝費

　2に示した政令の規定のとおり，カレンダーや手帳，扇子といったものは，本来的には贈答品ですが，交際費等には該当しないこととされています。これは，少額であるためということのほかに，広告宣伝を目的に多数の者に配布するものであるからという理由があげられます（措通61の4(1)-20参照）。

　広告宣伝費と交際費等を考えるに当たっては，支出の対象となる相手が「多数」，特に「不特定多数」という言葉がキーワードとなります。抽選で景品を一般消費者に交付する費用など，不特定の者を相手にするような費用は，たとえ慰安や贈答のための支出であったとしても基本的には交際費等には該当しません（措通61の4(1)-9参照）。

⑶　会　議　費

❷に示した政令の規定のとおり，会議に際して供される茶菓，弁当のたぐいが交際費等とはならないことは特に申し上げるまでもないことかもしれません。ただし，この解釈には幅があり，時々判断に迷うこともあるかもしれません。

　まず，会議には，得意先との商談や打合せも当然含みます。また，商談には多少のアルコールも容認されるところです。さらに，場所についても会社の会議室だけではなく，レストラン等での打合せもあり得ます。結局のところ，会議であるか否かを外形的に判断しようとすると，何を打合せたのか？　通常会議を開くべきところ（商談を行うべきところ）で行われているか？　費用が妥当か？　といったことが問われることになるわけです。したがって，会議や打合せであれば，この点を明確に説明できるようにしておく必要があります。

　なお，交際費等には該当しない会議費の世界に入った途端，いわゆる5,000円基準がなくなります。たとえば，1人当たり7,000円の「懐石弁当」を供しながら会議を行ったとしても「会議費は会議費」ということになります（措通61の4⑴−21（注）2参照）。

⑷　値引き・割戻し

　値引きが，交際費等に当たらないのは明らかです（措通61の4⑴−1参照）。しかし，たとえば，今後，取引の継続が見込まれる顧客に他には通常しないような値引きをした場合などに当局と議論になる場合があります。しかし，取引の継続が見込まれる顧客に大幅な値引きをすることが販促活動として合理的であると判断できればもともと交際費等にはなりません。また，工事業などで施主からサービス工事の要請があり値増しができない場合などもそれが請負契約を締結するための条件（一種の契約条件）と位置付けられれば交際費等となる余地はありません。

　割戻しについては，「ルールに則って行っているか」ということがまず問われることになります。ルールに則っていれば，それに加えて協力度合い等により割戻しに色をつけても特に問題はありません（措通61の4⑴−3参照）。

⑸　販売促進費

　販売促進の目的で特定の地域の得意先である事業者に販売奨励金等として金銭を交付しても交際費等にはなりません（措通61の4⑴−7参照）。実務では，業績の芳しくない得意先等を支援するために支出する場合が多いことから，交際費等とい

うよりも寄附金等の観点から議論される場合があります。あくまでも販売促進が目的ですので，具体的に販売を促進する施策に対する費用であることを説明できる資料を準備しておくことが重要と思われます。

(6)　**情報提供料**

　取引の拡大には適切な情報が欠かせませんが，中には謝礼金との境目が曖昧になる場合があります。そこで，情報提供を行うことを業としていない者に対して情報提供料を支払った場合には次の要件を満たせば交際費等には該当しないことが通達で明らかにされています（措通61の4(1)-8）。ポイントは「情報に対する対価であることが明確かどうか」ということです。

　イ　その支払いがあらかじめ締結された契約に基づくものであること

　ロ　提供を受ける役務の内容が契約で明らかにされており実際に役務の提供を受けていること

　ハ　支払額が役務提供の内容に照らして相当であること

第4章 6 別表の記載

1 別表作成の際の留意事項

　交際費等の損金不算入額の計算は，別表十五（交際費等の損金算入に関する明細書）を使用します。記載方法は極めて簡単ですが，交際費等の支出額が資産科目に計上されていても，損金不算入額の計算に含めるという点に注意が必要です。例えば，土地を取得する際に，円滑に取得できるように近隣住民を接待した場合には，接待に要した金額を土地の取得価額に算入することが考えられます。この場合には，接待に要した金額は損金とはなっておらず，固定資産又は棚卸資産の取得価額に算入されていることになりますが，このような金額も交際費等として損金不算入額の計算に含めなければならないわけです。それは，**1**で掲げた条文のとおり，法人が交際費等を損金経理しているか否かには関係なく，支出ベースで損金不算入の計算が行われるからです。しかし，そうは言っても支出した交際費等が資産に計上されている場合，その部分に係る交際費等の損金不算入額については，少なくともその期において二重課税の状態になっていると言えます。そこで，税務上は，資産科目を減額（損金算入）する調整を行いますが，その際次の点に留意する必要があります（なお，①は必須ですが，②は任意となります）。

①	交際費等の支出額が仮払金になっている場合には，実際に接待等の行為を行った期に全額損金算入し，同額を損金不算入額の計算に含める。
②	交際費等の支出額が棚卸資産や固定資産の取得価額に算入されている場合には，損金不算入額のうち，棚卸資産や固定資産に係る部分の金額を申告調整により取得価額から減算する（措通61の4(2)-7参照）。
③	②により固定資産等の取得価額を減額した場合には，翌期において，決算調整により固定資産等の減算処理を行う（その際別表四では加算調整する）（措通61の4(2)-7注書き，法基通5-3-9）。
④	②により固定資産の取得価額を減額した場合に，その固定資産が減価償却資産であるため減価償却費の計算を行う場合には，取得価額は減額後の金額となる。

なお，消費税について税抜経理処理をしている場合，仕入税額を全額控除するケース以外では控除対象外消費税額が生じますが，交際費等の額に係る控除対象外消費税額は必ず交際費等の支出額に含めて計算する必要がありますのでご注意ください。

　以下，別表の記載方法について，次の設例を用いて説明します。

設例

　当社（資本金3,000万円）の当期における交際費等の状況は次のとおりである。

イ　接待交際費勘定の金額670万円のうち，500万円は，接待のための飲食に要した費用である。この500万円のうち，200万円は各飲食につき一人当たり5,000円以下であり，租税特別措置法第61条の4第6項に規定する飲食費に該当するものである。また，残りの300万円は租税特別措置法第61条の4第1項に規定する接待飲食費に該当するものである。いずれの費用についても租税特別措置法施行規則に定める書類の記載及び保存の要件を満たしている。

ロ　雑費中，交際費等に該当するものが46万5,000円ある。

ハ　仮払金のうち80万円は交際費等に係る支出である。

ニ　当期に取得した事業用土地1億円には取得の際に支出した交際費等の額66万5,000円が含まれている。

ホ　当期の未成工事支出金のうち交際費等に該当するものが285万円含まれている。

ヘ　当期の雑損失勘定の金額の中には，交際費等に係る消費税等の額のうち控除対象外消費税額等に相当する金額20,000円（そのうち，接待飲食費に係る金額5,000円）が含まれている。

　この設例に基づいて別表十五，別表四及び別表五(一)を表すと**図表4-2**のとおりとなります。

　はじめに別表十五を作成することになりますが，まず「支出交際費等の額の明細」の「支出額6」欄に交際費等の支出額を記載します。記載にあたっては，科目にとらわれず，資産計上されているものについても漏れなく記載することがポイン

トです。「交際費等の額から控除される費用の額7」欄には，租税特別措置法61の4で交際費等から除外されているものを記載します。設例では，一人当たり5,000円以下の飲食費があるのでその金額を記載することになります。そして，「6」欄から「7」欄を差し引いた金額を「差引交際費等の額8」欄に記載します。この「8」欄の合計額が，当期の交際費等の額ということになります。

　次に，「8」欄に記載した交際費等の額のうち，接待飲食費の額を「9」欄に記載します。設例では，接待交際費勘定の670万円のうち300万円が接待飲食費ということなので，「交際費」欄の「9」欄に300万円を記載します。

　そして，損金算入限度額を「1」欄から「4」欄まで順次計算することになりますが，設例は中小企業であるため，原則としての接待飲食費の100分の50を損金算入額とするか，800万円の定額控除限度額まで損金算入するかを選択することになります。その結果，800万円を定額控除限度額を損金算入限度額とする方が有利となるため，損金算入限度額（「3」欄）は800万円を記載します。その結果，損金不算入額（「5」欄）は150万円となり，この金額が，別表四の「交際費等の損金不算入額8」欄に移記されて所得に加算されます。なお，利益積立金は構成しないので処分は「社外流出」となります。

交際費等の損金算入に関する明細書

| 事業年度 | ○・○・○
○・○・○ | 法人名 | |

別表十五　令五・四・一以後終了事業年度分

支 出 交 際 費 等 の 額 (8 の 計)	1	円 9,500,000	損 金 算 入 限 度 額 (2) 又 は (3)	4	円 8,000,000
支出接待飲食費損金算入基準額 (9の計)× $\frac{50}{100}$	2	1,502,000	損 金 不 算 入 額 (1) － (4)	5	1,500,000
中小法人等の定額控除限度額 ((1)と((800万円× $\frac{}{12}$)又は(別表十五付表「5」))のうち少ない金額)	3	8,000,000			

→ 次頁の別表四

支 出 交 際 費 等 の 額 の 明 細

科　　　　　　目	支 出 額	交際費等の額から控除される費用の額	差引交際費等の額	(8)のうち接待飲食費の額
	6	7	8	9
	円	円	円	円
交　　　際　　　費	6,700,000	2,000,000	4,700,000	3,000,000
雑　　　　　費	465,000		465,000	
仮　　払　　金	800,000		800,000	
土　　　　　地	665,000		665,000	
未 成 工 事 支 出 金	2,850,000		2,850,000	
雑　　損　　失 (控除対象外消費税額等)	20,000		20,000	5,000
計	11,500,000	2,000,000	9,500,000	3,005,000

前頁の別表十五

所得の金額の計算に関する明細書（簡易様式）

事 業 年 度	○・○・○	法人名	×××

別表四（簡易様式）　令五・四・一以後終了事業年度分

区　　分		総　額 ①	処　　分		
			留　保 ②	社 外 流 出 ③	
当 期 利 益 又 は 当 期 欠 損 の 額	1	円	円	配当	円
				その他	
加	損金経理をした法人税及び地方法人税（附帯税を除く。）	2				
	損金経理をした道府県民税及び市町村民税	3				
	損金経理をした納税充当金	4				
	損金経理をした附帯税（利子税を除く。）、加算金、延滞金（延納分を除く。）及び過怠税	5			その他	
	減 価 償 却 の 償 却 超 過 額	6				
	役 員 給 与 の 損 金 不 算 入 額	7			その他	
	交 際 費 等 の 損 金 不 算 入 額	8	1,500,000		その他	1,500,000
	通算法人に係る加算額（別表四付表「5」）	9			外※	
		10				
算						
	小　　　計	11	×××		外※	
減	減 価 償 却 超 過 額 の 当 期 認 容 額	12				
	納税充当金から支出した事業税等の金額	13				
	受取配当等の益金不算入額（別表八（一）「5」）	14			※	
	外国子会社から受ける剰余金の配当等の益金不算入額（別表八（二）「26」）	15			※	
	受 贈 益 の 益 金 不 算 入 額	16			※	
	適格現物分配に係る益金不算入額	17			※	
	法人税等の中間納付額及び過誤納に係る還付金額	18				
	所得税額等及び欠損金の繰戻しによる還付金額等	19			※	
	通算法人に係る減算額（別表四付表「10」）	20			※	
		21				
算	仮払交際費認容		800,000	800,000		
	土地認定損		105,000	105,000		
	未成工事支出金認定損		450,000	450,000		
	小　　　計	22			外※	

利益積立金額及び資本金等の額の計算に関する明細書

事 業 年 度	○・○・○	法人名	×××

別表五（一）　令五・四・一以後終了事業年度分

I　利益積立金額の計算に関する明細書

区　　分		期 首 現 在 利 益 積 立 金 額 ①	当 期 の 増 減		差引翌期首現在利益積立金額 ①－②＋③ ④
			減 ②	増 ③	
利 益 準 備 金	1	円	円	円	円
積 立 金	2				
仮払金	3		800,000		△ 800,000
土地	4		105,000		△ 105,000
未成工事支出金	5		450,000		△ 450,000
	6				
	7				
	8				
	9				
	10				
	11				

2 原価算入交際費等の処理

　交際費等の支出が資産計上されているものについては，減額調整がありますので忘れないようにする必要があります。引き続き**1**の設例を使用します（ただし，設例のニとホに関する減額調整は任意です）。

　交際費等に振り替えられる仮払金は，すべて別表四で減算します。また，土地の取得価額及び未成工事支出金に含まれている交際費等については，損金不算入額から成る部分として次のように計算した金額を減額することができます。

【土地】

　（損金不算入額）$1,500,000$円 $\times \dfrac{（土地への計上額）665,000}{（支出交際費の額）9,500,000}$

　$=105,000$円

【未成工事支出金】

　（損金不算入額）$1,500,000$円 $\times \dfrac{（未成工事支出金への計上額）2,850,000}{（支出交際費の額）9,500,000}$

　$=450,000$円

　資産計上されている交際費等に係る減額調整は，別表四で減算（留保）し，別表五（一）に転記します。**図表4－2**では，別表五（一）の「当期の減②」欄に記載しています。当局の記載要領によれば，原則として，別表五（一）の「当期の減②」欄には，別表四の「減算・留保②」欄の金額を記載することになります。しかし，未納税額欄と同様に「当期の増③」を発生，「当期の減②」を消滅と捉え，「当期の増③」欄に△（マイナス）表示しても構いません。

　なお，土地の取得価額に算入されている交際費等について，原価算入交際費として損金不算入部分から成る金額を減額調整した場合には，翌期において次の修正仕訳を行う必要がありますので注意してください。

（借）前期損益修正損	105,000	**（貸）**土		地	105,000

　先の設例に基づいて翌期の別表四と別表五（一）を示すと次のようになります。

所得の金額の計算に関する明細書（別表四）

区　　　　分		総　　　額	処　　　　　分		
			留　　保	社　外　流　出	
		①	②	③	
当 期 利 益 又 は 当 期 欠 損 の 額	1	円	円	配　当	円
				その他	
加 算	仮払交際費等戻入	800,000	800,000		
	土地認定損戻入れ	105,000	105,000		
	未成工事支出金	450,000	450,000		

利益積立金額及び資本金等の額の計算に関する明細書（別表五㈠）

Ⅰ　　利 益 積 立 金 額 の 計 算 に 関 す る 明 細 書					
区　　　　分	期 首 現 在 利 益 積 立 金 額	当　期　の　増　減		差引翌期首現在 利 益 積 立 金 額 ①－②＋③
		減	増	
	①	②	③	④
仮払金	△800,000		800,000	0
土　地	△105,000		105,000	0
未成工事支出金	△450,000		450,000	0

　この記載例では，翌期に仮払金が交際費勘定に振替えられており，また，未成工事支出金が完成工事原価に振替えられていることが前提となっています。

　なお，「仮払金」を「接待交際費」勘定に振り替えた場合には，この金額は当期（翌期）の課税対象となる支出交際費等には該当しませんので，この期の別表十五の「交際費等の額から控除される費用の額7」欄に記載して，交際費等の額から除くことになります。

第5章

寄附金

　寄附金も前章でとりあげた交際費等と同様，税務調査で，その認定を巡って時々当局との間で軋轢が生じることがあります。それは，法人にとって，通常の取引と思える支出であっても，当局からすると経済合理性のない贈与との認定がなされることがあるからです。したがって，寄附金の意義や制度の趣旨を理解することは，実務上，大変重要と思われます。

寄附金の取扱い

普通法人が支出する寄附金は，その全額がそのまま損金となるもの，一定の損金算入限度額までは損金となるがそれを超えると損金不算入となるもの，そして，支出額の全額が損金不算入となるものとがあります。その全体像を図であらわすと**図表5－1**のとおりとなります。

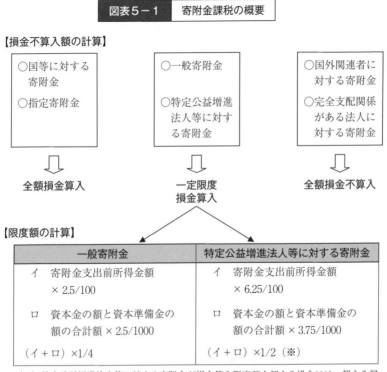

図表5－1 寄附金課税の概要

【損金不算入額の計算】

○国等に対する寄附金
○指定寄附金

○一般寄附金
○特定公益増進法人等に対する寄附金

○国外関連者に対する寄附金
○完全支配関係がある法人に対する寄附金

全額損金算入

一定限度損金算入

全額損金不算入

【限度額の計算】

一般寄附金	特定公益増進法人等に対する寄附金
イ 寄附金支出前所得金額 × 2.5/100	イ 寄附金支出前所得金額 × 6.25/100
ロ 資本金の額と資本準備金の額の合計額 × 2.5/1000	ロ 資本金の額と資本準備金の額の合計額 × 3.75/1000
（イ＋ロ）×1/4	（イ＋ロ）×1/2（※）

（※）特定公益増進法人等に対する寄附金が損金算入限度額を超える場合には，超える部分に相当する金額は，一般の寄附金としての限度額計算に含まれる。

この図のとおり，法人が支出する寄附金については，冒頭に記述した三つのカテゴリーのどの寄附金になるのか判断することが実務ではまず必要となります。

以下，それぞれについて説明します。

1　支出額の全額が損金となる寄附金

このカテゴリーに入る寄附金としては，下記の二つがあります。

①	国等に対する寄附金
②	指定寄附金

①は文字どおり，国又は地方公共団体に対する寄附金です。公立学校などの校舎建設のための寄附など，OB会や後援会に対して寄附した場合でもその施設が完成後すぐに国等に帰属することが明らかである場合には国等に対する寄附金となります（法基通9−4−3）。なお，災害が起きた場合には，被災者のために義援金の募集が行われることがありますが，日本赤十字社や新聞・放送等の報道機関に対して拠出した義援金については，その募金の趣意書等で義援金が地方公共団体による義援金配分委員会等の組織に対して拠出されることが明らかな場合には，「国等に対する寄附金」として取り扱われますが，海外の災害に際して，募集団体から日本赤十字社に対して拠出される募金については，次に述べる「特定公益増進法人等に対する寄附金」に該当します（法基通9−4−6参照）。

②は，公益の増進に寄与するための支出で緊急を要するものに充てられることが確実であるような寄附金で財務大臣が指定するものです（法法37③二参照）。たとえば，国立大学に対する寄附金や共同募金会が募集する寄附金等が一定の要件のもとで指定されています。

2　支出額のうち損金算入限度額を超えると損金不算入となる寄附金

このカテゴリーに入る寄附金としては，下記の二つがあります。

①	特定公益増進法人等に対する寄附金
②	一般の寄附金（3の寄附金を除く）

①は，独立行政法人や社会福祉法人など一定の法律に基づいて設立された法人で公益の増進に著しく寄与するものに対する寄附金をいいます（法法37④参照）。上

述の指定寄附金と似ていますが，財務大臣の指定があるわけではありません。したがって，確定申告に当たっては，これらの寄附金に該当する旨の書類を寄附先から取り寄せて保存しておかなくてはなりません（法法37⑨，法規24参照）。なお，詳しい説明は省略しますが，いわゆる認定NPO法人に対する寄附金も①の寄附金に含まれます（措法66の11の3②参照）。

　損金算入限度額の計算は，一般の寄附金については，期末資本金等の額の千分の2.5と所得金額の百分の2.5を足して4で割った金額となります。この場合の所得金額とは別表四「仮計25」欄の金額を指します（法令73②参照）。仮計欄の金額を使用する理由は，損金算入限度額の規準となる所得としては，なるべく税法固有の調整を排除してできるだけ会計上の利益に近付けたいとの意図があったものと思われます。ではなぜ「千分の2.5」や「百分の2.5」なのかということについては正直よくわかりません。おそらく一般の寄附金の支出水準はそのくらいであろうと考えたからではないでしょうか。ちなみに，寄附金の損金不算入規定の創設は，まだ戦時中である昭和17年まで遡りますが，当時の損金算入限度額の計算中にすでにこの分数が使用されています。

　また，図表5−1のとおり，特定公益増進法人等に対する寄附金の損金算入限度額については，その公益性に鑑みて，一般寄附金よりも枠が若干広げられています。

　ただし，図表5−1で注意が必要なのは，特定公益増進法人等に対する寄附金の支出額が損金算入限度額を超えた場合には，超えた部分の金額は，即，損金不算入となるのではなく，一般寄附金の合計額に算入され，改めて一般寄附金の損金算入限度額計算の対象とされるという点です。

❸　支出額の全額が損金不算入となる寄附金

このカテゴリーに入る寄附金としては，下記の二つがあります。

| ① | 完全支配関係がある法人に対する寄附金 |
| ② | 国外関連者（50％以上保有する等の関係がある外国法人）に対する寄附金（措法66の4③参照） |

　①の完全支配関係がある法人に対する寄附金とは，法人に100％支配（完全支

配）されているグループ内での寄附金をいいます。この寄附金については次の二点に留意する必要があります。

　イ　寄附金を受領した法人における受贈益が益金不算入となること

　ロ　寄附金の支出をした法人の株主法人及び寄附金を受領した法人の株主法人（親会社）においてそれぞれの子会社株式の帳簿価額を修正すること

ロについては，わかりにくいので具体例で説明します。

親法人Ｐが子法人Ａ及びＢを100％保有しているとします。ＡがＢに100を寄附した場合に，親法人Ｐは，別表五㈠で次のような調整をします。

利益積立金額及び資本金等の額の計算に関する明細書（別表五㈠）				
I　利益積立金額の計算に関する明細書				
区　　　分	期首現在利益積立金額	当期の増減		差引翌期首現在利益積立金額①－②＋③
		減	増	
	①	②	③	④
Ａ株式	3		100	△ 100
Ｂ株式	4			100	100

つまり，親法人Ｐにとっては，Ａの財産が流出しているのでその分Ａの株価が減少したとみて税務上の価額を100減少させます。そして，Ｂの財産は100増加したのでその分Ｂの株価が増加したとみて税務上の価額を100増加させる処理を別表五㈠上だけで行うわけです。

なぜ，このようなことをわざわざしなければならないのかというと，子会社間で多額の寄附金のやりとりをさせた後でその子会社の株式を譲渡することにより，意図的に譲渡益や譲渡損を計上することが可能となるので，それを防ぐためにあらかじめ寄附金の授受による影響を株価に織り込んでおく必要があるからです。

第5章 2 寄附金に対する課税制度の趣旨

寄附金に対する課税制度は，いくつかの異なる制度により形作られています。以下，それぞれについて説明します。

1 一般寄附金及び特定公益増進法人等に対する寄附金

一般寄附金や特定公益増進法人等に対する寄附金に損金算入限度額を設け，それを超える支出額について損金算入を認めないのは，事業関連性の判断が困難であるからだと説明されています。言い方を変えると，収益を生み出すための費用かどうか疑わしいということになります。この点，**第4章**で説明した交際費等のように「事業遂行上は必要だが抑えるべき支出」という考え方とは大きく異なっています。国等に対する寄附金や指定寄附金は事業関連性がなくても全額損金算入できますが，これらはむしろ例外的な取扱いとして捉えた方が理解しやすいかもしれません。たとえば，商売がうまくいくように願って地元の神社にいくばくか寄進した場合には一般寄附金として損金算入限度額計算の対象とします。税務ではこのような費用は収益を生み出す費用としては「？」マークがつくということになるわけです（やや余計なお世話という感じがしないでもありません）。

ただ，このような他愛のない例であれば損金算入限度額に収まることが多くそれほど問題にはなりませんが，関連会社に対する債権放棄等が寄附金認定されるとなると話は別です。そのような場面においては金額も多額となることがあり，損金算入限度額を超えることで所得金額に大きく影響を与えてしまう可能性があります。

2 完全支配関係がある法人に対する寄附金

完全支配関係がある法人に対する寄附金が全額損金不算入になる趣旨は，100％グループ内での経営資源の移転については課税関係を生じさせないといういわゆるグループ法人税制の一環として理解する必要があります。寄附金の受け手においては受増益が計上されますが，この受増益は益金不算入ということで所得から減算す

ることになります（法法25の2参照）。つまり，出した側では損金不算入，もらった側では益金不算入ということで，結果的にグループ間での課税関係は生じない（課税上は何もなかった状態で資産だけが移転している状態）ということになるわけです。

なお，個人による完全支配関係がある法人間の寄附金にはこの取扱いはありません。それは，個人が関係会社を利用して財産を移転することにより，贈与税や相続税を回避するといった行為を防止する必要があるからです。

③ 国外関連者に対する寄附金

国外関連者に対する寄附金が全額損金不算入となる理由は，移転価格税制とのバランスで理解する必要があります。移転価格税制とは，法人と国外関連者との取引価格が時価ではないために所得が国外関連者に移ってしまっていると認められるときは，取引価格を時価に引き直して所得を計算する制度です。結果として，移転している所得を法人の所得として加算することになります。

もし，所得の移転額と同額の金額を寄附金として支出すると一定の限度額までは損金算入が認められるということになってしまい，移転価格税制に穴があく可能性があります。このようなことを防ぐ目的から国外関連者に対する寄附金はその全額を損金不算入としているわけです。

3 寄附金とは何か

　寄附金というと，神社に対する寄附金やボランティア団体に対する寄附金を連想します。また，近年は，企業のCSR（社会的責任）の一環として文化・芸術活動に対して寄附金を支出する事例も見受けられるところです。しかし，税務上の寄附金はこれらの寄附金よりも範囲がかなり広いものとなっています。まず，条文から確認しましょう。

法人税法第37条（寄附金の損金不算入）

1〜6　（省略）

7　前各項に規定する寄附金の額は，寄附金，拠出金，見舞金その他いずれの名義をもってするかを問わず，内国法人が金銭その他の資産又は経済的な利益の贈与又は無償の供与（広告宣伝及び見本品の費用その他これらに類する費用並びに交際費，接待費及び福利厚生費とされるべきものを除く。次項において同じ。）をした場合における当該金銭の額若しくは金銭以外の資産のその贈与の時における価額又は当該経済的な利益のその供与の時における価額によるものとする。

8　内国法人が資産の譲渡又は経済的な利益の供与をした場合において，その譲渡又は供与の対価の額が当該資産のその譲渡の時における価額又は当該経済的な利益のその供与の時における価額に比して低いときは，当該対価の額と当該価額との差額のうち実質的に贈与又は無償の供与をしたと認められる金額は，前項の寄附金の額に含まれるものとする。

（以下省略）

　この条文で注意しなければならないことは，次の4点です。

🔢 経済的な利益の贈与や無償の供与についても寄附金の額に含まれること

単純に金銭を贈与する場合に限らず，たとえば，無利息貸付の利息相当額，債権放棄した場合の債権額，他社の経費を負担した場合の経費の額といったものも全て寄附金の額に含まれ得ることになります。

🔢 時価より低い価格で資産を譲渡したり低い利率で貸し付けたりした場合にも時価との差額が寄附金の額となり得ること

この場合には，時価との差額がストレートに寄附金になるわけではありません。差額があることについて何らかの合理性があるのであればその部分は贈与又は無償の供与をしたとはみないというのが条文の考え方です。しかし，実務上，時価との差額についての合理性を具体的に説明するのはなかなか難しいのが現実です。たとえば，製品の卸値が他社と比較して多少低くても取販量が多いので十分採算が取れているというのであれば一種の値引き又は割戻しとして説明できるでしょうし，取引先から何らかのノウハウの提供を受けているというのであればその部分が値決めの決定に考慮されていることを示す資料を準備しておくことが効果的であると考えられます。

🔢 寄附金の額は時価であること

条文のとおり，寄附金の額は資産の贈与の時の価額又は経済的な利益の供与の時の価額になります。この点，支出した額（原価）で捉える交際費等とは明らかに違います。たとえば，簿価1,000万円の土地を寄附した場合，その土地の時価が2,000万円であったとすると税務上は寄附金を2,000万円支出したとして次の仕訳を行うことになります。

（借）寄　　附　　金	2,000万円	（貸）土　　　　　　地	1,000万円
		土 地 譲 渡 益	1,000万円

4 支出があって初めて寄附金とされること

これは**3**から自ずと導かれることですが，法人税法施行令では次のように規定されています。

> **法人税法施行令第78条（支出した寄附金の額）**
>
> 　法第37条第7項（寄附金の意義）に規定する寄附金の支出は，各事業年度の所得の金額の計算については，その支払がされるまでの間，なかったものとする。

つまり，仮に，期末に寄附金を支払う旨の意思決定をし，

(借) 寄　　附　　金　　　○○○	**(貸)** 未　　払　　金　　　○○○

と経理処理して期末を迎えた場合には，次のとおりその寄附金を否認して別表四で所得に加算する必要がでてきます。当然ながら，当期ではまだ寄附金の支払いをしていませんので，**2**で述べる寄附金の取扱いを適用することはありません。

所得の金額の計算に関する明細書（別表四）

区　　　分		総　　額 ①	処　　分		
			留　保 ②	社　外　流　出 ③	
当 期 利 益 又 は 当 期 欠 損 の 額	1	×××　円	×××　円	配　当	円
				その他	
加算	未払寄附金否認		○○	○○	
減算					

利益積立金額及び資本金等の額の計算に関する明細書（別表五㈠）

	I　利益積立金額の計算に関する明細書				
区　　　分		期　首　現　在 利 益 積 立 金 額 ①	当　期　の　増　減		差引翌期首現在 利 益 積 立 金 額 ①－②＋③ ④
			減 ②	増 ③	
未払金	3			○○	○○
	4				

そして，翌期に寄附をして，

| **(借)** 未 払 金 | ○○○ | **(貸)** 現 金 | ○○○ |

という仕訳をした場合には，次のとおり別表上の調整を行った上で $\boxed{1}$ で説明した寄附金の取扱いを適用させることになります。

所得の金額の計算に関する明細書（別表四）

区　　　分		総　　　額 ①	処　　　　　分		
			留　保 ②	社　外　流　出 ③	
当 期 利 益 又 は 当 期 欠 損 の 額	1	××× 円	××× 円	配　当	円
				その他	
加算					
減算	未払寄附金認容	○○	○○		

利益積立金額及び資本金等の額の計算に関する明細書（別表五(一)）

		I　利益積立金額の計算に関する明細書			
区　　　分		期 首 現 在 利 益 積 立 金 額 ①	当 期 の 増 減		差引翌期首現在 利 益 積 立 金 額 ①－②＋③ ④
			減 ②	増 ③	
未払金	3	○○	○○		
	4				

　なお，寄附金の支払いを仮払経理している場合には，別表四で寄附金を認容（減算留保）した上で $\boxed{1}$ で説明した寄附金の取扱いを適用させていくことになります（法基通9－4－2の3参照）。この場合には，翌期以降，仮払金を費用勘定に振り替えた期に別表四で当該費用を否認（加算留保）します。

4 別表の記載

　寄附金の損金算入限度額の計算には別表十四㈡（寄附金の損金算入に関する明細書）を使用します。別表に記載されている各欄の内容に沿って記載していけば自然と損金不算入額が計算されますので，それほど難しいというものではありません。以下，次の設例を用いて説明します。

設 例

　当社（資本金の額3,400万円）の当期における寄附金の支出の状況は次のとおりである。

　　イ　財団法人A記念財団　100万円（教育施設建設資金）

　　　　なお，上記の寄附金は指定寄附金である（平成○年告示第○○号）

　　ロ　社会福祉法人B会　50万円（社会福祉事業資金）

　　ハ　海外子会社C社（当社80％保有）に対する寄附金　300万円（経費補助）

　　ニ　宗教法人D神社　80万円（祭礼費用）

　　なお，当期の所得金額（別表四「仮計25」欄）は500万円である。

　上記の設例に基づいて別表十四㈡を作成すると**図表5－2**のとおりとなります。

図表5-2　別表の記載

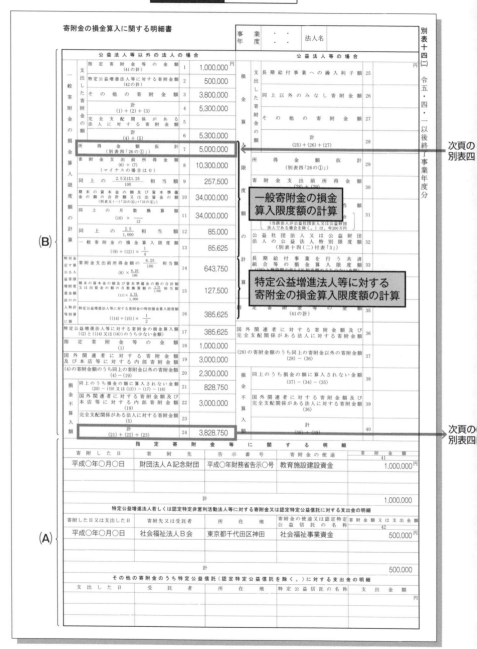

寄附金の損金算入に関する明細書

別表十四(二)　令五・四・一以後終了事業年度分

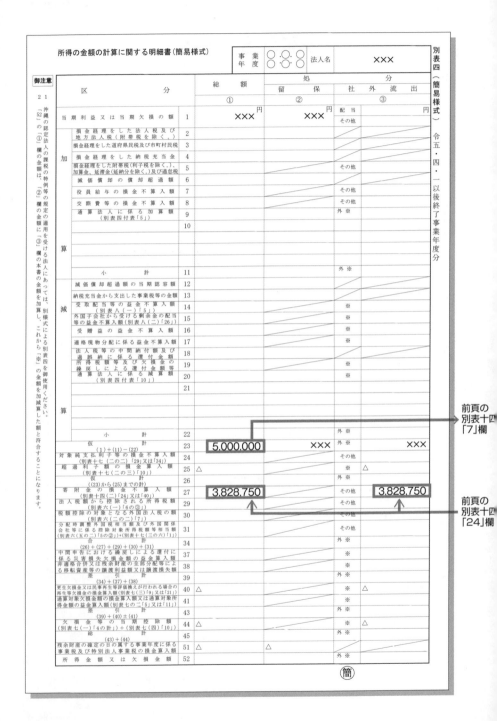

所得の金額の計算に関する明細書（簡易様式）

事業年度 ○○・○・○ ～ ○○・○・○　法人名 ×××

別表四（簡易様式）

令五・四・一以後終了事業年度分

御注意

21 沖縄の認定法人等の課税の特例等の規定の適用を受ける法人にあっては、「52」の「①」欄の金額は、「②」欄の金額に「③」欄の金額を加算し、別表様式による別表四「52」の金額を御使用ください。これから「※」の金額を加減算した額と符合することになります。

区　分		総額 ①	処分 留保 ②	社外流出 ③	
当期利益又は当期欠損の額	1	××× 円	××× 円	配当	円
				その他	
加算	損金経理をした法人税及び地方法人税（附帯税を除く。）	2			
	損金経理をした道府県民税及び市町村民税	3			
	損金経理をした納税充当金	4			
	損金経理をした附帯税（利子税を除く。）、加算金、延滞金（延納分を除く。）及び過怠税	5			その他
	減価償却の償却超過額	6			
	役員給与の損金不算入額	7			その他
	交際費等の損金不算入額	8			その他
	通算法人に係る加算額（別表四付表「5」）	9			外※
		10			
	小　計	11			外※
減算	減価償却超過額の当期認容額	12			
	納税充当金から支出した事業税等の金額	13			
	受取配当等の益金不算入額（別表八（一）「5」）	14			※
	外国子会社から受ける剰余金の配当等の益金不算入額（別表八（二）「26」）	15			※
	受贈益の益金不算入額	16			※
	適格現物分配に係る益金不算入額	17			※
	法人税等の中間納付額及び過誤納に係る還付金額	18			
	所得税額等及び欠損金の繰戻しによる還付金額等	19			※
	通算法人に係る減算額（別表四付表「10」）	20			※
		21			
	小　計	22			外※
仮　計 (1)+(11)-(22)	23	5,000,000	×××	外※	×××
対象純支払利子等の損金不算入額（別表十七（二の二）「29」又は「34」）	24			その他	
超過利子額の損金算入額（別表十七（二の三）「10」）	25	△		※	△
仮　計 ((23)から(25)までの計)	26			外※	
寄附金の損金不算入額（別表十四（二）「24」又は「40」）	27	3,828,750		その他	3,828,750
法人税額から控除される所得税額（別表六（一）「6の③」）	29			その他	
税額控除の対象となる外国法人税の額（別表六（二の二）「7」）	30			その他	
分配時調整外国税相当額及び外国関係会社等に係る控除対象所得税額等相当額（別表六（五の二）「5の②」）+（別表十七（三の六）「1」）	31			その他	
合　計 (26)+(27)+(29)+(30)+(31)	34			外※	
中間申告における繰戻しによる還付に係る災害損失欠損金額の益金算入額	37			※	
非適格合併又は残余財産の全部分配等による移転資産等の譲渡利益額又は譲渡損失額	38			※	
差　引　計 (34)+(37)+(38)	39			外※	
更生欠損金又は民事再生等評価換えが行われる場合の再生等欠損金の損金算入額（別表七（三）「9」又は「21」）	40	△		※	△
通算対象欠損金額の損金算入額又は通算対象所得金額の益金算入額（別表七の二「5」又は「11」）	41			※	
差　引　計 (39)+(40)+(41)	43			外※	
欠損金等の当期控除額（別表七（一）「4の計」）+（別表七（四）「10」）	44	△		※	△
総　計 (43)+(44)	45			外※	
残余財産の確定の日の属する事業年度に係る事業税及び特別法人事業税の損金算入額	51	△	△		
所得金額又は欠損金額	52			外※	

前頁の別表十四「7」欄

前頁の別表十四「24」欄

（簡）

　別表十四㈡は支出した寄附金の明細を記載する部分（**A**）と損金算入限度額を計算して損金不算入額を算定する部分（**B**）とに分かれます。さらに，損金算入限度額の計算についても，一般の寄附金に係る損金算入限度額の計算と特定公益増進法人等に係る損金算入限度額の計算と二つのブロックに分かれています。

　手順としては，まず，支出した寄附金の明細を記載します。設例では指定寄附金と特定公益増進法人に対する寄附金がありますので，各欄に沿ってその内容を記載します。仮に国等に対する寄附金がある場合にもこの「指定寄附金等に関する明細」に記載します。なお，一般寄附金，国外関連者に対する寄附金及び完全支配関係にある法人に対する寄附金については明細を記載することはありません（法法37⑨参照）。

　次に損金算入限度額の計算をします。「所得金額仮計7」欄から「一般寄附金の損金算入限度額13」欄まで及び「寄附金支出前所得金額の6.25／100相当額14」欄から「特定公益増進法人等に対する寄附金の特別損金算入限度額16」欄までの各欄は，**1** **2** で説明した一般寄附金及び特定公益増進法人等の損金算入限度額の計算を示しています。

　なお，所得金額の仮計は別表四から移記してきます。したがって，別表十四㈡は，別表四の「仮計25」欄よりも上の加減算部分の計算が終わっていないと作成できないということになります。

　「21」欄から「23」欄で損金不算入額を算出することになりますが，計算構造は次のようになっています。

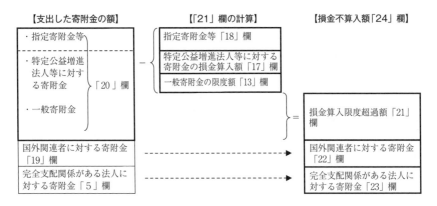

5 実務上の問題点

指定寄附金や特定公益増進法人等に対する寄附金については，法令で細かい要件が規定されていてややこしく感じる方もおられるかと思います。しかし，実務上は，指定寄附金や特定公益増進法人等に対する寄附金に該当するかどうかといったことについて混乱することはそれほどありません。これらの寄附金に該当することについては，あらかじめ寄附を受ける団体がアピールしていますし，寄附の受領書や説明書にはかならずその旨が書かれています。

実務上の問題としては，「**1**で示したどのカテゴリーに入る寄附金か？」ではなく，「そもそも寄附金に該当するか？」という点にあります。既述のとおり，寄附金には損金になるものとならないものがあります。したがって，寄附金に該当するかどうかという問題は，「本来（一時の）損金とはならない支出を損金処理可能な寄附金として処理していることはないか？」という点と，「本来は全額又は一部が損金不算入となる寄附金であるにもかかわらず寄附金以外の費用として損金の額に算入していることはないか？」という二つの観点から検討する必要があります。

まず，前者の観点においては，本来は固定資産や繰延資産あるいは役員給与として処理すべきであるにもかかわらず寄附金として処理しているという問題点が考えられます。

また，後者の観点においては，関連会社に対する役務提供や子会社等に対する支援等がその合理性を明らかにできないため寄附金として取り扱われるといった問題点が考えられます。

以下，これらの問題点を概説します。

1 固定資産や繰延資産となる支出

宅地開発や工場の建設等に際し，その敷地内に公園や緑地等の整備や，周辺道路の整備等のために，地方自治体から負担金を求められることはよくみられるケースです。こうしたケースにおいて，たとえば，団地内の緑地や公道との取付道路等のように直接土地の効用を形成すると認められる施設に係る負担金等の額は土地の取

得価額に含めることとされています（法基通7－3－11の2参照）。

また，国等に道路その他の施設を寄附した場合にあっても，その施設を自ら使用するなどの便益を受ける場合には，繰延資産となります。これらの施設を建設するための負担金を国等に支払った場合も同様です（法法37③，法令14①六イ，法基通8－1－3参照）。

これらの支出は，一見，国等に対する寄附金と判断しがちですが，資産計上を要するので注意が必要です。判断のポイントは，寄附をした側にもその資産を利用することによる便益があるのかどうかという点です。

2 給与となる寄附金

オーナー企業などにみられるケースですが，社長の母校に寄附をするケースを考えてみましょう。もし，その学校と法人との間に特に取引関係等はなく，単に社長の母校であるという理由だけだとしたら問題となります。その場合には社長に対する給与となり，所得に加算するだけでなく源泉所得税も徴収する必要がでてきます。寄附金は，業務関連性の判断が困難な費用であることは**2**で説明しましたが，この例のように，その寄附金の支出の相手方，目的等からみてその法人の役員等が負担すべきと認められるものはその役員等の給与として取り扱われるので注意が必要です（法基通9－4－2の2参照）。

3 関連会社等に対する役務提供

たとえば，海外の製造子会社に技術者を派遣して製造子会社の工員に機械の操作方法などの教育訓練を行った場合に，当該製造子会社から対価を収受していないといった場面が見受けられることがあります。この場合には，「親会社が技術者を派遣しなければ，子会社自身がコストをかけて行わなければならないのか」，あるいは，「親会社が製造子会社以外にそれを行った場合には対価を収受するか」といったことを勘案することになります。言い方を変えれば，子会社が親会社から便益を享受しているのかという観点から検討する必要があるわけです。そして，「対価を収受すべきである」との判断に至り，収受していないことが「経済的利益の無償の

供与である」と認定されると「対価部分について寄附金処理すべきである」という結論になるわけです。

　同様の問題として，子会社に対する経費負担の問題があります。たとえば，広告宣伝費を親会社が負担しているとします。その場合には，子会社が本来負担しなければならないものを親会社が負担しているといえるのかどうか検討する必要があります。たとえば，親会社が生み出したブランドのイメージを維持するための費用であれば親会社が負担することに合理性を見いだせるのではないでしょうか。逆に，子会社が現地で行う独自の宣伝活動であれば，その経費を親会社が負担することについての合理性の主張はハードルが高くなる可能性があります。

　このように関連会社を巡る取引については，寄附金に該当するかどうか極めて微妙な問題が多々存在します。特に，子会社が外国法人である場合には，国外関連者に対する寄附金として全額損金不算入となることから，税務調査で常に取り上げられるテーマであるといっても過言ではありません。

４　子会社等に対する再建支援

　法人が業績不振の子会社等に対して，倒産を防止するためにやむを得ず行う債権放棄や無利息貸付け等については，寄附金の額には該当しないという取扱いがあります（法基通９－４－２参照）。

　また，子会社等の解散や経営権の譲渡等に伴う損失負担等についても，その損失負担等をしなければより大きな損失を被ることが明らかであるためやむを得ず行うなどの相当の理由がある場合には，その損失負担等も寄附金の額には該当しないこととされています（法基通９－４－１参照）。

　つまり，法人税法上は，これらの行為には経済的な合理性があることから，贈与又は無償の供与とは見ないというわけです。したがって，これらの行為をした場合には，被支援者が支援を必要とする理由，支援者が損失負担等を行う相当の理由，支援の具体的な内容など，合理性を説明し得る資料を準備しておくことが極めて重要となります。

第6章

役員給与

役員給与については，実務上は，ルールを形式的に守ってさえいればそれほど問題となるテーマではありません。しかし，企業経営は，不確実性の連続でもありますから，ルールどおりにいかないことも多々起こり得ます。役員給与について，税法上定められたルールをはずれた場合には損金不算入という重大な問題を引き起こします。特に中小企業にあっては，課税所得に与える影響が大きいといえます。したがって，実務においては税法上定められたルールの基本をまずしっかり身につけておくことが大変重要となります。

1 基本的な考え方

役員給与に関する税務上の取扱いの根底に流れている思想は,「恣意性の排除」です。

たとえば,業績が好調で利益が上がった場合,役員給与を引き上げれば利益を抑えることができます。つまり,役員給与を増減させることで課税所得を調整することが可能となるわけです。

このような恣意性を排除するために,法人税では「職務執行の対価として相当な部分」については損金算入を認め,それ以外の部分は損金不算入にするという考え方を採っています。

では役員給与のうち「職務執行の対価として相当な部分以外の部分」はどのように判断するのでしょうか。大まかにいうと法人税では次の二つのアプローチから判断することとしています。

①	役員の職務の内容や類似法人の支給の状況等から過大と認められる部分,または,株主総会の決議等による限度額を超える部分のいずれか多い金額を損金不算入とする(法法34②,法令70参照)。
②	支給が一定のルールに基づかないものは損金不算入とする(法法34①,法令69参照)。

①は,実質は利益処分に当たるものを役員給与として給付されることを防ぐのが目的で設けられている取扱いです。実務的にはいくつか論点はありますが,詳しい説明は省略します。

②については,平成18年の税制改正前と後とで考え方が大きく変わっています。

平成18年の税制改正前までは,役員給与のうち定期の給与(役員報酬)は損金算入,臨時の給与(役員賞与)は損金不算入という極めてシンプルな取扱いでした。この取扱いの背景として,旧商法において,役員賞与は利益処分であると解釈されていたことがあげられます。利益処分であれば費用とはなりません。そこで,法人税法も役員賞与については損金不算入とし,仮に,法人が費用計上していた場合には所得に加算するという取扱いを長い間行ってきました(平18改正前の法法35①参照)。

　ところが，平成17年の会社法制定により，これまで，利益処分と解されていた役員賞与は，職務執行の対価である「報酬」に含まれることになりました（会社361（下記）参照）。つまり，従来利益処分案に記載されていた賞与は費用処理が原則となったわけです。

　このような動きに対応して法人税法においても，支給形態が「定期 or 臨時」で損金性を判断するのではなく，**「支給額及び支給時期を事前（職務執行開始前）に決めているか or 事後（職務執行開始後）に決めているか」**で損金性を判断するように変更しました。

　つまり，**「支給額及び支給時期を事前に決めている　⇒　恣意性が排除されている　⇒　職務執行の対価として相当である　⇒　損金算入」**というロジックで損金性の判断をすることにしたわけです。

会社法第361条（取締役の報酬等）

　取締役の報酬，賞与その他の職務執行の対価として株式会社から受ける財産上の利益（以下この章において「報酬等」という。）についての次に掲げる事項は，定款に当該事項を定めていないときは，株主総会の決議によって定める。

一　報酬等のうち額が確定しているものについては，その額

二　報酬等のうち額が確定していないものについては，その具体的な算定方法

三　報酬等のうち金銭でないものについては，その具体的な内容

（以下省略）

次に，具体的な取扱いについて説明していきます。まず，条文からみていきたいと思います。

法人税法第34条（役員給与の損金不算入）

内国法人がその役員に対して支給する給与のうち次に掲げる給与のいずれにも該当しないものの額は，その内国法人の各事業年度の所得の金額の計算上，損金の額に算入しない。

一　その支給時期が一月以下の一定の期間ごとである給与（次号イにおいて「定期給与」という。）で当該事業年度の各支給時期における支給額が同額であるものその他これに準ずるものとして政令で定める給与（同号において「定期同額給与」という。）

二　その役員の職務につき所定の時期に，確定した額の金銭又は確定した数の株式若しくは新株予約権若しくは特定譲渡制限付株式若しくは特定新株予約権を交付する旨の定めに基づいて支給する給与で，定期同額給与及び業績連動給与のいずれにも該当しないもの（次に掲げる場合に該当する場合にはそれぞれ次に定める要件を満たすものに限る。）

イ　その給与が定期給与を支給しない役員に対して支給する給与（同族会社に該当しない内国法人が支給する給与で金銭によるものに限る。）以外の給与である場合　政令で定めるところにより納税地の所轄税務署長にその定めの内容に関する届出をしていること。

ロ及びハ　記載省略

三　内国法人がその業務執行役員に対して支給する業績連動給与で，次に掲げる要件を満たすもの（他の業務執行役員の全てに対して次に掲げる要件を満たす業績連動給与を支給する場合に限る。）

イ　交付される金銭の額若しくは株式若しくは新株予約権の数又は交付される新株予約権の数のうち無償で取得され，若しくは消滅する数の算定方法が，その給与に係る職務を執行する期間の開始の日（イにおいて「職務執行期間

開始日」という。）以後に終了する事業年度の利益の状況を示す指標，職務執行期間開始日の属する事業年度開始の日以後の所定の期間若しくは職務執行期間開始日以後の所定の日における株式の市場価格の状況を示す指標又は職務執行期間開始日以後に終了する事業年度の売上高の状況を示す指標を基礎とした客観的なものであること。

（以下記載省略）

（注：条文及び条文中の括弧書きは適宜加工・省略）

法人税法では，別段の定めとして，一定の給与以外は損金不算入としています。一定の給与とは上の条文で示された給与で，次の三つをいいます。

①	定期同額給与（法法34①一）
②	事前確定届出給与（法法34①二）
③	業績連動給与（法法34①三）

役員給与の額は，会社法361条（**1**参照）の規定のとおり，定款で定めない限り株主総会の決議によって決定すべきものとされています（各取締役への具体的な配分額は取締役会の決議に委ねてもよいと解されています）。

また，役員の職務執行期間は，株主総会等で特に決議しない限り，通常は定時株主総会の日から翌年の定時株主総会の日までの期間です。

つまり，定時株主総会で支給額及び支給時期を決議するということは，「役員の職務執行期間の開始前にその職務に対する給与の額及び支給時期（利益連動給与については算定方法）を決めておく」ということになるわけです。

近年，大企業を中心に，役員にインセンティブ効果等を持たせる目的から，報酬を金銭だけでなく，新株予約権や株式で支給するケースが見受けられるようになりました。そこで，上の条文に見られるとおり金銭以外の報酬についても税制改正により役員報酬の取扱いに含まれるようになりました。また，業績連動給与についても算定の基礎となる指標が広げられる等といった税制改正により，条文自体がかなり複雑化しました。

ここでは，中小企業を念頭におき，もっともシンプルな金銭による報酬を念頭においた上で，定期同額給与及び事前確定届出給与の二つに重点を置いて説明します。

❶ 定期同額給与

定期同額給与とは，文字どおり支給時期が定期（一月以下の一定期間毎）で支給金額が同額である給与をいいます。これは，平成18年改正前の役員報酬に相当するものです。

条文では，「当該事業年度の各支給時期における支給額が同額」としており，事業年度を念頭においた規定の仕方をしています。しかし，役員給与の改定は定時株主総会（及び株主総会を受けて報酬等の配分額につき決議される取締役会等）で行われるのが通常なので，**図表６−１**のとおり，事業年度開始（会計期間開始）から３カ月以内に行われる改定で改定前（期首から改定までの期間）と改定後（改定後から期末までの期間）の各支給時期における支給額が同額であれば，定期同額給与に該当するとされています（法令69①一イ）。

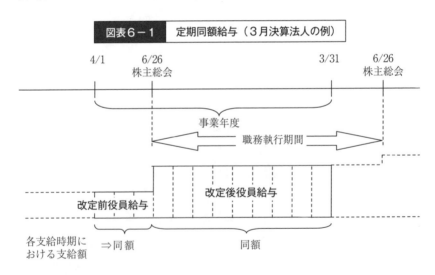

図表６−１　定期同額給与（３月決算法人の例）

❷ 事前確定届出給与

事前確定届出給与とは，役員の職務について所定の時期に確定額を支給する旨の定めに基づいて支給する給与をいいます。いわゆる「役員賞与」をイメージするといいでしょう。この給与については，あらかじめ所轄の税務署に届出書を提出する

必要があります。届出に関する留意点は次の三点です。

①	届出は株主総会等の決議から1カ月以内に行う（法令69④一）
②	同族会社については，すべて届出が必要
③	非同族会社については，定期給与を支給しない役員に対して支給する給与については届出が不要（法法34①二イかっこ書き（上の条文の波線部分））

　①の1カ月以内というのは条文に則していうと「決議をした日から一月を経過する日までに」ということになります。この場合，「決議をした日」の翌日を起算日としますので，起算日に応答する日の前日が「経過する日」になります。たとえば，6月26日が株主総会の決議日であるとすると，一月を経過する日は7月26日となります。なお，「一月を経過する日」が期首から4カ月を経過する日後の場合には4カ月経過日（3月決算法人であれば7月31日）が届出期限となります。

　また，③については，たとえば月額報酬が支給されない非常勤役員をイメージすると理解しやすいでしょう。非常勤役員が多数いるような大会社の事務負担に配慮してこのような取扱いがなされているものと思われます。

　事前確定届出給与についてわざわざ税務署に届出書を提出しなければならない理由は，定期同額給与と違って，年に数回程度しか支給しない給与について，職務執行の開始前に支給日及び支給額を定めたかどうか（事前に決めたかどうか）わかりづらく当局がチェックしにくいからです。

　なお，届出書の具体例を**図表6−2**に示しました。この例では，3月決算法人の役員である甲に毎年12月と翌年の5月に200万円ずつ賞与を支払うこととしている例で，定期同額給与（毎月25日支給）についても6月26日の定時株主総会で月額80万円から100万円に増額するケースです。

事前確定届出給与に関する届出書		※整理番号		

	納 税 地	〒	
		電話（　　）　　　－	××
	（フリガナ）		
令和　　年　　月　　日	法 人 名 等		A（株）
	法 人 番 号		
	（フリガナ）		
	代 表 者 氏 名		
税務署長殿	代 表 者 住 所	〒	

連結子法人（届出の対象が連結子法人である場合に限り記載）

（フリガナ）	法 人 名 等		※税務署処理欄	整理番号	
	本店又は主たる事務所の所在地	〒　　　（　　局　　署） 電話（　　）　　　－		部　　門	
				決 算 期	
（フリガナ）	代 表 者 氏 名			業種番号	
	代 表 者 住 所	〒		整 理 簿	
				回 付 先	□ 親署 ⇒ 子署 □ 子署 ⇒ 調査課

事前確定届出給与について下記のとおり届け出ます。

記

① 事前確定届出給与に係る株主総会等の決議をした日及びその決議をした機関等	（決議をした日）　令和 ○ 年 6 月 26 日 （決議をした機関等）　株主総会及び取締役会
② 事前確定届出給与に係る職務の執行を開始する日	令和 ○ 年 6 月 26 日
③ 臨時改定事由の概要及びその臨時改定事由が生じた日	（臨時改定事由の概要） （臨時改定事由が生じた日）　令和　　年　　月　　日
④ 事前確定届出給与等の状況	付表＿　（No.　1　～No.　　　）のとおり。
⑤ 事前確定届出給与につき定期同額給与による支給としない理由及び事前確定届出給与の支給時期を付表の支給時期とした理由	定期同額給与以外にも職務執行の対価を支給することとしているため 使用人の賞与の支給時期と同一としているため
⑥ その他参考となるべき事項	別添のとおり（株主総会議事録）

届出期限	イ　次のうちいずれか早い日 令和 ○ 年 7 月 26 日 　（イ）　①又は②に記載した日のうちいずれか早い日から１月を経過する日（令和 ○ 年 7 月 26 日） 　（ロ）　会計期間４月経過日等（令和 ○ 年 7 月 31 日） ロ　設立の日以後２月を経過する日 令和　　年　　月　　日 ハ　臨時改定事由が生じた日から１月を経過する日 令和　　年　　月　　日	届出期限となる日 □イ　□ロ　□ハ

（規格Ａ４）

税 理 士 署 名	

※税務署処理欄	部門	決算期	業種番号	番号	整理簿	備考	通信日付印	年 月 日	確認

04.03 改正

| 付表　1　（事前確定届出給与等の状況（金銭交付用）） | | No. | 1 |

事前確定届出給与対象者の氏名（役職名）	甲　　　　（　　　取締役　　　）
事前確定届出給与に係る職務の執行の開始の日 （職務執行期間）	令和○年　6月26日 （令和○年　6月26日　～　令和○+1年　6月26日）
当該事業年度	令和○年　4月　1日　～　令和○+1年　3月31日
職務執行期間開始の日の属する会計期間	令和○年　4月　1日　～　令和○+1年　3月31日

事前確定届出給与に関する事項

	区分	支給時期（年月日）	支給額（円）
職務執行期間開始の日の属する会計期間	届出額	○・5・25	2,000,000
	支給額	○・5・25	2,000,000
	今回の届出額	・・	
	今回の届出額	・・	
	今回の届出額	○・12・25	2,000,000
	今回の届出額	・・	
翌会計期間	今回の届出額	・・	
	今回の届出額	○+1・5・25	2,000,000
翌会計期間以後	今回の届出額	・・	
	今回の届出額	・・	

事前確定届出給与以外の給与に関する事項

金銭による給与（業績連動給与を除く）

	支給時期（年月日）	支給額（円）
職務執行期間開始の日の属する会計期間	○・4・25	800,000
	・5・25	800,000
	・6・25	800,000
	・7・25	1,000,000
	・8・25	1,000,000
	・9・25	1,000,000
	・10・25	1,000,000
	・11・25	1,000,000
	・12・25	1,000,000
	○+1・1・25	1,000,000
	・2・25	1,000,000
	・3・25	1,000,000
翌会計期間以後	・4・25	1,000,000
	・5・25	1,000,000
	・6・25	1,000,000
	・・	

業績連動給与又は金銭以外の資産による給与の支給時期及び概要

04.03改正

この届出書には「事前確定届出給与につき定期同額給与による支給としない理由及び事前確定届出給与の支給時期を付表の支給時期とした理由⑤」欄があります。「余計なお世話」という気がしないでもありませんが，ここは，「事前に確定している」ということがわかる程度の記載でよいのではないかと思われます。また，その他参考となるべき事項については，特に記載しなくても当局から何も言われないことが多いようですが，記載要領からすると，株主総会議事録や取締役会議事録の写しなどを添付し「所定の時期に確定額を支給する旨の定め（法法34①二）」があることを明らかにしておくことが望ましいといえます。

3 業績連動給与

　業績連動給与とは，同族会社に該当しない法人（及びその法人と完全支配関係がある同族会社）が，業務執行役員に対して支給する給与の額が業績に連動する給与で一定の要件を満たすものをいいます。

　給与の額を業績に連動させる方法には，たとえば，有価証券報告書に記載されている営業利益に一定の調整を加えた指標を基に役員給与の支給総額を算出し，役員の肩書別にウェイト付けを行って各人の支給額を算定するといった方法などが考えられます。

　また，一定の要件とは，上に掲げた条文に示された要件（法法34①三イ）のほか，利益に関する指標等の数値が確定した後，1カ月以内に支払われるか，支払われる見込みであること等といった要件が課されています（法令69⑲参照）。

　この制度は，支給額を有価証券報告書に記載される利益に関する指標に連動させる必要があり，かつ，算定基準を有価証券報告書等に開示しなければなりません。したがって，公開会社を中心とするかなり限定された法人が対象であるといえます。

第6章　3　支給額等を事後（職務執行開始後）に改定する役員給与の取扱い

　通常，役員給与は，職務執行期間開始直前の定時株主総会の決議により支給額等が確定しますが，何らかの事情により，職務執行開始後に支給額を決定（改定）せざるを得ない場合があります。**1**で説明したとおり，法人税法上損金となる役員給与は，事前に支給額及び支給時期を決めている給与であることが前提となりますが，それだけだと，あまりに硬直した取扱いとなり実務に支障をきたすことになります。

　そこで，法人税法では，損金算入が認められる役員給与のうち，次の三つのケースについて職務執行期間中における役員給与の額の改定を認めています。

①	特別の事情によって認められる期首から3カ月経過後の改定
②	臨時改定事由による改定
③	業績悪化改定事由による減額改定

　このうち，①と②については増額改定と減額改定の両方がありますが，③については減額のみの改定となります。

　なお，**2**①で，定期同額給与は期首から3カ月以内の改定で改定前と改定後が定期同額であれば損金として認められる旨を説明しました。したがって，定期同額給与については，職務執行期間開始後の改定として，期首から3カ月以内に，定時株主総会とは別に臨時株主総会を開催して役員給与の改定を行うことも「損金として認められる改定」となります。たとえば，役員の職務執行期間の開始から役員給与の額を改定するのではなく，期首から改定したい場合，期首時点で臨時株主総会を開催して金額を決議することによりこの取扱いを適用するということも不可能ではありません（もっともこの場合には，期末時点で臨時株主総会を開催して翌期首から新たな金額での定期同額給与（法法34①一該当）を支給することとした方が「事前に確定する」という意味で好ましいと思われます）。しかし，期首から3カ月以内に，定時株主総会とは別に，役員給与の改定を目的とした臨時株主総会を開催することは，そうあることではないと思いますので，ここでは，職務執行期間開始後の改定を上述の三つのケースで説明します。

1 特別の事情によって認められる期首から３カ月経過後の改定

　定期同額給与の改定は，期首から３カ月（保険会社にあっては４カ月）経過後にされた改定であっても，それが「特別の事情」に基づくものであれば定期同額給与として認められます。この場合の「特別の事情」とは，法人税基本通達９－２－12の２《特別の事情があると認められる場合》に次のような例が示されています。

　法人の役員給与の額がその親会社の役員給与の額を参酌して決定されるなどの状況にあるため，当該親会社の提示株主総会の終了後でなければ当該法人の役員の定期給与の額の改定に係る決議ができない等の事情により定期給与の額の改定が３月経過日等後（著者注：期首から３カ月経過後）にされる場合をいう。

　つまり，「その時期にしか改定できないような物理的・構造的な事情がある」ということです。ただし，通達で示されているのはあくまでも例示に過ぎませんので，これに限定して考える必要はありません。たとえば，使用人のベースアップの時期に役員の給与改定を行うことが常態となっているため定時株主総会では役員給与が決められない場合などもこのような「特別の事情」に含めて考えてもよいのではないかと思われます。いずれにしても，判断に当たっては，物理的・構造的な事情があるかといったことが重要なポイントとなります。

2 臨時改定事由による改定

　「臨時改定事由」による役員給与の改定は，定期同額給与にも事前確定届出給与にも生じる可能性があります。ここでいう「臨時改定事由」とは，役員の職制上の地位の変更，職務の内容の重大な変更その他これらに類するやむを得ない事情をいいます（法令69①一ロ参照）。

　臨時改定事由の具体例として，法人税基本通達９－２－12の３《職制上の地位の変更等》では，「定時株主総会後，次の定時株主総会までの間において社長が退任したことに伴い臨時株主総会の決議により副社長が社長に就任する場合や，合併に

伴いその役員の職務の内容が大幅に変更される場合」といった例をあげています。このほかにも，たとえば，役員が急病のため従来の職務執行ができなくなったことによる減額改定や，役員の不祥事等が発覚したため，その役員に対する給与をカットすることなどが考えられます。特に後者については，「臨時改定事由」の定義から直接判断するのは難しいのですが，上場企業などにおいて，企業秩序を維持して円滑な企業運営を図るため，あるいは法人の社会的評価への悪影響を避けるためにやむを得ず行われるもので，その処分内容が社会通念上相当なものであれば，「臨時改定事由」として認められるものと思われます。

　したがって，判断にあたっては，職制上の地位や職務内容の重大な変更に必然性があるか（やむを得ない事情と認められるか）といったことが重要なポイントとなります。

　また，今まで事前確定届出給与の支給がなかった役員について，「臨時改定事由」が生じたことにより新たに事前確定届出給与が支給されることになった場合には，**2**②で掲げた「事前確定届出給与に関する届出書」を臨時改定事由が生じた日（臨時株主総会決議日等）から1カ月を経過する日までに提出する必要がありますのでご注意ください。この場合には届出書の「臨時改定事由の概要及びその臨時改定事由が生じた日③」欄に内容を記載することになります。

　さらに，事前確定届出給与について「臨時改定事由」が生じたことにより，直前の届出の内容を変更する場合には，「事前確定届出給与に関する変更届出書」を臨時改定事由が生じた日（臨時株主総会決議日等）から1カ月を経過する日までに提出する必要がありますのであわせてご注意ください。

3　業績悪化事由による改定

　「業績悪化事由」による役員給与の改定も，定期同額給与及び事前確定届出給与双方に生じる可能性があります。「業績悪化事由」とは，内国法人の経営の状況が著しく悪化したことその他これに類する理由をいいます（法令69①一ハ参照）。

　「業績悪化事由」の考え方は，法人税基本通達9－2－13《経営の状態の著しい悪化に類する理由》で次のように明らかにしています。

　これをみると会社が倒産の危機に瀕しているなどかなり厳しい状況におかれないと職務執行期間中の減額が認められないのではないかと危惧されるところです。この点，国税庁が公表している平成20年12月「役員給与に関するＱ＆Ａ」Ｑ１では，財務諸表の数値が相当程度悪化したことや倒産の危機に瀕したことだけでなく，第三者である利害関係者（株主，債権者，取引先等）との関係上，役員給与の額を減額せざるを得ない事情が生じていれば「業績悪化事由」に含まれるとして次の例を示しています。

1	株主との関係上，業績や財務状況の悪化についての役員としての経営上の責任から役員給与を減額せざるを得ない場合
2	取引銀行との間で行われる借入金返済のリスケジュールの協議において，役員給与の額を減額せざるを得ない場合
3	業績や財務状況又は資金繰りが悪化したため，取引先等の利害関係者からの信用を維持・確保する必要性から，経営状況の改善を図るための計画が策定され，これに役員給与の額の減額が盛り込まれた場合

　この質疑応答は，第三者である利害関係者による圧力があれば，倒産の危機に瀕しているとまではいかなくても役員給与の期中減額が認められる余地を示したものとされています。しかし，財務内容を公開することがない多くの中小企業にとっては，上述の1や3は実務上採りづらいのが現実ではないでしょうか。また，2についても，実際には，このままでは倒産してしまうような財務状態が前提になっているケースが多いものと思われます。

　結局のところ，「業績悪化事由」で役員給与を職務執行期間中に減額する場合で

損金算入が認められる範囲は，中小企業にとっては決して広いものではないと言えそうです。

　なお，事前確定届出給与について「業績悪化事由」が生じたことにより，直前の届出の内容を変更する場合には，「事前確定届出給与に関する変更届出書」を届出内容の変更を決議した日（臨時株主総会決議日等）から1カ月を経過する日までに提出する必要がありますのでご注意ください。

第6章 4 役員給与の損金不算入額の処理

　以上，損金算入が認められる役員給与について説明しました。ここで，損金不算入額が生じた場合の処理について確認しておきます。

　定期同額給与については，期首から3カ月（保険会社は4カ月）を超えた改定で特別の事情によるものではない場合や臨時改定事由又は業績悪化事由に当たらない改定を行った場合には損金不算入となります。ただし，役員給与の全額が損金不算入となるのではなく，**図表6－3**のように改定前後の差額部分が損金不算入となります。この場合，減額改定の場面でその差額だけが損金不算入になるというのが少しわかりにくいかもしれません。理論的かどうかは別として，税務上は，改定後の役員給与が本来の定期同額給与であり，改定前が上乗せされていた給与と考えます（国税庁質疑応答「定期給与の額を改訂した場合の損金算入額（定期同額給与）」参照）。

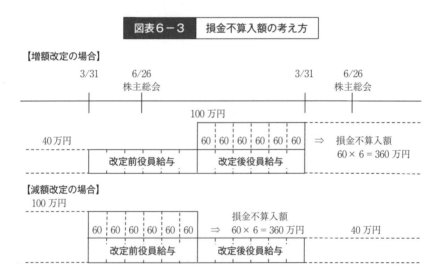

図表6－3　損金不算入額の考え方

　また，事前確定届出給与については，届出書に記載した支給時期及び支給金額どおりに支給しないと原則としてその全額が損金不算入となるので注意が必要です（法基通9－2－14参照）。

　損金不算入額の別表記載は，特に説明を要するものではありませんが，**図表6－3**の例に沿って記載すると次のようになります。

所得の金額の計算に関する明細書（別表四）

区　　分		総　　額	処　　　　分		
			留　保	社　外　流　出	
		①	②	③	
当期利益又は当期欠損の額	1	円 ×××	円 ×××	配当	円
				その他	
加算 役員給与の損金不算入額	8	3,600,000		その他	3,600,000

実務で問題となりやすい役員給与の取扱い

最後に，実務で問題となりやすい役員給与の取扱いとして出向者に係る役員給与の取扱いと役員退職給与の取扱いについて言及しておきたいと思います。

１ 出向者の給与負担金に係る役員給与の取扱い

注意点を先に申し上げると，出向先法人に役員として出向している場合に，出向先法人がその者の給与負担金を出向元法人に支払うときは，「主に出向先法人の方で法人税法34条の役員給与の取扱いの網をかぶる」という点です。

法人税基本通達９－２－46《出向先法人が支出する給与負担金に係る役員給与の取扱い》では，この点を次のように明らかにしています。

法人税基本通達９－２－46（出向先法人が支出する給与負担金に係る役員給与の取扱い）

　　出向者が出向先法人において役員となっている場合において，次のいずれにも該当するときは，出向先法人が支出する当該役員に係る給与負担金の支出を出向先法人における当該役員に対する給与の支給として，法第34条《役員給与の損金不算入》の規定が適用される。

(1)　当該役員に係る給与負担金の額につき当該役員に対する給与として出向先法人の株主総会，社員総会又はこれらに準ずるものの決議がされていること。

(2)　出向契約等において当該出向者に係る出向期間及び給与負担金の額があらかじめ定められていること。

　(注)１　本文の取扱いの適用を受ける給与負担金についての同条１項第２号《事前確定届出給与》に規定する届出は，出向先法人がその納税地の所轄税務署長にその出向契約等に基づき支出する給与負担金に係る定めの内容について行うこととなる。

　　　２　出向先法人が給与負担金として支出した金額が出向元法人が当該

出向者に支給する給与の額を超える場合のその超える部分の金額については，出向先法人にとって給与負担金としての性格はないことに留意する。

　つまり，役員として出向している場合に出向先法人が給与負担金を損金算入したい場合には，出向先法人の方で事前に給与負担金の支出時期，金額をあらかじめ株主総会等で決議しておく必要があるわけです。この手続を踏んでおかないと給与負担金が例えば寄附金として認定されるなど役員に対する給与とは認められないリスクが生じます。

　この通達の取扱いは，給与負担金の支出を出向先法人における役員給与の支給として法令上の要件を当てはめることになりますので，毎月同額の給与負担金のほかに賞与を負担する場合には，事前確定届出給与に関する届出が必要となります。この場合の届出書の記載は，給与負担金の支出を役員給与の支給とみなして記載していくことになります。また，数カ月に一回支払うというような一月を超えた間隔で給与負担金のやりとりをする場合には，同族会社に該当しない法人については届出が不要ですが，同族会社については届出が必要となりますので注意が必要です。

2 役員退職給与の取扱い

　役員に対する退職給与についても，役員給与の一環として法人税法上において特に過大役員退職給与について以下のとおり損金不算入とする規定を置いています。

法人税法第34条（役員給与の損金不算入）

　2　内国法人がその役員に対して支給する給与（前項又は次項の規定の適用があるものを除く。）の額のうち不相当に高額な部分の金額として政令で定める金額は，その内国法人の各事業年度の所得の金額の計算上，損金の額に算入しない。

法人税法施行令第70条（過大な役員給与の額）

　法第34条第2項（役員給与の損金不算入）に規定する政令で定める金額は，次

に掲げる金額の合計額とする。

一　記載省略

二　内国法人が各事業年度においてその退職した役員に対して支給した退職給与（法第34条第１項又は第３項の規定の適用があるものを除く。以下この号において同じ。）の額が，当該役員のその内国法人の業務に従事した期間，その退職の事情，その内国法人と同種の事業を営む法人でその事業規模が類似するものの役員に対する退職給与の支給の状況等に照らし，その退職した役員に対する退職給与として相当であると認められる金額を超える場合におけるその超える部分の金額

三　記載省略

　過大役員退職給与が損金不算入とされるのは，本来は利益処分に当たるようなもの（株主の承認を受けて利益から支出されるべきもの）を退職給与として支給するいわゆる「隠れた利益処分」であるからだと一般には説明されています。

　課税庁が行う過大判定の方法には，上の条文のとおり同業種類似法人の退職給与と比較する方法が採られますが，その場合の具体的な方法として概ね次の３つの方法があげられます。

ア　平均功績倍率法

　退職役員に退職給与を支給した当該法人と同種の事業を営み，かつ，その事業規模が類似する法人（同業種類似法人）の役員給与の支給事例における功績倍率（同業種類似法人の役員退職給与の額を，その退職役員の最終月額報酬に勤続年数を乗じた額で除して得た倍率をいう。）の平均値（平均功績倍率）に，当該退職役員の最終月額報酬及び勤続年数を乗じて算定する方法

イ　１年当たり平均額法

　同業種類似法人の役員退職給与の支給事例における役員退職給与の額を，その退職役員の勤続年数で除して得た額の平均額に，当該退職役員の勤続年数を乗じて算定する方法

ウ　最高功績倍率法

　同業種類似法人の役員退職給与の支給事例における功績倍率の最高値（最高功績倍率）に，当該退職役員の最終月額報酬及び勤続年数を乗じて算定する方法

　過去の判例等をみると，平均功績倍率法を使って課税の根拠となる（適正な）退職給与を算定している例が多いと思われますが，いずれにしてもこれらの方法には特に法的な根拠はありません。

　また，功績倍率をいくつにすればよいか（安全か）といった質問が多く寄せられます。よく過去の判例等から「3」までなら大丈夫といった意見がありますが，一概に功績倍率で判断できないのがこの問題の難しさです。結局のところ，過大かどうかは退職給与の金額であり，功績倍率の大小ではありません。過去の判決や裁決では，同業種類似法人を選定して計算した結果たまたまそうなっただけであり，功績倍率だけを取り出して論ずるのはあまり意味があるとは思えません。

　退職給与の額に影響を与える要素は，月額報酬や勤続年数だけではなく，退職の事情（年齢，病気，死亡，引責など）や会社への貢献度があり，退職給与の金額の正当性はこれらの要素を勘案して合理的に説明し得るかどうかが課税リスクを考える上での第一歩ということになります。

　さらに，役員退職給与で気を付けなければならないのは，分掌変更に伴う支給です。例えば，事業承継のために，ご子息に社長を譲るケースはよくあることですが，社長であった親が，会長等として実質的に経営に関与している場合などがあります。このようなケースでは，いくら代表取締役を辞任し，報酬の額が激減したとしても，退職給与が退職所得とは認められずいわゆる賞与とされてしまう危険が高まります。

　特に同族会社では，退職した代表取締役が引き続き経営の重要な部分に関与を続ける例が見受けられます。この場合，報酬を半分以下に減らせばよいとの理解は危険です。変更前後で，その役員の経営の関与がどのように変更されたのか，形式だけではなく実質からも説明可能にしておくことが重要です。できれば会社の経営から完全に退くことが理想です。なぜなら，退職給与として取り扱う以上，以下の通達の文言にもあるように「実質的に退職したと同様の事情にあると認められるものであること」が必要だからです。

法人税基本通達9－2－32（役員の分掌変更等の場合の退職給与）

　法人が役員の分掌変更又は改選による再任等に際しその役員に対し退職給与として支給した給与については，その支給が，例えば次に掲げるような事実があったことによるものであるなど，その分掌変更等によりその役員としての地

位又は職務の内容が激変し，実質的に退職したと同様の事情にあると認められることによるものである場合には，これを退職給与として取り扱うことができる。

(1)　常勤役員が非常勤役員（常時勤務していないものであっても代表権を有する者及び代表権は有しないが実質的にその法人の経営上主要な地位を占めていると認められる者を除く。）になったこと。

(2)　取締役が監査役（監査役でありながら実質的にその法人の経営上主要な地位を占めていると認められる者及びその法人の株主等で令第71条第1項第5号《使用人兼務役員とされない役員》に掲げる要件のすべてを満たしている者を除く。）になったこと。

(3)　分掌変更等の後におけるその役員（その分掌変更等の後においてもその法人の経営上主要な地位を占めていると認められる者を除く。）の給与が激減（おおむね50％以上の減少）したこと。

(注)　本文の「退職給与として支給した給与」には，原則として，法人が未払金等に計上した場合の当該未払金等の額は含まれない。

第7章

貸倒引当金・貸倒損失

　貸倒引当金は将来の貸倒損失を見込んで計上するものです。そして，実際に貸し倒れた場合には貸倒損失を計上します。実務上，貸倒損失の計上は時期尚早でも貸倒引当金を繰り入れることで，ある程度損金算入が可能となるケースがあります。

　したがって，貸倒引当金と貸倒損失とはセットでその取扱いを理解しておく必要があります。

1 貸倒引当金の基本的な考え方

　企業が有する売掛金や貸付金といった金銭債権は，相手が倒産したり経営状態が悪化することで予定どおり回収することができなくなることがあります。会社の規模が大きくなり金銭債権も多額になればなるほど必ずこのような不良債権がでてきます。後述するように「実際に回収不能」であれば貸倒損失を計上することになりますが，「実際に回収不能」でなければ貸倒損失の計上はできません。したがって，金銭債権を保有している企業とすれば，保有する債権がいつ貸倒れになるか，不安な状態に置かれることになります。企業会計上，このような「貸倒れリスク」に対しては，あらかじめ回収不能になりそうな金額を見積もって費用又は損失に計上するとともに，貸倒引当金勘定を貸借対照表の資産の部にマイナス表示することとされています（債権から直接控除して注記する方法もあります）。

　一方，法人税法では，貸倒引当金の繰入として費用又は損失として計上した場合には，一定の限度額（繰入限度額）まではこれを認めることにしています（法法52，法令96参照）。法人税法が貸倒引当金の繰入限度額を規定するのは，回収不能になりそうな金額を見積もるのは簡単ではなく，恣意が入り込みやすいからです。つまり，一定のルールで算定された繰入限度額の範囲内で損金算入を認めることで課税の公平を図っているわけです。

　なお，債権の貸倒見積高については「金融商品に関する会計基準28」で一定の算定方法が示されています。しかし，多くの中小企業は，税法と同一の基準で計上しているのが現状といえます。

第7章	2	適用法人と対象となる金銭債権

　法人税法上の貸倒引当金については，平成23年度の税制改正で，大きな改正が行われ，平成24年4月1日以後に開始する事業年度から，原則として資本金の額が1億円を超える法人について，一定の金銭債権を対象とするものを除いて，貸倒引当金制度そのものが廃止されました。法人税の実効税率を下げる代わりに，課税ベースを拡大する目的からこのような改正が行われたわけです。

　貸倒引当金の適用法人と対象となる金銭債権の概要を示すと次のとおりです（法法52①②，法令96④⑤）。

適　用　法　人		対象となる金銭債権
①	資本金1億円以下の普通法人	金銭債権
②	公益法人等	
③	協同組合等	
④	人格のない社団等	
⑤	銀行又は保険会社など	
⑥	金融取引に係る金銭債権を有する法人 （①～⑤の法人を除く）	一定の金銭債権

　上記①の「資本金1億円以下の普通法人」には，資本金5億円以上である法人等の100％子会社等は除かれます。

（※1）　ちなみに，グループ通算制度を採用している場合には，通算グループ内のいずれかの法人が資本金1億円超である場合には，当該通算法人が資本金1億円以下であっても貸倒引当金の損金算入はできないこととされています。

　また，⑥の法人とは，結局のところ，金融取引に係る金銭債権を有する資本金1億円を超える法人ということになります。どのような法人かと言えば，例えば，リース会社やリース事業を行っている法人，証券会社，信販会社，消費者金融会社，質屋などが該当します。これらの事業を行う法人のその事業上の金銭債権が貸倒引当金の対象となるわけです。リース取引は一般法人でも行うことがありますが，他は，特定の法律に基づいて営まれる金融業者というイメージで捉えておくとよろし

いかと思います。

（※2）なお，対象となる金銭債権については，完全支配関係（100％の資本関係）がある法人に対する金銭債権は法人税法上，貸倒引当金の対象とはならないので留意する必要があります（法法52⑨）。

3 以下は，資本金1億円以下の普通法人を念頭において説明します。

<table>
<tr><td rowspan="2" style="writing-mode:vertical-rl">第7章</td><td rowspan="2">3</td><td>貸倒引当金の取扱い</td></tr>
</table>

貸倒引当金の取扱い

法人税法上の貸倒引当金に関する留意点は次の３点です。

①	貸倒引当金の繰入として損金算入が認められるためには，あらかじめ損金経理することが要件とされていること（法法52①②）
②	損金の額に算入された貸倒引当金勘定の金額は翌事業年度において益金の額に算入すること（洗い替え処理をすること）（法法52⑩）
③	個別貸倒引当金と一括貸倒引当金とはそれぞれ別々に繰入限度額を計算すること

以下，それぞれについて説明します。

１　損金経理要件

第２章で説明したとおり，益金の額の基になる収益の額，損金の額の基になる原価・費用・損失の額は公正妥当な会計処理の基準にしたがって計算することが要請されています。

そして，公正妥当な会計処理を経て決算を確定させ，課税所得を計算します。このように，法人税法における課税所得は，企業会計を基礎として成り立っていることから，益金・損金に算入するかどうかということに関しても，企業会計上に表された法人の意思に委ねているものがあります。特に損金算入に関して，企業会計と税務とが一致しないものについては，あらかじめ費用又は損失として計上することを条件として（意思を確認して），損金算入を認める規定が多く見受けられます。

このように，確定した決算において費用又は損失として経理することを「損金経理」といいます（法法２二十五）。

法人税法上，貸倒引当金の繰入についても，「損金経理」が要件とされています。

② 洗い替え処理

洗い替え処理とは, 貸倒引当金繰入時に

(借) 貸倒引当金繰入額	×××	(貸) 貸 倒 引 当 金	×××

という仕訳により貸倒引当金を設定し, 翌期において

(借) 貸 倒 引 当 金	×××	(貸) 貸倒引当金戻入益	×××
貸倒引当金繰入額	×××	貸 倒 引 当 金	×××

という仕訳をすることで, 貸倒引当金勘定を一旦チャラにして, また新たに貸倒引当金の設定をする方法をいいます。

なお, このような戻入処理をせずに, 差額のみ補充, 取崩しをする場合であっても, 確定申告書に添付する別表 (**4**参照) 上で総額での繰入れであることが明らかであれば認められます (法基通11－1－1)。

③ 個別貸倒引当金と一括貸倒引当金

法人税法では, 貸倒引当金の算定方法として, 金銭債権を個別に抜き出して算定する方法と全体をまとめて算定する方法の二つの方法が規定されています。

前者の方法で算定された貸倒引当金を「個別評価金銭債権に対する貸倒引当金 (以下「個別貸倒引当金」といいます。)」といい, 後者の方法で算定された貸倒引当金を「一括評価金銭債権に対する貸倒引当金 (以下「一括貸倒引当金」といいます。)」といいます。

以下, それぞれの貸倒引当金について説明します。

(1) 個別貸倒引当金

個別貸倒引当金は, 次の事由があるために貸倒れが見込まれる金銭債権 (個別評価金銭債権) について, その回収不能見込額を損金経理することにより認められる貸倒引当金です。将来, 貸倒損失となる確度の高い金銭債権を個別に抜き出して, その貸倒リスクに対する損金算入を認めるというものであり, 平成10年の税制改正

前まであった債権償却特別勘定の制度が引き継がれてきているものです。

① 法的な事由（長期棚上げ）

　法的な事由とは，たとえば，会社更生法等による更生計画認可の決定，民事再生法による再生計画認可の決定及び会社法による特別清算に係る協定の認可の決定等，主として法令の規定による整理手続によって，債権が長期棚上げされた場合をいいます（法令96①一）。債務者はすでに法的な手続に移行していますから，債権者は管財人等から受領した資料にもとづいて回収不能見込額を損金経理していくことになります。したがって，実務的にはそれほど難しい事由ではありません。

　具体的には，次の計算をして回収不能見込額を計算します。なお，この算式で示されている「担保権の実行等によって取立等の見込みがあると認められる金額」とは，質権，抵当権，所有権留保，信用保険等によって担保されている部分の金額をいいます（法基通11－2－5）。

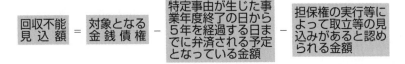

② 実質的な事由

　実質的な事由とは，債務者について，債務超過の状態が相当期間継続し，かつ，その営む事業に好転の見通しがない等といった理由から，その債務者の債権について実質的に取立等の見込みがない場合をいいます（法令96①二）。「債務超過の状態が相当期間継続し，」とは，概ね1年以上継続して債務超過の状態にある場合をいいます（法基通11－2－6）。したがって，実務上は，債務者の財務諸表を取り寄せる必要がありますが，その場合には2期連続して債務超過であるといった状態であれば少なくとも「相当期間」はクリアすることになります。ただし，債務超過が相当期間続いているだけではダメで，事業に好転の見通しがないといったことも説明しなければいけません。したがって，この事由による繰入れについては，時々当

局との間で軋轢が生じることがあります。

　また，回収不能見込額は次のように計算します。

$$
\boxed{回収不能見込額} = \boxed{\begin{array}{c}対象となる\\金\ 銭\ 債\ 権\end{array}} - \boxed{\begin{array}{l}担保権の実行等によって取立等の\\見込みがあると認められる金額\end{array}}
$$

　この算式で示されている「担保権の実行等によって取立等の見込みがあると認められる金額」とは，その債権から，担保物の処分による回収可能額や人的保証に係る回収可能額などをいいます。たとえば，貸付金に相手の社長さんの保証を付けているということであれば，その社長さんから回収できると見込まれる金額ということになります。ただし，その社長さんが行方不明だったり，保有する資産にその資産の評価額以上の質権，抵当権が設定されているなど，とても回収できるような状態にない場合には，人的保証に係る回収可能額は考慮しなくてもよいことになっています（法基通11－2－7）。

　実務上は，債務者の財務諸表や担保物の評価資料等といったものを入手し回収不能見込額として適正であることを説明し得る状態にしておくことが必要なので，貸倒引当金を繰り入れるにはなかなかハードルの高い事由だと言えます。

③　形式的な事由

　形式的な事由とは，債務者について次の事由が生じた場合をいいます。その場合には，債権額のうち，実質的に債権とみられない部分の金額等を除いた金額の50％について貸倒引当金の設定ができることとされています（法令96①三，法規25の3）。

　㈠　更生手続開始の申立て

　㈡　再生手続開始の申立て

　㈢　破産手続開始の申立て

　㈣　特別清算開始の申立て

　㈤　上記㈠から㈢までに掲げる事由に準ずる事由

　㈤は，手形交換所による取引停止処分や電子債権記録機関（いわゆる「でんさいネット」など）による取引停止処分が該当します。

　これらの事由は②とは異なり，債務者の窮状を財務諸表等から調査するということはしなくても済みますから，①と同様，判断に迷う事由ではありません。ただし，㈤の事由による取引停止処分は通常2年間なので，この事由による個別貸倒引当金の計上が2期を超えた場合には，債務者がどのような状態になっているか再度情報

収集する必要があります。

　この事由による回収不能見込額は次の算式で計算します。この算式で示されている「債務者から受け入れた金額があるため実質的に債権とは認められない金額」とは，同一の債務者に対する買掛金や借入金など債権と相殺関係のある金額をいいます（法基通11－2－9）。

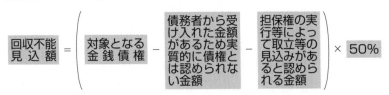

④ 外国政府等に関する事由

　外国の政府，中央銀行又は地方公共団体に対する金銭債権のうち，長期に渡る不払等によりその経済的価値が著しく減少し，かつ，その弁済を受けることが著しく困難であると認められる事由が生じている場合，その金銭債権の50％相当額について貸倒引当金の設定ができることとされています（法令96①四）。

(2) 一括貸倒引当金

　一括貸倒引当金は，法人が事業年度終了の時に有する売掛金，貸付金等の債権の全体に過去3年間の貸倒れの割合（貸倒実績率）を乗じた金額を貸倒損失の見込額として損金経理した場合に認められる貸倒引当金です。算式で示すと次のとおりとなります。

　繰入限度額 ＝ その事業年度終了時の売掛金，貸付金等の債権の帳簿価額の合計額 × 貸倒実績率

ここでの留意点は次の3点です。

①	個別貸倒引当金の対象となった債権は含まれないこと
②	対象となる債権は個別貸倒引当金の対象となる債権よりも範囲が狭いこと
③	繰入限度額の計算には，中小企業等に対する特例が認められていること

以下それぞれについて説明します。

① 一括貸倒引当金と個別貸倒引当金

　一括貸倒引当金と個別貸倒引当金は別々の制度であり繰入限度額も別々に計算します。したがって，計算対象となる債権もそれぞれ異なることになります。

　たとえば，売掛債権について，相手が破産の申立てをしたので50％の個別貸倒引当金を設定した場合には，一括貸倒引当金の対象債権には当然ながら含まれないことになります。

② 一括貸倒引当金の対象となる債権

　個別評価金銭債権は**1**で説明した各事由により損失が見込まれる金銭債権ということで，およそ金銭債権であれば，個別評価金銭債権となる可能性があります。たとえば，保証金や前渡金等について返還請求を行った場合における返還請求債権が回収不能となり損失が見込まれるといった場合には，各事由に応じて個別貸倒引当金を繰り入れることができます（法基通11－2－3）。

　しかし，一括貸倒引当金の対象となる金銭債権（一括評価金銭債権）は，「売掛金，貸付金その他これらに準ずる金銭債権（法法52②）」（いわゆる売掛債権等）であり，すべての金銭債権を指すわけではありません。たとえば，敷金，保証金，預け金や一時的な仮払金，立替金といったものは一括評価金銭債権とはならないので注意が必要です（法基通11－2－18）。

③ 繰入限度額の計算

　貸倒実績率とは，過去3年間の平均貸倒率をいい，次の算式で求めます（法令96⑥）。

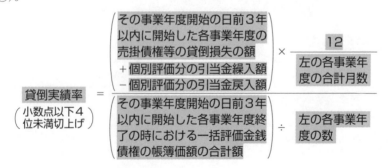

　上の算式の分母は３年間の一括評価金銭債権の平均を示しています。また，分子は３年間に貸倒れと同様の状況になった売掛債権等の平均を示しています。貸倒れと同様の状況になった売掛債権等とは，貸倒損失の額と個別貸倒引当金（売掛債権等に係る部分）の繰入額の合計額（増加分）です。ただし，個別貸倒引当金は洗い替え方式により計上されますので，３年間の繰入額の合計から戻入額の合計を差し引くことで二重に加算されることを防いでいます。イメージを示すと**図表７−２**のとおりです。

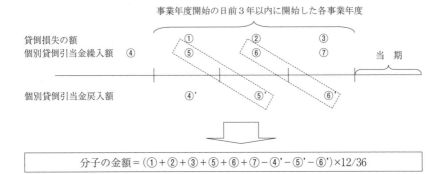

図表７−２　　貸倒実績率の分子のイメージ

　頭の体操ですが，貸倒損失がなく，かつ，常に同額の個別貸倒引当金を繰り入れている限り，貸倒実績率はゼロとなります。なお，弁済があった場合には，その分個別貸倒引当金の繰入額が減少するのでマイナスになるのではないかと思われる方もおられるかもしれませんが，弁済や売却によるものはこの計算の戻入額には入れませんので，マイナスにはなりません（法令96⑥二ハ括弧書き）（もっとも法令96②二柱書きでは「控除する」という表現を使用していますのでそもそも分子がマイナスになることはありません）。

　また，資本金が１億円以下の中小企業等については，上記の算式に代えて次の法定繰入率による繰入限度額の計算が認められています（措法57の９①，措令33の７④）。

$$\text{繰入限度額} = \left(\begin{array}{c} \text{その事業年度終了} \\ \text{時の売掛金，貸付} \\ \text{金等の債権の帳簿} \\ \text{価額の合計額} \end{array} - \begin{array}{c} \text{実質的に債権} \\ \text{とみられない} \\ \text{ものの額} \end{array} \right) \times \text{法定繰入率(※)}$$

（※）　法定繰入率

卸売及び小売業	10／1,000
製造業	8／1,000
金融及び保険業	3／1,000
割賦小売業等	7／1,000
その他	6／1,000

　一般的には法定繰入率の方が実績率よりも高いと言われています。計算の簡便さもあり，中小企業のほとんどは法定繰入率を使用しているのが現状です。なお，「実質的に債権と見られないものの額」とは，(1)③と同様に，同一の債務者に対する買掛金や借入金など債権と相殺関係のある金額をいいます（措通57の9－1）。

　また，この「実質的に債権とみられないものの額」については，以下の算式で計算することも認められています（措令33の7③）。

$$\begin{array}{c} \text{実質的に債権とみ} \\ \text{られないものの額} \end{array} = \begin{array}{c} \text{当期末の} \\ \text{一括評価} \\ \text{金銭債権} \\ \text{の額} \end{array} \times \frac{\begin{array}{c} \text{平成27年4月1日から平成29年} \\ \text{3月31日までの間に開始した各} \\ \text{事業年度末における実質的に債権} \\ \text{と見られないものの額の合計} \end{array}}{\begin{array}{c} \text{平成27年4月1日から平成29年} \\ \text{3月31日までの間に開始した各} \\ \text{事業年度末における一括評価金銭} \\ \text{債権の合計} \end{array}}$$

4 別表の記載

　貸倒引当金の別表は，別表十一㈠（個別評価金銭債権に係る貸倒引当金の損金算入に関する明細書）と別表十一（一の二）（一括評価金銭債権に係る貸倒引当金の損金算入に関する明細書）の２種類です。以下，ごく簡単な設例を用いて別表の記載例を示します（**図表７－３**及び**図表７－４**参照）。

設 例

　当社（資本金１億円・卸売業）の当期末の金銭債権の内容は次のとおり。

　受取手形　　20,000,000

　売掛金　　　30,000,000

　上記の売掛金のうち同一の取引先に係る買掛金が5,000,000円ある。

　また，売掛金のうち8,000,000円については，相手先（管財人）より破産申立てがなされた旨の通知があった（法令96①三ハ該当）。

　なお，当期の貸倒引当金の繰入額は7,700,000円（個別貸倒引当金4,000,000円，一括貸倒引当金3,700,000円）である。

　別表作成に当たっての主なチェックポイントは**図表７－３**，**７－４**に示しましたので参考にしてください。

　この中では，別表十一㈠の「貸倒れによる損失の額等の合計額に加える金額19」欄以降がわかりにくいかもしれません。「19」欄から「24」欄は，一括貸倒引当金の貸倒実績率を計算する際の基礎資料になる部分です。この「19」欄に記載される金額は，**図表７－２**の⑤，⑥，⑦のいずれかに該当するものです。したがって，ここに記載される金額は，別表十一（一の二）の「別表十一（一）「19の計」の合計額12」欄の金額を構成することになります。また，別表十一㈠「（22）又は（23）に金額の記載がある場合の(21)の金額24」欄は，**図表７－２**でいうところの④′，⑤′，⑥′のいずれかに当たるものです。したがって，ここに記載される金額は，別表十一（一の二）の「別表十一（一）「24の計」の合計額13」欄の金額を構成することになります。

個別評価金銭債権に係る貸倒引当金の損金算入に関する明細書			事業年度	・　・ ・　・	法人名						計	別表十一(一)　令五・四・一以後終了事業年度分
債務者	住　所　又　は　所　在　地	1	○○区○○ 1-1-2									
	氏　名　又　は　名　称 （外国政府等の別）	2	××　　　(	)　(	)　(	)　(	)					
	個　別　評　価　の　事　由	3	令第96条第1項第3号ハ該当	令第96条第1項第　号該当	令第96条第1項第　号該当	令第96条第1項第　号該当						
	同　上　の　発　生　時　期	4	○・○・○									
当　　期　　繰　　入　　額		5	円 4,000,000	円	円	円	円 4,000,000					
繰入限度額の計算	個別評価金銭債権の額	6	8,000,000				8,000,000					
	(6)のうち5年以内に弁済される金額 （令第96条第1項第1号に該当する場合）	7										
	(6)のうち取立て等の見込額 担保権の実行による取立て等の見込額	8										
	他の者の保証による取立て等の見込額	9										
	その他による取立て等の見込額	10										
	(8)＋(9)＋(10)	11										
	(6)のうち実質的に債権とみられない部分の金額	12										
	(6)－(7)－(11)－(12)	13	8,000,000									
	繰入限度額 令第96条第1項第1号該当 (13)	14					円					
	令第96条第1項第2号該当 (13)	15										
	令第96条第1項第3号該当 (13)×50％	16	4,000,000				4,000,000					
	令第96条第1項第4号該当 (13)×50％	17										
繰　入　限　度　超　過　額 (5)－((14)、(15)、(16)又は(17))		18										
貸倒実績率の計算の基礎となる金額の明細	貸倒れによる損失の額等の合計額に加える金額 ((6)の個別評価金銭債権が売掛債権等である場合の(5)と((14)、(15)、(16)又は(17))のうち少ない金額)	19	4,000,000				4,000,000					
	貸倒れがあった場合に控除する金額の明細 合計額にからよる損失の額等の 前期の個別評価金銭債権の額 （前期の(6)）	20										
	(20)の個別評価金銭債権が売掛債権等である場合の当該個別評価金銭債権に係る損金算入額 （前期の(19)）	21										
	(21)に係る売掛債権等が当期において貸倒れとなった場合のその貸倒れとなった金額	22										
	(21)に係る売掛債権等が当期においても個別評価の対象となった場合のその対象となった金額	23										
	(22)又は(23)に金額の記載がある場合の(21)の金額	24										

〔吹き出し〕
該当号の記入もれはないか

別表十一(一の二)の「1」との合計がB/Sと一致しているか

繰越事由を証する書類を保存しているか

繰入限度超過額がある場合は別表四加算欄へ

前期の別表と一致しているか

図表7-4　別表十一（一の二）

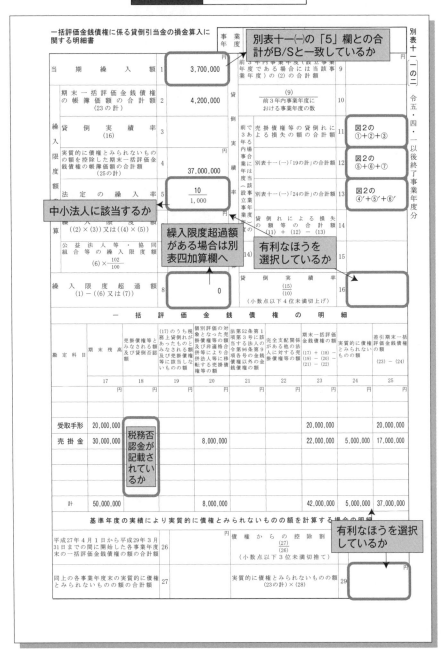

なお，**図表7－4**では記載を省略しましたが，中小法人においては貸倒実績率を使用する場合（「2」欄×「3」欄）と法定繰入率を使用する場合（「4」欄×「5」欄）いずれか有利な方を選択することになります（上述したとおりほとんどの場合法定繰入率の方が有利と思われます）。また，実質的に債権とみられないものの額の計算も，当期の実績で計算する方法（「25」欄の合計）と基準年度（平成27年4月1日から平成29年3月31日までの間に開始した各事業年度）の実績で計算する特例方法（「30」欄）といずれか有利な方を選択することになります。

<table>
<tr><td>第
7
章</td><td>5</td><td>貸倒損失の取扱い</td></tr>
</table>

　法人の有する金銭債権が実際に貸し倒れた場合には，貸倒損失を計上することになります。貸倒損失については，法人税法上特に別段の定めとして規定があるわけではありません。法人税法22条3項に規定する，原価，費用，損失のうちの損失の額として損金の額に算入されることになります。しかし，貸倒れの計上については，実務上，どの時点で計上すべきか迷うことが少なくありません。このため，法人税基本通達で一定の考え方を示しています。少々長くなりますが，実務的にもよく使われる通達なのですべてを掲げることにします。

法人税基本通達9-6-1（金銭債権の全部又は一部の切捨てをした場合の貸倒れ）

　　法人の有する金銭債権について次に掲げる事実が発生した場合には，その金銭債権の額のうち次に掲げる金額は，その事実の発生した日の属する事業年度において貸倒れとして損金の額に算入する。

(1)　更生計画認可の決定又は再生計画認可の決定があった場合において，これらの決定により切り捨てられることとなった部分の金額

(2)　特別清算に係る協定の認可の決定があった場合において，この決定により切り捨てられることとなった部分の金額

(3)　法令の規定による整理手続によらない関係者の協議決定で次に掲げるものにより切り捨てられることとなった部分の金額

　　イ　債権者集会の協議決定で合理的な基準により債務者の負債整理を定めているもの

　　ロ　行政機関又は金融機関その他の第三者のあっせんによる当事者間の協議により締結された契約でその内容がイに準ずるもの

(4)　債務者の債務超過の状態が相当期間継続し，その金銭債権の弁済を受けることができないと認められる場合において，その債務者に対し書面により明らかにされた債務免除額

法人税基本通達９－６－２（回収不能の金銭債権の貸倒れ）

　　法人の有する金銭債権につき，その債務者の資産状況，支払能力等からみてその全額が回収できないことが明らかになった場合には，その明らかになった事業年度において貸倒れとして損金経理をすることができる。この場合において，当該金銭債権について担保物があるときは，その担保物を処分した後でなければ貸倒れとして損金経理をすることはできないものとする。

（注）　保証債務は，現実にこれを履行した後でなければ貸倒れの対象にすることはできないことに留意する。

法人税基本通達９－６－３（一定期間取引停止後弁済がない場合等の貸倒れ）

　　債務者について次に掲げる事実が発生した場合には，その債務者に対して有する売掛債権（売掛金，未収請負金その他これらに準ずる債権をいい，貸付金その他これに準ずる債権を含まない。以下９－６－３において同じ。）について法人が当該売掛債権の額から備忘価額を控除した残額を貸倒れとして損金経理をしたときは，これを認める。

(1)　債務者との取引を停止した時（最後の弁済期又は最後の弁済の時が当該停止をした時以後である場合には，これらのうち最も遅い時）以後１年以上経過した場合（当該売掛債権について担保物のある場合を除く。）

(2)　法人が同一地域の債務者について有する当該売掛債権の総額がその取立てのために要する旅費その他の費用に満たない場合において，当該債務者に対し支払を督促したにもかかわらず弁済がないとき

（注）　(1)の取引の停止は，継続的な取引を行っていた債務者につきその資産状況，支払能力等が悪化したためその後の取引を停止するに至った場合をいうのであるから，例えば不動産取引のようにたまたま取引を行った債務者に対して有する当該取引に係る売掛債権については，この取扱いの適用はない。

　法人税基本通達９−６−１は「法律上の貸倒れ」，９−６−２は「事実上の貸倒れ」，９−６−３は「形式上の貸倒れ」などと言われています。個別貸倒引当金の繰入事由と何となく似ていませんか？　ただし，個別貸倒引当金と異なるのは，債務者に何らかの事情が生じて現実に回収不能となったわけですから，法的整理以外の事由で必要に応じて債権を切り分けて一部を貸倒損失としたり，リスク度合いに応じて貸倒損失を計上するといったことはできません。このような「部分に係る貸倒れ」に対しては，個別貸倒引当金で対応していくことになります。

　また，法人税基本通達９−６−２も９−６−３も損金経理を要件としているように読めます。確かに９−６−１と違い，法的には債権が存在するわけですから，法人の意思として会計上での貸倒損失の計上を要請する意図は理解できます。しかし，法律ではなく通達で損金経理要件を規定することについては甚だ疑問に感じます。私見ではありますが，これらの通達は，法人税法22条３項に係る解釈通達なので，「会計処理を前提として記載されている」という理解でもよいのではないかと思われます。ただし，対象となる金銭債権について貸倒損失の計上が相当かどうかは，ある程度時間をかけて厳重にチェックをしなければならないわけですから，決算の中できちんと経理処理するのが重要であることは明らかです。

　実務においては，相手の窮状を示す疎明資料等を準備しなければならない点で法人税基本通達９−６−１(4)と９−６−２による貸倒損失の計上がかなりハードルが高いのが現状です。特に９−６−１(4)に関して，子会社等に対する債権放棄であれば法人税基本通達９−４−１，９−４−２からの検討も必要となります。理論的には，貸倒損失はダメだけれど債権放棄の合理性はあるので単純損金でよいといったことも起こり得ます。

　法人税基本通達９−６−１(4)や９−６−２を巡っては，当局との間で軋轢が生じることが多く，訴訟事例も数多くあり，論点は尽きないところですが，説明はこのくらいにしておきたいと思います。

6 貸倒引当金と貸倒損失

以上みてきたとおり，法人の金銭債権に対しては，貸倒れのリスクに応じて，一括貸倒引当金⇒個別貸倒引当金⇒貸倒損失という三つの段階で損金算入されることがわかります。

したがって，たとえば，税務調査等で貸倒損失の計上が時期尚早との認定に至っても個別貸倒引当金の繰入事由に該当する場合には，別表十一㈠を提出することで貸倒引当金としての繰入が認められることになります。なお，「貸倒損失」の計上は「貸倒引当金勘定」への繰入とは異なるので個別貸倒引当金の繰入としては認められないのではないかと心配される方もおられるかもしれませんが，大丈夫です。この点については，法人税基本通達で次のように考え方が示されています。

> **法人税基本通達11-2-2（貸倒損失の計上と個別評価金銭債権に係る貸倒引当金の繰入れ）**
>
> 　法第52条第1項《貸倒引当金》の規定の適用に当たり，確定申告書に「個別評価金銭債権に係る貸倒引当金の損金算入に関する明細書」が添付されていない場合であっても，それが貸倒損失を計上したことに基因するものであり，かつ，当該確定申告書の提出後に当該明細書が提出されたときは，同条第4項の規定を適用し，当該貸倒損失の額を当該債務者についての個別評価金銭債権に係る貸倒引当金の繰入れに係る損金算入額として取り扱うことができるものとする。
>
> （注）　本文の適用は，同条第1項の規定に基づく個別評価金銭債権に係る貸倒引当金の繰入れに係る損金算入額の認容であることから，同項の規定の適用に関する疎明資料の保存がある場合に限られる。

　しかし，**2**で触れたとおり，平成24年4月1日以降開始する事業年度から，資本金の額が1億円を超える法人については，原則貸倒引当金は廃止されてしまいました。特に，個別貸倒引当金も廃止されてしまったことから，規模の大きな法人にとっては，単に税務調整項目が増えるだけでなく，様々な影響が考えられます。**5**で説明したとおり，貸倒損失には，「部分貸倒れ」の発想がなく，その機能は個別貸倒引当金に委ねられています。したがって当局においても貸倒損失の計上時期については厳格にチェックしています。また，企業にとっても，不良債権の損金算入が認められないのであれば，債権回収業者等に譲渡してしまう動きも増加している可能性があります。実務家としても，不良債権に関する税務処理の適否については今以上に注意を払う必要があると思います。

第8章

減価償却

　減価償却は，実務では，コンピューターで自動計算することが多いので，減価償却資産の取得，廃棄，修繕といった変動要因がなければそれほど問題となる項目ではありません。

　しかし，減価償却はおよそどの企業にも関係する事項であり，かつ，資産の種類や取得時期によって償却方法等が異なりますので，過去の税制改正の内容を含め，基本的な取扱いを理解しておくことは実務家にとっては必須となります。

1 減価償却の意味

　企業は利益を得るために商品を仕入れたり人件費を支払ったりするほか，機械装置や建物といった事業に必要な固定資産を取得します。当たり前ですが，企業が固定資産を取得する理由は，その固定資産を使用して事業活動を行うことにより収益を得るためです。つまり，固定資産を取得するための支出は，その固定資産を使用して将来収益を生み出すための前払的な性格を持っているわけです。そこで，固定資産を取得した場合には，一気に費用計上するのではなく，「その固定資産を使用することによりその固定資産の価値が目減りしていく期間に応じて費用計上していく」ことにしています。これが減価償却の意味です。

　このような意味からすると減価償却には次の二つの性質があることがわかります。

①	使っても価値が減少しない固定資産は減価償却することはできない。
②	事業のために使用する（事業の用に供する）ことではじめて減価償却することができる。

　①で代表的なものは土地及び土地の上に存する権利（借地権など）があげられます。また，書画骨とうなど時が経過しても価値が減少しない（逆に価値が増加する）ものも当然ながら減価償却資産にはなり得ません。また，②に記載したとおり，取得をしても事業の用に供していなければ，減価償却することはできません。ちなみに，減価償却資産の定義は，法人税法2条23号の委任を受けて法人税法施行令13条で具体的に規定されていますが，その柱書きで「事業の用に供していないもの及び時の経過によりその価値の減少しないものを除く。」と規定されており，これらの資産は減価償却資産から明確に除かれています。

　では，減価償却資産であれば，すべて期間に応じた償却計算をしなくてはいけないのかというとそういうわけでもありません。

　たとえば，取得価額が10万円未満のものや使用可能期間が1年未満のものは，重要性が乏しいことから，使用した時に一時の損金として処理することができます（法令133）。

　また，青色申告法人で資本金が1億円以下の中小企業（資本金1億円を超える法

人や資本金５億円を超える大法人の100％子会社等（大規模法人）に株式を２分の１以上持たれている会社及び二つ以上の大規模法人に株式の３分の２以上を持たれている法人等は除きます）については，取得価額が10万円以上30万円未満のものは，その資産を使用した時に一時の損金として処理することができます（措法67の５）。ただし，この特例が適用できるのは取得価額の合計額が300万円に達するまでであることと，確定申告書に別表を添付した場合に限られます。

　また，取得価額が20万円未満のものは，その事業年度内に取得した資産をまとめて３年均等で償却することができます（法令133の２）。この場合においても確定申告書に別表を添付する必要があります。

　これらの少額減価償却資産等の取扱いをまとめると**図表８−１**のようになります。中小企業の多くは，取得価額が10万円未満については，少額減価償却資産として損金処理，10万円以上30万円未満については，中小企業の特例を使用して損金処理しています。また，取得価額が10万円未満のものは少額減価償却資産として損金処理，10万円以上20万円未満は一括償却資産として処理，20万円以上30万円未満のものは中小企業の特例を使用して損金処理している企業もあります。

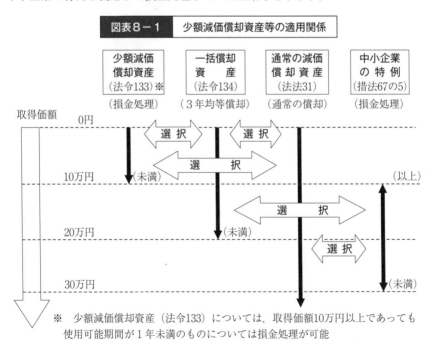

図表８−１　少額減価償却資産等の適用関係

※　少額減価償却資産（法令133）については，取得価額10万円以上であっても使用可能期間が１年未満のものについては損金処理が可能

2 減価償却の方法

1で固定資産の価値の減少に応じて費用計上するのが減価償却だと説明しましたが，固定資産の価値がどのように減少していくのかということについて正確に答えられる人は，率直に言って，誰もいないのではないでしょうか。そこで，税法では，資産を通常の維持管理をして通常の条件で使用した場合に，どのくらいの期間，その資産が効用を持続するのかという観点から，「減価償却資産の耐用年数の省令」（以下「耐用年数省令」といいます）で資産の種類・細目別に耐用年数を決めています。つまり，日常の手入れや故障等に対する補修を行いながら，どのくらい事業遂行上の使用に耐えうるかといった，いわばその資産の「寿命」を，税法が年数として規定しているわけです。実務としては，取得した資産が，この省令の別表に記載されているどの資産に該当するのかといったことさえ決めてしまえば，あとは，定められた方法に従って減価償却の計算をするだけです。

そして，減価償却の方法については，法人税法では次の二つの方法を規定しています。

①	定額法
②	定率法

「定額法」とは，一定額ずつ費用化させていく方法です。したがって，毎期の減価償却費は一定となります。

一方，「定率法」とは一定割合ずつ費用化させていく方法です。したがって，減価償却費は年数を経るに従って逓減していきます（**図表8−2**参照）。

なお，上記二つの方法のほか，一定の資産に対して，生産高比例法やリース期間定額法といった方法も規定されています。また，特例として，税務署長の承認を要件として，特別な償却方法や取替資産に係る取替法といったものも規定されています。ここでは，これらの方法についての説明は省略します。

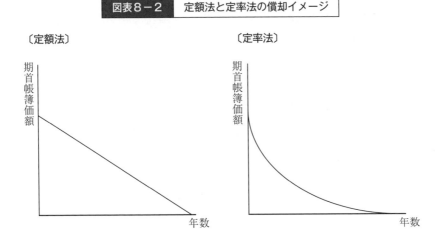

図表8−2　定額法と定率法の償却イメージ

〔定額法〕　　　　　　　　　　　　　　〔定率法〕

1　定　額　法

(1)　平成19年4月1日以後取得した減価償却資産の場合

　定額法とは，繰り返しになりますが，毎期一定額ずつ償却していく方法です。具体的には，減価償却資産の取得価額に，その償却額が毎年同一になるように，その資産の耐用年数に応じた「定額法の償却率」を乗じて計算します。

　たとえば，期首に耐用年数が10年の資産を100万円で取得したとします。定額法の償却率は，耐用年数省令の別表第八に掲げられています。耐用年数10年の定額法の償却率は「0.100」と記載されています。つまり，100万円を10年間で均等額ずつ償却するということは，1年間に10万円ずつ償却することになるわけですから，取得価額に乗じる償却率は0.1ということになります。算式で示すと，

$$\underset{(100万円)}{\boxed{取得価額}} \times \underset{(0.100)}{\boxed{定額法償却率}} = \underset{(100,000円)}{\boxed{償却限度額}}$$

となります。この算式で算出される10万円を，「償却限度額」といいます。

　最後の年である10年目については，償却費は10万円ではなく99,999円となります。なぜなら，償却は終わっても，資産が消滅するわけではないので，1円の備忘価格を残す必要があるからです。

　なお，建物及び平成28年4月1日以後取得した建物付属設備・構築物については，

定額法しか使用できませんのでご注意ください。

(2) 平成19年3月31日以前に取得した減価償却資産の場合

平成19年3月31日以前に取得した減価償却資産に適用される定額法は「旧定額法」といいます。

旧定額法の償却可能限度額は次のように計算します。

(取得価額 － 残存価格) × 旧定額法の償却率

【取得価額100万円（期首取得），耐用年数10年（旧定額法償却率0.100）の場合】

取得価額　100万円－残存価格10万円＝90万円

償却可能限度額　100万円×5％＝5万円

年　数	1	2	3	4	5	6	7	8	9	10	11
期首簿価	1,000,000	910,000	820,000	730,000	640,000	550,000	460,000	370,000	280,000	190,000	100,000
償却限度額	90,000	90,000	90,000	90,000	90,000	90,000	90,000	90,000	90,000	90,000	50,000
期末簿価	910,000	820,000	730,000	640,000	550,000	460,000	370,000	280,000	190,000	100,000	50,000

この計算方法からお分かりのとおり，旧定額法には「残存価格」と「償却可能限度額」が定められていました。

残存価格というのは，耐用年数が過ぎた後に予想される価値のことで，取得価額の10％とされていました。また，償却可能限度額とは，文字通り，どこまで償却することができるのかという限度額のことで，取得価額の5％とされていました。

このような残存価格や償却可能限度額は，主要先進国の中でも特殊なものであり，100％償却できない方法は企業の国際競争力を下げる要因になるとして，平成19年の税制改正で廃止されました。また，償却可能限度額まで償却した資産については，5年均等償却を行い，1円まで償却できることとされました。

なお，平成10年4月1日から平成19年3月31日までに取得した建物については旧定額法しか使用できないこととされています。

2　定　率　法

(1) 平成24年4月1日以後に取得した資産

定率法とは，繰り返しになりますが，毎期一定割合ずつ償却していく方法です。具体的には，減価償却資産の取得価額に，その償却費が毎年一定の割合で逓減するように，その資産の耐用年数に応じた「定率法の償却率」を乗じて計算します。

　たとえば，期首に耐用年数が10年の資産を100万円で取得したとします。定率法の償却率は，耐用年数省令の別表第十に掲げられています。耐用年数10年の定率法の償却率は「0.200」と記載されています。つまり，取得価額100万円で耐用年数が10年の資産を償却しようとすると，1年目は20万円，2年目は16万円（800,000×0.200），3年目は12万8千円（640,000円×0.200）というように，償却額が逓減していくことになります。これを算式で表すと次のとおりとなります。

期首の帳簿価額	×	定率法償却率	=	償却限度額
（1年目100万円）		（0.200）		（1年目20万円）

　この算式で算出される20万円を「償却限度額」といいます。したがって，1年目の償却限度額は20万円ということになります。

　一定割合ずつ償却するということは，償却額が毎年逓減するほか，理論的には帳簿価額がゼロにはならないという特徴があります。実際，耐用年数のことを考えずに，期末簿価が備忘価額1円になるまで償却しようとするとかなりの年数がかかります。ちなみに，100万円を20％ずつ1円まで償却しようとすると20年近くかかってしまいます。

　そこで，定率法の償却においては，ある一定時点に達すると，そのあとは定額法のように均等額で償却することにより耐用年数の範囲内で備忘価額1円まで償却することとしています（**図表8−3**参照）。

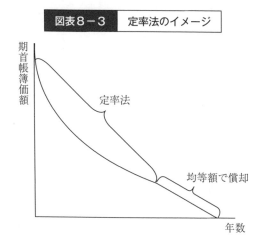

図表8−3　定率法のイメージ

この一定時点とは,

定率法での 償却額	<	直前の帳簿価額を残存年数で 均等償却するとした場合の償却額

となる時点をいいます。上記不等式の右側を取得価額に対する率で示したもの（若干の微調整があります）を「保証率」といい，取得価額に保証率を乗じた金額を「償却保証額」といいます。つまり,

定率法の 償却限度額	<	償却保証額（取得価額×保証率）

となった時点で，残りを均等額で償却していくわけです（図8－3参照）。この時使用する償却率を「改定償却率」といいます。そして，「保証率」や「改定償却率」は，耐用年数省令の別表で，先程の定率法の償却率とともに耐用年数別に記載されています。

　ちなみに，取得価額100万円で耐用年数が10年の資産を定率法で償却すると次の表のとおりになります（太枠部分が償却限度額）。

【取得価額100万円，耐用年数10年，（定率法償却率0.200，保証率0.06552，改定償却率0.250)】

年　　数	1	2	3	4	5	6	7	8	9	10
期首簿価	1,000,000	800,000	640,000	512,000	409,600	327,680	262,144	196,608	131,072	65,536
償却限度額 （調整前）	200,000	160,000	128,000	102,400	81,920	65,536	52,429	39,322	26,214	13,107
償却保証額	65,520	65,520	65,520	65,520	65,520	65,520	65,520	65,520	65,520	65,520
償却限度額 （調整後）							65,536	65,536	65,536	65,535
期末簿価	800,000	640,000	512,000	409,600	327,680	262,144	196,608	131,072	65,536	1

(2)　平成19年4月1日から平成24年3月31日までの間に取得した減価償却資産

　平成19年4月1日から平成24年3月31日までの間に取得した減価償却資産については，旧定率法（(3)参照）の償却率の2.5倍相当の償却率を用いる，いわゆる250%定率法となっていました。基本構造は，(1)で説明した定率法と変わりません。単に，償却率，保証率，改定償却率が違うだけです。

　もともと早期償却を可能とするために250%定率法が導入されたのですが，平成23年12月の税制改正で課税ベースの拡大の一環として，費用化されるペースを落とし，現在の定率法（200%定率法）となったわけです（事務軽減策として，当時，

250％定率法を適用していた減価償却資産をすべて200％定率法に切り替える経過措置がありました）。

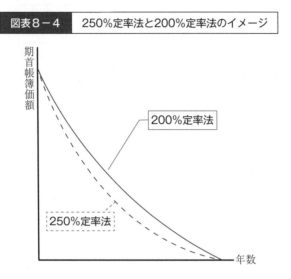

図表8－4　250％定率法と200％定率法のイメージ

(3) 平成19年3月31日以前に取得した減価償却資産

平成19年3月31日以前に取得した減価償却資産に適用される定率法は「旧定率法」といいます。

旧定率法の償却限度額は次のように計算します。

期首の帳簿価額 × 旧定率法の償却率

旧定率法は旧定額法と同様に償却可能限度額まで償却するというものだったので，現在のように，途中から均等償却して1円まで償却する方法を採る必要はなく，計算自体はシンプルな方法だといえます。

また，償却可能限度額に達した資産については，平成19年の税制改正後は，5年均等償却することとされた点も旧定額法の場合と同様です。

3 減価償却の留意点

減価償却を行うに当たっての留意点は次の二つです。

①	償却費として損金経理すること
②	取得価額には，購入代価だけでなく付随費用も含まれること

以下，それぞれについて説明します。

1 損 金 経 理

法人税法で示されている減価償却の計算方法はあくまでも「償却限度額」に対する計算方法です。つまり，そこで計算された金額は，償却費として損金算入することができる限度額を示しているに過ぎません。この点，法人税法では次のように規定しています。

法人税法第31条（減価償却資産の償却費の計算及びその償却の方法）

　　内国法人の各事業年度終了の時において有する減価償却資産につきその償却費として第22条第3項（各事業年度の所得の金額の計算の通則）の規定により当該事業年度の所得の金額の計算上損金の額に算入する金額は，その内国法人が当該事業年度においてその償却費として損金経理をした金額（以下この条において「損金経理額」という。）のうち，その取得をした日及びその種類の区分に応じ，償却費が毎年同一となる償却の方法，償却費が毎年一定の割合で逓減する償却の方法その他の政令で定める償却の方法の中からその内国法人が当該資産について選定した償却の方法（償却の方法を選定しなかった場合には，償却の方法のうち政令で定める方法）に基づき政令で定めるところにより計算した金額（次項において「償却限度額」という。）に達するまでの金額とする。（以下省略）

つまり，減価償却費は，損金経理することによって初めて損金の額に算入することができ，その限度は，法人税法に定める「償却限度額」に達するまでであるとい

うのが基本的な取扱いということになります。言い方を変えると，減価償却費をいくら計上しても（あるいは計上しなくても）法人税法上は自由であり，仮に償却限度額を超えて損金経理した場合には，その超える部分が損金不算入になるということになります。

　なお，損金経理の意味については，**第7章 3** で説明しましたのでここでは省略します。

2　取 得 価 額

　減価償却資産の取得価額は，減価償却の計算の重要な要素であることは，これまでの説明でおわかりいただけるのではないでしょうか。取得価額を間違えるとその後の減価償却限度額の計算はすべて間違ってしまいます。税務調査においても，取得価額の適否は一つのポイントとなります。つまり，取得価額に算入すべき金額が費用計上されていないかどうかという点を見るわけです。

　購入する減価償却資産の取得価額は，

　　購入代価 ＋ 付随費用

です。購入代価には，購入先に支払った代価のほか，引取運賃，荷役費，運送保険料，関税，購入手数料等が含まれます。また，付随費用とは，事業の用に供するために直接要した費用のことをいい，たとえば，機械装置を取得した場合の据付費用や試運転費用等が含まれます。実務ではこの付随費用をどこまで含めるのかといったことが度々問題となります。基本的には，取得の際に要した費用はすべて含まれますが，操業開始に伴って支出する記念費用や建物の落成式のために要した費用等は含まれないものと考えられます（法基通7－3－7）。

　また，その資産を取得するために借り入れた借入金の利子及び不動産取得税や登記・登録のための費用等は取得価額に算入しなくてもよいことになっています（法基通7－3－1の2，7－3－3の2参照）。

　また，自社で建設，製作，製造する減価償却資産の取得価額は，

　　建設等の原価 ＋ 付随費用

です。基本的には購入の場合と同じですが，原価には，原材料費，労務費，経費といったものがあります。この場合，労務費や経費をどの範囲まで含めるのか迷うこ

ともあるかもしれませんが，適正な原価計算に基づいて算定されている場合には，その原価の額に相当する金額をもって取得価額とみなすこととされています（法令54②）。

第8章 4 償却方法の選定

　定額法又は定率法のどちらを選ぶかは法人の自由です。ただし，建物及び平成28年以後に取得した建物附属設備・構築物については，定額法のみとなっています（平成10年3月31日以前に取得した建物は「旧定額法」「旧定率法」のいずれも可）。もともと建物について定額法しか認められていないのは，一般に建物の取得価額は多額であり定率法と定額法とでは，毎期の償却額に大きな違いが生じ課税上の取扱いとして望ましいとは言えないこと，建物は長期安定的に使用される資産であり，使用形態が生産性や収益性に左右されないという特徴をもっていること，主要諸外国も建物は定額法で償却するものとされていることといった理由が説明されています。

　また，減価償却方法の選定は，減価償却資産の種類ごとに行うこととされています（法令51，法規14）。したがって，器具及び備品のうち，応接セットは定額法，コンピューターは定率法といった選択のしかたはできません。ただし，同一区分に属する資産であっても，複数の事業所がある場合には，事業所単位で選択することが可能です。たとえば，複数の工場がある場合，製品別に適正な原価計算を行う目的から，工場ごとにそれぞれ異なる方法で償却するという経営判断もあり得ます。

　償却方法の選定は，「減価償却資産の償却方法の届出書」を所轄の税務署に提出することによって行われます。届出書の提出期限は次のようになっています。

法人が設立した場合	⇒	設立1期目の確定申告書の提出期限
新たに事業所を設けた法人が，新たな事業所に属する減価償却資産について，既に選択している償却方法と異なる方法を選定使用とする場合	⇒	新たに事業所を設けた日の属する事業年度の確定申告書の提出期限

　なお，償却方法の選択が可能な減価償却資産について届出書を提出しなかった場合には，例えば，機械装置，車両運搬具及び工具器具備品といった減価償却資産については，定率法を選んだものとされます。この時の定率法を「法定償却方法」といいます。

第8章 5 償却方法の変更手続

　一度選択した償却方法を変更する場合には，新たな償却方法を採用しようとする事業年度の開始の日の前日までに「減価償却資産の償却方法の変更承認申請書」を所轄の税務署に提出して，税務署長の承認を受けなければならないこととされています（法令52）。この場合，その変更が合併や分割に伴うものであるなど物理的な原因である場合を除き，従来の方法を採用してから３年以上経過している必要があります（法基通７－２－４）。これは，利益調整による課税上の弊害を防止するためです。なお，この申請書には，変更する理由を記載する欄があります。通達では，３年以上経過している場合であっても合理的な理由がなければ税務署長は承認しないことができる旨が明らかにされています（同通達）。

　減価償却方法を変更する理由には，たとえば，「原価を平準化したいので定率法から定額法に変えたい」とか，「早期にコストの回収を図りたいので定額法から定率法に変えたい」など様々なものがあると思いますが，いずれにしても経営判断に即した理由を簡潔に記載すれば，特に問題は生じないものと思います。

　また，減価償却方法を変更した場合には，償却限度額の計算は具体的にどうなるのか気になるところですが，この点については，法人税基本通達７－４－３及び７－４－４に取扱いが示されています。簡単にいうと，定額法から定率法に変更する場合には，変更年度の期首帳簿価額を基にして，その減価償却資産の耐用年数に応じた計算をすることになります。一方，定率法から定額法に変更する場合には，変更年度の期首帳簿価額を取得価額とみなすとともに，その減価償却資産の耐用年数をそのまま使用するか，経過年数を控除した年数を耐用年数とするか選択して計算することになります。かなり大ざっぱな説明ですが，このくらいで留めておきたいと思います。

6 償却超過額と償却不足額の取扱い

ここまで，法人税法で示されている減価償却の計算方法は，「償却限度額」に対する計算方法であり，法人が，償却限度額を超えて減価償却費として損金経理した場合には，その超える部分の金額は損金不算入となる旨説明しました。法人が損金経理した減価償却費が，償却限度額を超える場合のその超える部分の金額を「償却超過額」といいます。一方，減価償却費として損金経理した金額が「償却限度額に満たない場合のその満たない金額は「償却不足額」といいます。「償却超過額」は翌期以降に繰り越されていきますが，「償却不足額」は特別償却制度を除き繰り越すことはありません。

両者の取扱いをまとめると次のとおりです。

①	定率法においては，翌期以降の償却限度額の計算の基となる期首現在の帳簿価額に償却超過額を含めて計算する。
②	償却超過額は，それが生じた年度では損金不算入となるが，翌期以降，償却不足額が生じた場合には，償却超過額のうち償却不足額までが損金の額に算入される。

以下，それぞれについて説明します。

1 償却超過額がある場合の減価償却資産の税務上の帳簿価額

資産について，税務上「帳簿価額」という言い方をする場合には，会計上の簿価ではなく，税務上の簿価を指します。つまり，貸借対照表に計上されている価額に別表五㈠に記載されている金額を加算（減算）する必要があるわけです。

償却超過額のある減価償却資産の帳簿価額については，その償却超過額に相当する金額の減額がなかったものとみなされます（法令62）。ということは，償却限度額の計算に定率法を使用する場合，定率法の償却率を乗じる期首帳簿価額は，当然ながら，既往の償却超過額を加算した金額となります。

② 翌期以降に係る償却超過額の損金算入

償却超過額は，それが生じた事業年度では損金の額に算入されませんが，翌事業年度以降の償却限度額の計算において，償却費として損金経理した金額に含めて取り扱われます（法法31④）。

仮に，償却超過額のある減価償却資産について，会計上の簿価を基準に定率法の償却率を乗じて償却費を計算した場合には，その償却費の金額は，税務上の帳簿価額を基準とする定率法の償却限度額に満たない（償却不足額が生じる）ことになります。その場合には，前事業年度以前に損金経理した減価償却費のうち償却超過額に相当する金額についても，「償却費として損金経理した金額」とみますから，その償却不足分に相当する金額まで償却費として認容する（損金算入する）ことになります（**図表8－5**参照）。言い方を変えると，償却不足額が生じた時点で前事業年度以前の償却超過額がある場合には，その償却不足額と前事業年度以前の償却超過額とのいずれか少ない金額が損金の額に算入されることになるわけです。

次に，これらのことを別表の記載を通してみてみましょう。

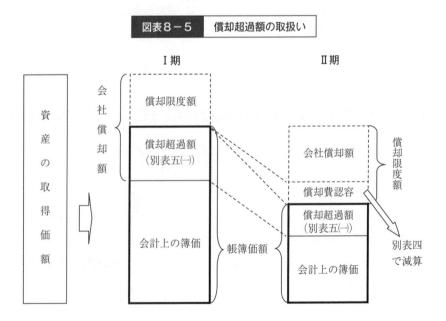

図表8－5　償却超過額の取扱い

第8章 7 別表の記載

設例

当社（12月決算）の減価償却資産の状況（X年12月末現在）は次のとおり。

種類	事業供用年月	耐用年数	取得価額	繰越償却超過額	当期償却額	期末簿価
車　両 （乗用車）	X年8月	6年	2,000,000	―	1,000,000	1,000,000
器具及び備品 （サーバー）	(X-1)年 1月	5年	600,000	60,000	100,000	200,000

いずれも定率法を使用する。

この設例を基に別表を記載すると**図表8－6**のとおりとなります。減価償却について定額法を使用する場合には，別表十六㈠（旧定額法又は定額法による減価償却資産の償却額の計算に関する明細書）を，定率法を使用する場合には別表十六㈡（旧定率法又は定率法による減価償却資産の償却額の計算に関する明細書）を使います。設例では，定率法を使用しますので，別表十六㈡を使用します。

各項目に沿って記載すれば，特に迷うことはないと思います。流れとすれば，償却限度額の計算の基となる期首帳簿価額を「償却額計算の基礎となる金額18」欄で算出します。このとき，過年度から繰り越された償却超過額は，「前期から繰り越した償却超過額15」欄で加算します。それに「定率法の償却率25」欄に記載された償却率を乗じて償却限度額を計算します。

また，車両については，期中に取得し，事業の用に供していますので，次のような割合計算を行って償却限度額を計算します。この場合，事業の用に供した月数が，一月に満たない場合には，一月として計算します。

$$償却限度額 ＝ その事業年度全期間の償却限度額 × \frac{事業の用に供した月数}{その事業年度の月数}$$

記載例では，わかりやすいように「調整前償却額26」欄を2段書きし，上段で算式を記載しています。期中取得の場合には，「事業の用に供した年月5」欄への記載は忘れないように注意してください。

償却限度額を計算して，償却超過額が算出された場合には，別表四で加算（留保）処理し，別表五㈠に転記します。この金額は，**6 1**で説明したとおり，資産の帳簿価額を構成することになります。また，償却不足額が算出された場合には，前期から繰り越されてきた償却超過額があれば，その範囲内で認容額が算出され（設例では別表十六㈡「償却不足によるもの43」欄），別表四で減算（留保）処理します。

　そして，別表十六㈡「差引合計翌期への繰越額45」欄に記載されている金額が，別表五㈠の「差引翌期首利益積立金額④」欄に記載されている金額と一致していることをチェックすれば，別表記載は終了です。

図表8-6　別表記載例

旧定率法又は定率法による減価償却資産の償却額の計算に関する明細書			事業年度 ×・1・1 ×・12・31	法人名				別表十六(二) 令五・四・一以後終了事業年度分
資産区分	種　類	1	車両運搬具	器具備品				
	構　造	2	乗用車	事務機器及び通信機器				
	細　目	3		コンピューター(サーバー)				
	取得年月日	4	×・8・	×-1・1・	・・	・・		
	事業の用に供した年月	5	平成×年8月					
	耐用年数	6	6 年	5 年	年	年	年	
償却額計算の基礎となる額	取得価額又は製作価額	7	外 2,000,000 円	外 600,000 円	外 円	外 円	外 円	
	(7)のうち積立金方式による圧縮記帳の場合の償却額計算の対象となる取得価額に算入しない金額	8						
	差引取得価額 (7)-(8)	9	2,000,000	600,000				
	償却額計算の対象となる期末現在の帳簿記載金額	10	1,000,000	200,000				
	期末現在の積立金の額	11						
	積立金の期中取崩額	12						
	差引帳簿記載金額 (10)-(11)-(12)	13	外△ 1,000,000	外△ 200,000	外△	外△	外△	
	損金に計上した当期償却額	14	1,000,000	100,000				
	前期から繰り越した償却超過額	15	外	60,000	外	外		
	合計 (13)+(14)+(15)	16	2,000,000	360,000				
	前期から繰り越した特別償却不足額又は合併等特別償却不足額	17						
	償却額計算の基礎となる金額 (16)-(17)	18	2,000,000	360,000				
当期分の普通償却限度額等	平成19年3月31日以前取得分	差引取得価額×5% (9)×5/100	19					
		旧定率法の償却率	20					
		(16)>(19)の場合 算出償却額 (18)×(20)	21	円	円	円	円	円
		増加償却額 (21)×割増率	22	( )	( )	( )	( )	( )
		計	23					
		(16)≦(19)の場合 算出償却額 ((19)-1円)×12/60	24					
	平成19年4月1日以後取得分	定率法の償却率	25	0.333	0.400			
		調整前償却額 (18)×(25)	26	666,000×5/12 / 277,500	144,000	円	円	円
		保証率	27	0.09911	0.10800			
		償却保証額 (9)×(27)	28	198,220	64,800	円	円	円
		(26)<(28)の場合 改定取得価額	29					
		改定償却率	30					
		改定償却額 (29)×(30)	31	円	円	円	円	円
		増加償却額 ((26)又は(31))×割増率	32	( )	( )	( )	( )	( )
		計 ((26)又は(31))+(32)	33	277,500	144,000			
	当期分の普通償却限度額 (23)、(24)又は(33)	34	277,500	144,000				
当期分の償却限度額	特別償却 租税特別措置法適用条項	35	条 項	条 項	条 項	条 項	条 項	
	特別償却限度額	36	外 円	外 円	外 円	外 円	外 円	
	前期から繰り越した特別償却不足額又は合併等特別償却不足額	37						
	合計 (34)+(36)+(37)	38	277,500	144,000				
当期償却額		39	1,000,000	100,000				
差引	償却不足額 (38)-(39)	40		44,000				
	償却超過額 (39)-(38)	41	722,500					
償却超過額	前期からの繰越額	42	外	60,000	外	外		
	当期損金認容額 償却不足によるもの	43		44,000				
	積立金取崩しによるもの	44						
	差引合計翌期への繰越額 (41)+(42)-(43)-(44)	45	722,500	16,000				
特別償却不足額	翌期に繰り越すべき特別償却不足額 ((40)-(43))と((36)+(37))のうち少ない金額)	46						
	当期において切り捨てる特別償却不足額又は合併等特別償却不足額	47						
	差引翌期への繰越額 (46)-(47)	48						
	翌期への繰越額の内訳	・・・	49	・・				
		・・・	50	・・				
	当期分不足額	51						
	適格組織再編成により引き継ぐべき合併等特別償却不足額 (((40)-(43))と(36)のうち少ない金額)	52						
備考								

別表五(一)「差引翌期首利益積立金額④」欄と一致

次頁の別表四

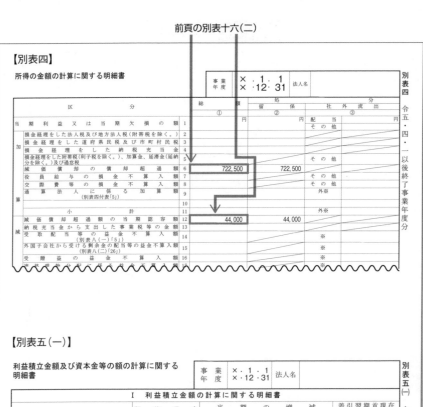

前頁の別表十六(二)

【別表四】

所得の金額の計算に関する明細書

事業年度　×・1・1　×・12・31　法人名

別表四　令五・四・一以後終了事業年度分

区　　分		総　　額 ①	処　　分		
			留　保 ②	社　外　流　出	③
当 期 利 益 又 は 当 期 欠 損 の 額	1	円		円 配　当	円
				その他	
加	損金経理をした法人税及び地方法人税(附帯税を除く。)	2				
	損金経理をした道府県民税及び市町村民税	3				
	損 金 経 理 を し た 納 税 充 当 金	4				
	損金経理をした附帯税(利子税を除く。)、加算金、延滞金(延納分を除く。)及び過怠税	5			その他	
	減 価 償 却 の 償 却 超 過 額	6	722,500	722,500		
	役 員 給 与 の 損 金 不 算 入 額	7			その他	
算	交 際 費 等 の 損 金 不 算 入 額	8			その他	
	通 算 法 人 に 係 る 加 算 額 (別表四付表「5」)	9			外※	
		10				
	小　　　　計	11			外※	
減	減 価 償 却 超 過 額 の 当 期 認 容 額	12	44,000	44,000		
	納 税 充 当 金 か ら 支 出 し た 事 業 税 等 の 金 額	13				
	受 取 配 当 等 の 益 金 不 算 入 額 (別表八(一)「5」)	14			※	
	外国子会社から受ける剰余金の配当等の益金不算入額 (別表八(二)「26」)	15			※	
	受 贈 益 の 益 金 不 算 入 額	16			※	

【別表五(一)】

利益積立金額及び資本金等の額の計算に関する明細書

事業年度　×・1・1　×・12・31　法人名

別表五(一)　令五・四・一以後終了事業年度分

Ⅰ　利益積立金額の計算に関する明細書

区　　分		期 首 現 在 利 益 積 立 金 額 ①	当 期 の 増 減		差引翌期首現在 利 益 積 立 金 額 ①－②＋③ ④
			減 ②	増 ③	
利 益 準 備 金	1	円	円	円	円
積 立 金	2				
	3				
車両運搬具　減価償却超過額	4			722,500	722,500
器具備品　減価償却超過額	5	60,000	44,000		16,000
	6				
	7				
	8				
	9				
	10				
	11				
	12				

190

第8章 8 資本的支出

1 資本的支出の意味

2で，固定資産について，日常の手入れや故障等に対する補修を行いながら，どのくらい事業遂行上の使用に耐え得るかといった，いわばその資産の「寿命」を年数として規定したのが税法上の「耐用年数」であると説明しました。この場合，日常の手入れや故障の修理等でかかった費用は「修繕費」として損金算入されます。しかし，このような修繕とは別に，より強固な材質に変えたり，性能の高い部品を取り付けたりするなど，その資産の寿命を長くしたり，価値を増やしたりする修繕があります。このような修繕にかかった費用に対する支出を，税法では「資本的支出」といい，次のとおり一時の損金とは認めない取扱いをしています。

法人税法施行令第132条（資本的支出）

　　内国法人が，修理，改良その他いずれの名義をもってするかを問わず，その有する固定資産について支出する金額で次に掲げる金額に該当するもの（そのいずれにも該当する場合には，いずれか多い金額）は，その内国法人のその支出する日の属する事業年度の所得の金額の計算上，損金の額に算入しない。

　一　当該支出する金額のうち，その支出により，当該資産の取得の時において当該資産につき通常の管理又は修理をするものとした場合に予測される当該資産の使用可能期間を延長させる部分に対応する金額

　二　当該支出する金額のうち，その支出により，当該資産の取得の時において当該資産につき通常の管理又は修理をするものとした場合に予測されるその支出の時における当該資産の価額を増加させる部分に対応する金額

　上の条文で明らかなことは，通常の管理又は修理に要する費用は，ここでいう資本的支出には該当しないということです。つまり，故障した物を修理する費用や通常の維持管理のための費用は修繕費として一時の損金に算入してよいわけです。この場合，故障したものを修理する費用はわかるとしても，通常の維持管理のための

費用とはどのような費用なのかということについては判断に迷うことが少なくありません。税務調査においてもこの点は，重要な調査項目の一つです。

　法人税基本通達では，資本的支出は，「その固定資産の価値を高め，又は耐久性を増すこととなる部分の支出」であるとして，次の三つを例示しています（法基通7－8－1）。

○　建物の避難階段の取付等物理的に付加した部分に係る費用の額

○　用途変更のための模様替え等改造又は改装に直接要した費用の額

○　機械の部分品を特に品質又は性能の高いものに取り替えた場合のその取替えに要した費用の額のうち通常の取替えに要すると認められる費用を超える部分の金額

　一方，修繕費に含まれる費用について，法人税基本通達では，固定資産の通常の維持管理のため，又は毀損した固定資産につきその現状を回復するために要したと認められる部分の金額として，地盤沈下した場合の地盛り費用であるとか，機械の床上げ費用等といったものが例として示されていますが（法基通7－8－2），あまり実務で役に立つ通達とは言えません。むしろ，次のとおり旧通達（旧昭25直法1－100「235」）の例示が参考になるのではないかと思います。

○　家屋又は壁の塗替

○　家屋の床の毀損部分の取替

○　家屋の畳の表替

○　毀損した瓦の取替

○　毀損したガラスの取替又は障子，襖の張替

○　ベルトの取替

○　自動車のタイヤの取替

　やや古いとはいえ，上の例示をみると，通常の維持管理のための費用とは，通常の使用で劣化した部分の現状回復のための費用であることがわかります。しかし，これでもすべてクリアになったわけではありません。この場合「現状回復」の意味が問題となります。通常，事業の用に供される固定資産であれば経年劣化していくわけですから，たとえば，数十年使用した建物の屋根をすべて新しいものに取り替

えたと言った場合，材質としては以前と変わらなくても，「固定資産の価値を高め，又は耐久性を増す」部分が含まれていると理解すべきであると思われます。この場合，支出額のうち，どの部分が資本的支出なのかということについては，先に掲げた条文によれば次の算式で算出することになっています。

① 使用可能期間を延長させる場合

$$\text{使用可能期間を延長させる部分に対応する金額} = \text{支出金額} \times \frac{\text{支出後の使用可能年数} - \text{支出しなかった場合における通常の残存使用可能年数}}{\text{支出後の使用可能年数}}$$

② 価額を増加させる場合

$$\text{価額を増加させる部分に対応する金額} = \text{支出直後の価額} - \text{通常の管理や修理をしている場合において予測される支出直前の価額}$$

＜①②どちらか多い方の金額が，資本的支出となる。＞

ただ，修繕・改良の支出によりどのくらい使用可能年数が延びたのかといったことや，価額がどのくらい増加したかといったことを客観的に算定することは不可能に近いというのが現実ではないでしょうか。上記算式は理論としてはわかりますが，実行性の乏しいものと言わざるを得ません。

そこで，法人税基本通達では，資本的支出と修繕費との区分けについては次のようにある程度形式的に判断できるようにしています（法基通7－8－3～5）。

1	一つの修繕等のための支出が20万円未満又は概ね3年周期で行われる場合はすべて修繕費とすることができる。
2	一つの修繕等が修繕費か資本的支出か明らかでない金額がある場合には，支出額が60万円未満又は前期末取得価額の10％以下であるときは修繕費とすることができる。
3	一つの修繕等が修繕費か資本的支出か明らかでない金額（1又は2の適用を受けるものを除く）がある場合には，支出額の30％相当額と前期末取得価額の10％とのいずれか少ない金額を修繕費として残額を資本的支出とすることができる（継続適用が要件）。

これらを図にすると**図表8－7**のとおりとなります。

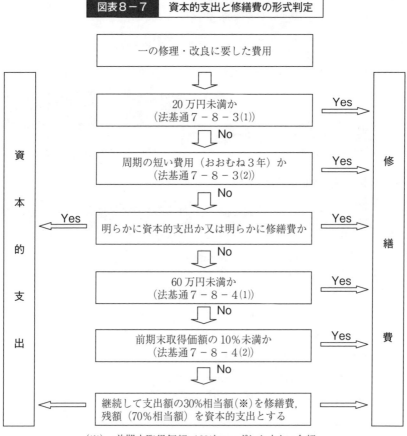

| 図表8－7 | 資本的支出と修繕費の形式判定 |

一の修理・改良に要した費用

20万円未満か
（法基通7－8－3(1)）　Yes →　修

No

周期の短い費用（おおむね3年）か
（法基通7－8－3(2)）　Yes →　繕

No

← Yes　明らかに資本的支出か又は明らかに修繕費か　Yes →

No

60万円未満か
（法基通7－8－4(1)）　Yes →

No

前期末取得価額の10％未満か
（法基通7－8－4(2)）　Yes →　費

No

← 継続して支出額の30％相当額（※）を修繕費，
残額（70％相当額）を資本的支出とする　→

資本的支出

（※）　前期末取得価額×10％とのいずれか少ない金額

（注：災害があった場合の取扱いについては記載省略）

2 資本的支出があった場合の処理

　減価償却資産について，資本的支出があった場合には，原則としてその減価償却資産と種類及び耐用年数が同じ減価償却資産を新たに取得したものとして，償却限度額の計算をします（法令55①）。したがって，同じ減価償却資産について，資本的支出があった場合には，減価償却資産本体と資本的支出部分とは並行して償却計

算が走ることになります。資本的支出を「新たに資産を取得した」とみるわけですから，250％定率法を適用している減価償却資産について，平成24年4月1日以降行った資本的支出については，その資本的支出部分について定率法（200％定率法）により償却限度額の計算をしていくことになります。

このように，原則どおりに処理した場合，減価償却資産の個数は資本的支出を行うたびにどんどん増えていくことになります。そこで，減価償却資産の個数を増やさなくても済むように，次に述べるような特例が認められています。

(1)　平成19年3月31日以前に取得した減価償却資産について資本的支出があった場合

旧定額法及び旧定率法（旧償却方法）を適用する減価償却資産について資本的支出があった場合には，その資産の取得価額に資本的支出の金額を加算した金額を資本的支出後の取得価額として償却限度額の計算をすることができます（法令55②）。この場合の償却方法は旧償却方法をそのまま適用していくことになります。

(2)　定率法を適用している減価償却資産について資本的支出があった場合

定率法を適用している減価償却資産について資本的支出があった場合には，翌期においてその資産（旧減価償却資産）と資本的支出部分の帳簿価額の合計額を取得価額とする一つの減価償却資産を新たに取得したものとして償却限度額の計算ができます（法令55④）。

(3)　同一事業年度内に複数回の資本的支出があった場合

定率法を適用している資産について，同一事業年度内で複数回の資本的支出があった場合には，個々の資本的支出について前記(2)の適用を受けないとき（旧減価償却資産と合算して一つの新たな資産の取得としないとき）は，翌期において，個々の資本的支出が種類及び耐用年数を同じくする資産に係るものである場合，それらの資産の帳簿価額の合計額を取得価額とする一つの減価償却資産を新たに取得したものとして償却限度額の計算をすることができます（法令55⑤）。

第8章 9 特別償却

　租税特別措置法では，様々な政策目的から通常の減価償却に加えて特別償却制度を規定しています。たとえば，青色申告法人で資本金1億円以下の中小企業者（資本金1億円を超える大規模法人に株式を2分の1以上持たれている法人や二つ以上の大規模法人に株式の3分の2以上を持たれている法人等は除きます）が一台160万円以上の機械装置を取得した場合には，通常の減価償却に加えて，取得価額の30％を特別償却として損金の額に算入することができます（措法42の6，措令27の6）。この制度は，中小企業の投資を促すことを目的としている制度です。

　このほかにも，例えば5G導入促進のため高度情報通信技術活用設備を取得した場合に認められる特別償却など，多数の制度があり，ここですべてを紹介するのはとても無理です。実務としても，すべての制度を細かい要件とともに頭に入れておくというのはなかなか大変です。そこで，たとえば，比較的よく出てくるものや税制改正で話題となっている施策は覚えておくとしても，あとは，「ラベルを張った空のフォルダ」を頭の中に入れておき，適用の可能性がありそうな場面に出くわした場合には，随時「フォルダ」を開けて税法に規定している要件などを中に入れていくといった方法が現実的と思われます。

　なお，特別償却に関する別表には，別表十六（一・二）のほか「特別償却の付表」というものがあります。減価償却制度の一環としての位置付けになりますので，通常の償却限度額という枠に加えて，特別償却限度額という枠が与えられるというイメージになります。付表の記載例として，プラスチック製品の製造業を営む資本金5,000万円の中小企業者が（発行済株式総数80,000株，常時使用する従業員数300人，大規模法人の株式保有はない）一台1,000万円の機械装置を取得して事業の用に供した場合の例を**図表8−9**に示しましたので参考にしてください。

図表8－9 | 特別償却等の償却限度額の計算に関する付表

| 特別償却等の償却限度額の計算に関する付表 | | 事業年度 又は連結 事業年度 | ×・4・1 ×× ・3 ・31 | 法人名 | （株）A | | 特別償却の付表 |

（特別償却又は割増償却の名称） 該 当 条 項	1	（中小企業者が取得した機構等の　　　） （特別償却 ）措置法・震災特例法（ （42）条（の 6 ）第（1）項（1）号（ ）	（　　　　　　　　　　　　　　　　）措置法・震災特例法（ ）条（の ）第（ ）項（ ）号（ ）
事 業 の 種 類	2	製造業	
（機械・装置の耐用年数表等の番号） 資 産 の 種 類	3	（ 10 ） プラスチック製品製造業用設備	（ ）
構造、用途、設備の種類又は区分	4		
細 目	5		
取 得 等 年 月 日	6	×・10・1	・ ・
事 業 の 用 に 供 し た 年 月 日 又 は 支 出 年 月 日	7	×・10・1	・ ・
取 得 価 額 又 は 支 出 金 額	8	10,000,000 円	円
対象となる取得価額又は支出金額	9	10,000,000 円	円
普 通 償 却 限 度 額	10	円	円
特別償却率又は割増償却率	11	30/100	/100
特別償却限度額又は割増償却限度額 （(9)－(10)）、（(9)×(11)）又は（(10)×(11)）	12	3,000,000 円	円
償 却 ・ 準 備 金 方 式 の 区 分	13	償 却・ 準 備 金	償 却 ・ 準 備 金
適用要件等	資産の取得価額等の合計額	14	円	円
	区 域 の 名 称 等	15		
	認 定 等 年 月 日	16	・ ・ （ ） ・ ・ （ ）	・ ・ （ ） ・ ・ （ ）
	その他参考となる事項	17		

中 小 企 業 者 又 は 中 小 連 結 法 人 の 判 定

項目	番号	値		順位	大 規 模 法 人	番号	株式数又は 出資金の額
発 行 済 株 式 又 は 出 資 の 総 数 又 は 総 額	18	80,000株	大規模法人等の株式数等の明細				
(18)のうちその有する自己の株式 又は出資の総数又は総額	19	0		1		26	
差 引(18)－(19)	20	80,000株				27	
常 時 使 用 す る 従 業 員 の 数	21	300 人				28	
大規模法人の株式の保有割合	第1順位の株式数又は 出資金の額 (26)	22					29	
	保 有 割 合 (22)/(20)	23	％			30	
	大規模法人の保有する 株式数等の計 (27)	24				31	
	保 有 割 合 (24)/(20)	25	％	計 (26)+(27)+(28)+(29)+(30)+(31)	32	

1 圧縮記帳の意味

圧縮記帳をテーマにして税務上の取扱いを説明しようとするとかなりのボリュームになります。本来ならばひとつの章を使って説明すべき項目かもしれません。ここでは，圧縮記帳が減価償却制度と深く関係していることを理解していただくことを目的としています。したがって，圧縮記帳制度そのものの説明は必要最小限に留めることとします。

たとえば，国から補助金40万円をもらって400万円の電気自動車を購入したとします。これを仕訳であらわすと下記のようになります（自動車の購入に際してかかる税金等の仕訳は捨象します）。

(借) 現	金	40万円	**(貸)** 雑	収	入	40万円
(借) 車 両 運 搬 具		400万円	**(貸)** 現		金	400万円

この仕訳だけでは，もらった補助金は収益に計上されることで法人税の課税対象となります。

しかし，補助金に税金をかけてしまうと，せっかく次世代自動車の普及を促すために国が補助金を交付しているのに税金分だけその効果が減殺されてしまいます。そこで，次の仕訳を一本入れることで実質的に補助金に対して税金がかからないようにします。

(借) 固定資産圧縮損	40万円	**(貸)** 車 両 運 搬 具	40万円

この仕訳をして固定資産の帳簿価額をマイナスすることを「圧縮記帳」といいます。圧縮記帳した後のその固定資産の減価償却は，マイナスした後の帳簿価額（上の例では360万円）を基礎として計算することとされています（法令54③）。

したがって，圧縮記帳をした場合には，その後の減価償却費は，圧縮記帳をしない場合と比べて小さくなります。言い方を変えると，圧縮記帳を行った資産については，その後の減価償却や譲渡を通じて，圧縮記帳によって課税されなかった収益

に対する課税が実現していくことになるわけです。その意味では，圧縮記帳は課税の繰延制度であると言えます。

　上の例は国庫補助金等で取得した資産に係る圧縮記帳（法法42）の例でしたが，よく使用される制度として国内にある土地・建物等で10年以上所有しているものを譲渡して，国内にある他の土地，建物等を取得した場合にも，取得価額のうち譲渡利益に相当する金額の8割を限度として圧縮記帳ができる制度があります。この制度は一般に「特定資産の買換えによる圧縮記帳」と呼ばれています（措法65の7）。この場合，買換資産に土地等がある場合には，譲渡した土地の5倍までの面積に係る土地について圧縮記帳が可能となります。

　なお，長期所有の土地等から他の土地等への買換え，いわゆる4号買換えの場合には，買換資産の土地等が300㎡以上のものとされるとともに，事業活動に活用される建物等（事務所，工場，住宅，駐車場等）の敷地であることが要件となっています（措法65の7①四）。

　制度の趣旨が「土地の有効利用に資する」ということなので，一定の規模以上で事業活動に利用されなければ特例を認めないというわけです。

2　別表の記載

　たとえば，昭和40年に取得した土地（100㎡）及び建物で帳簿価額が合計1,000万円のものを期首に2億円で譲渡したとします。この時に譲渡経費は200万円かかったとします。また，ほぼ同時に土地1億5,000万円（300㎡）と建物8,000万円を取得したとします。この場合の譲渡利益は，2億円−（1,000万円＋200万円）＝1億8,800万円です。したがって，このケースの場合には，その8割である1億5,040万円が圧縮限度額ということになります。

　ただし，この圧縮限度額は土地と建物の合計額なので，土地と建物に割り振る必要があります。買換資産が2以上ある場合には，譲渡資産の対価の額は，ひとつの買換資産の取得価額に達するまでは，その取得に充てられたものとし，次の残額があれば，他の資産の取得価額まで順次充てられたものとして計算します（措通65の7(3)−3）。

　圧縮記帳は固定資産の帳簿価額をマイナスし，その後に減価償却又は譲渡等する

ことでマイナス分が取り戻されていくわけですから，非減価償却資産である土地に
まず割り振って，残りをできるだけ耐用年数の長い資産に割り振るのが一般的には
有利と言えます。

したがって，設例では，まず譲渡対価2億円は土地1億5,000万円に充てられた
ものとし，残額5,000万円を建物に割り振ることになります。なお，圧縮限度額を
計算する場合の算式は次のとおりです。

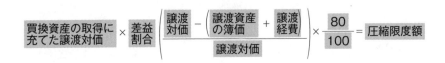

別表は，別表十三㈤（特定資産の買換えにより取得した資産の圧縮額等の損金算
入に関する明細書）使用します。上述の設例を基に記載すると**図表8－10**のとお
りとなります。

なお，買換資産の建物に係る別表十六㈠も掲げました。「取得価額又は製作価額
7」欄が圧縮後の金額となっていることにご注意ください。

図表8－10　特定資産の買換えによる圧縮記帳と減価償却

特定の資産の買換えにより取得した資産の圧縮額等の損金算入に関する明細書　（　4　号該当）	事業年度	×・4・1　××・3・31	法人名	（株）A	別表十三(五) 令五・四・一以後終了事業年度分

譲渡資産の明細

譲渡した資産の種類	1	土地・建物			譲渡の日を含む事業年度	
同上の資産の取得年月日	2	昭40・4・1	・・	・・	・・	
譲渡した資産の所在地	3	東京都○○			計	
譲渡した土地等の面積	4	平方メートル 100	平方メートル	平方メートル	平方メートル	平方メートル 100
譲渡年月日	5	平×・4・1				
対価の額	6	円 200,000,000	円	円	円 200,000,000	
帳簿価額	7	10,000,000			10,000,000	
譲渡に要した経費の額	8	2,000,000			2,000,000	
計　(7)＋(8)	9	12,000,000			12,000,000	
差益割合	10	0.94				

取得資産の明細

取得した買換資産の種類	11	土地	建物			
取得した買換資産の所在地	12	埼玉県○○	埼玉県○○			
取得年月日	13	平×・4・10	平×・4・10	・・	・・	
買換資産の取得価額	14	円 150,000,000	円 80,000,000	円	円	円 230,000,000
事業の用に供した又はする見込みの年月日	15					
(16)の建物、構築物等を実際に事業の用に供した年月日	17	平×・4・1	平×・4・1			
取得した土地等の面積	18	平方メートル 300		平方メートル	平方メートル	平方メートル 300
同上のうち買換えの特例の対象とならない面積	19	0				0
取得価額 (14)×{(18)-(19)}/(18)	20	円 150,000,000	円	円	円	円 150,000,000

帳簿価額の減額等の計算

買換資産の帳簿価額を減額し、又は積立金として積み立てた金額	21	112,800,000	37,600,000			150,400,000
買換資産の取得のため(6の計)又は(6の計)のうち特別勘定残額に対応するものから支出した金額	22	150,000,000	50,000,000			200,000,000
圧縮基礎取得価額 ((14)又は(20))と(22)のうち少ない金額)	23	150,000,000	50,000,000			200,000,000
前期末の取得価額	24					
前期末の帳簿価額	25					
圧縮基礎取得価額 (23)×(25)/(24)	26					
圧縮限度額 ((23)又は(26))×(10)×(10)/100	27					
圧縮限度超過額 (21)-(27)	28	112,800,000	37,600,000			150,400,000
取得価額に算入しない金額 ((21)と(27)のうち少ない金額)又は(((21)と(27)のうち少ない金額)×(29)/(20))	29	0	0			0

対価の額の残額の計算 / 特別勘定を設けた場合

対価の額の合計額 (6の計)	30	円 200,000,000	特別勘定に経理した金額	37	円
同上のうち譲渡の日を含む事業年度において使用した額	31	200,000,000	(32)のうち買換資産の取得に充てようとする金額	38	
特別勘定の対象となり得る金額 (30)-(31)	32	0	繰入限度額 (38)×(10)×(10)/100	39	
特別勘定の金額の計算の基礎となった買換資産の取得に充てようとする金額	33		繰入限度超過額 (37)-(39)	40	
同上のうち前期末までに買換資産の取得に充てた金額	34		当初の特別勘定の金額 (繰入事業年度の(37)-(40))	41	
当期中において買換資産の取得に充てた金額	35		同上のうち前期末までに益金の額に算入した金額	42	
翌期へ繰り越す対価の額の合計額 (33)-(34)-(35)	36		当期中に益金の額に算入すべき金額	43	
			期末特別勘定残額 (41)-(42)-(43)	44	

その他参考となる事項

旧定額法又は定額法による減価償却資産の償却額の計算に関する明細書			事業年度	×・4・10 ×・3・31	法人名	(株)A

資産区分	種類	1	建物				
	構造	2	鉄筋コンクリート				
	細目	3	工場				
	取得年月日	4	×・4・1	・・	・・	・・	・・
	事業の用に供した年月	5	平成×年4月				
	耐用年数	6	38 年	年	年	年	年

取得価額	取得価額又は製作価額	7	外 42,400,000 円	外 円	外 円	外 円	外 円
	(7)のうち積立金方式による圧縮記帳の場合の償却額計算の対象となる取得価額に算入しない金額	8					
	差引取得価額 (7)-(8)	9	42,400,000				

帳簿価額	償却額計算の対象となる期末現在の帳簿記載金額	10	41,255,200				
	期末現在の積立金の額	11					
	積立金の期中取崩額	12					
	差引帳簿記載金額 (10)-(11)-(12)	13	外△ 41,255,200	外△	外△	外△	外△
	損金に計上した当期償却額	14	1,144,800				
	前期から繰り越した償却超過額	15	外	外	外	外	外
	合計 (13)+(14)+(15)	16	42,400,000				

当期分の普通償却限度額等	平成19年3月31日以前取得分	残存価額	17					
		差引取得価額×5% (9)×5/100	18					
		旧定額法の償却額計算の基礎となる金額 (9)-(17)	19					
		旧定額法の償却率	20					
	(16)>(18)の場合	算出償却額 (19)×(20)	21	円	円	円	円	円
		増加償却額 (21)×割増率	22	( )	( )	( )	( )	( )
		計 ((21)+(22))又は((18)-(16))	23					
	(16)≦(18)の場合	算出償却額 ((18)-1円)×60/60	24					
	平成19年4月1日以後取得分	定額法の償却額計算の基礎となる金額 (9)	25	42,400,000				
		定額法の償却率	26	0.027				
		算出償却額 (25)×(26)	27	1,144,800 円	円	円	円	円
		増加償却額 (27)×割増率	28	( )	( )	( )	( )	( )
		計 (27)+(28)	29	1,144,800				

当期分の償却限度額	当期分の普通償却限度額等 (23)、(24)又は(29)	30	1,144,800				
	租税特別措置法適用条項	31	条 項 ( )	条 項 ( )	条 項 ( )	条 項 ( )	条 項 ( )
	特別償却限度額	32	外 円	外 円	外 円	外 円	外 円
	前期から繰り越した特別償却不足額又は合併等特別償却不足額	33					
	合計 (30)+(32)+(33)	34	1,144,800				

当期償却額	35	1,144,800				
差引	償却不足額 (34)-(35)	36	0				
	償却超過額 (35)-(34)	37	0				

償却超過額	前期からの繰越額	38	外	外	外	外	外
	当期損金認容額	償却不足によるもの	39					
		積立金取崩しによるもの	40					
	差引合計翌期への繰越額 (37)+(38)-(39)-(40)	41					

特別償却不足額	翌期に繰り越すべき特別償却不足額 ((36)-(39))と((32)+(33))のうち少ない金額	42					
	当期において切り捨てる特別償却不足額又は合併等特別償却不足額	43					
	差引翌期への繰越額 (42)-(43)	44					
	翌期への繰越額の内訳	・・	45					
		当期分不足額	46					

適格組織再編成により引き継ぐべき合併等特別償却不足額 ((36)-(39))と(32)のうち少ない金額	47					

備考						

第9章

受取配当等の益金不算入

受取配当等の益金不算入規定は，内国法人からの配当がなければ特に適用場面はありません。しかし，この制度は，法人税と所得税との関係を考える上で大変重要な制度であるとともに，組織再編税制やグループ法人税制でも重要な部分で常に顔を出す制度でもあります。したがって，ここで基本をしっかりと身につけることは，今後の実務の発展に大いに役立つものといえます。

1 制度の趣旨

　会社が保有する株式に係る配当金を受領した場合には，営業外収益等に計上していることと思います。法人税法では，他の内国法人からの受取配当金は一定金額を益金の額に算入しないこととされていますので，収益に計上された受取配当金のうち益金不算入となる金額を別表四で減算します。

　この取扱いの根底に流れているのは，「法人は個人の集合体である」という考え方です。つまり，会社に保有されている場合であっても，親会社をさらにたどっていけば，最終的には個人に行きつくことからこの考え方が成り立つわけです。この考え方にたつと，法人税は個人の所得税の前払い的な性格をもっていることになります。

　たとえば，ある個人が法人の株式をもっているとします。その個人がその法人から配当を受けると配当所得として所得税が課されます。ただし，その配当は，法人税が課されたあとの利益からなされているので，法人税を所得税の前払いと考えると，その配当に係る所得税から前払いされた法人税を控除する必要がでてきます。そこで，所得税では，個人が配当を受けた場合には，上述のような二重課税を排除する目的から配当控除という制度により所得税から一定の金額を控除することとされています。

　一方，会社にとっては，必ずしも株主の全部が個人であるとは限りません。会社が他の会社の株主になっている場合もたくさんあります。そうなると，個人が受けた配当金から前払いの法人税を控除しようとすると，その配当金にかぶさっている多段階の法人税をすべて控除する必要がでてきます。しかし，個人が受けた配当に今までどのくらいの法人税がかぶさっていたのか個人サイドで計算することは現実には極めて困難です。

　そこで，法人間の受取配当金については，すべて益金不算入とすることで課税の対象から外すことにより，個人の配当控除で考慮する法人税は，最後の一回だけでよいことにしたわけです（**図表9-1参照**）。

| 図表9−1 | 受取配当等の益金不算入制度の趣旨（イメージ） |

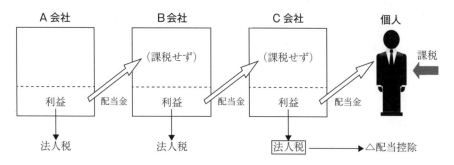

これが，法人税における受取配当の益金不算入制度の趣旨です。

しかし，大企業になればなるほど，個人株主は株式を財産運用手段の一つとして保有する場合が多いでしょうし，理論的には株主が会社を支配するといっても必ずしも経営するわけではありません。また，法人は法的に主体性があり，独立した意思をもって活動しているようにも見えます。したがって，それぞれ別個に担税力を認めて課税していく考え方の方が，特に規模の大きい法人に対しては現実感覚に近いのではないかと思います。

実際，所得税における配当控除制度では，完全に二重課税が排除されるわけではありません。また，これから説明するとおり，法人税においても，法人税独自の立場から，内国法人からの配当を無条件に益金不算入としているわけではありません。この辺りが，受取配当益金不算入制度の理解を難しくしている要因の一つであると考えられます。

2 制度の内容

1 対象となる受取配当等

まず，条文からみていきましょう。

> **法人税法第23条（受取配当等の益金不算入）**
>
> 　内国法人が次に掲げる金額（第一号に掲げる金額にあっては，外国法人若しくは公益法人等又は人格のない社団等から受けるもの及び適格現物分配に係るものを除く。以下この条において「配当等の額」という。）を受けるときは，その配当等の額（関連法人株式等に係る配当等の額にあっては当該配当等の額から当該配当等の額に係る利子の額に相当するものとして政令で定めるところにより計算した金額を控除した金額とし，完全子法人株式等，関連法人株式等及び非支配目的株式等のいずれにも該当しない株式等（株式又は出資をいう。以下この条において同じ。）に係る配当等の額にあっては当該配当等の額の100分の50に相当する金額とし，非支配目的株式等に係る配当等の額にあっては当該配当等の額の100分の20に相当する金額とする。）は，その内国法人の各事業年度の所得の金額の計算上，益金の額に算入しない。
>
> 一　剰余金の配当（株式等に係るものに限るものとし，資本剰余金の額の減少に伴うもの並びに分割型分割によるもの及び株式分配を除く。）若しくは利益の配当（分割型分割によるもの及び株式分配を除く。）又は剰余金の分配（出資に係るものに限る。）の額
>
> 二・三　記載省略
>
> 2　前項の規定は，内国法人がその受ける配当等の額（第24条第１項の規定により，その内国法人が受ける配当等の額とみなされる金額を除く。以下この項において同じ。）の元本である株式等をその配当等の額に係る基準日等（かっこ内記載省略）以前一月以内に取得し，かつ，当該株式等又は当該株式等と銘柄を同じくする株式等を当該基準日等後二月以内に譲渡した場合に

　　おけるその譲渡した株式等のうち政令で定めるものの配当等の額について
　　は，適用しない。

　一～三　記載省略

　3　第一項の規定は，内国法人がその受ける配当等の額（第24条第1項（第5
　　号に係る部分に限る。）の規定により，その内国法人が受ける配当等の額と
　　みなされる金額に限る。以下この項において同じ。）の元本である株式等で
　　その配当等の額の生ずる基因となる同号に掲げる事由が生ずることが予定さ
　　れているものの取得（適格合併又は適格分割型分割による引継ぎを含む。）
　　をした場合におけるその取得をした株式等に係る配当等の額（その予定され
　　ていた事由（第61条の2第17項（有価証券の譲渡益又は譲渡損の益金又は損
　　金算入）の規定の適用があるものを除く。）に基因するものとして政令で定
　　めるものに限る。）については，適用しない。

　4～8　記載省略

　上の条文の網かけ部分を読むと，受取配当等の益金不算入制度の対象となる受取
配当について次のような取扱いになっていることがわかります。

①	制度の対象となるのは，原則として内国法人からの剰余金の配当等である（第1項）
②	いわゆる短期所有株式等に係る配当等は対象とはされない（第2項）
③	みなし配当も制度の対象となるが，自己株式の取得が予定されている株式の取得によって生じたみなし配当は制度の対象とはされない（第3項）

　以下，それぞれについて説明します。

(1)　内国法人からの剰余金の配当等

　受取配当等の益金不算入の対象となる配当については，まず，法人税法23条1項
のかっこ書き（下線部分）に留意する必要があります。すなわち，この制度の対象
となる配当等は，内国法人からの配当等であり，外国法人からの配当等は対象とは
なりません。これは①で既述したとおり，この制度がわが国における所得税と法

人税との二重課税の調整を目的としているためです。なお，平成21年度の税制改正で外国子会社から受ける配当等の益金不算入制度が導入されました（法法23の２）が，これは，法人課税における国際的な二重課税の排除といった観点から理解する制度であり，今回説明する制度とは関係ありません。

また，公益法人や人格のない社団等から受ける配当については，これらの団体は剰余金を配当するということを基本的に予定していないという理由から制度の対象から除かれています。適格現物分配についても，組織再編税制の一環として別途規定されています（法法62の５）のでこの規定からは除外されています。

第１号に規定する剰余金の配当とは，株式会社及び協同組合等の剰余金の配当を示す用語です。したがって，条文柱書きで株式等の意味を「株式又は出資」としていますが，この「出資」とは協同組合等に対する出資を指しています。配当を出資に係るものに限定していることで，協同組合等の事業分量配当（事業の分量に応じて組合員に配当する割戻しのようなもの）等はこの制度の対象とはならないことがわかります。

剰余金の配当から資本剰余金の額の減少に伴うものや分割型分割及び株式分配によるものを除いているのは，別途，みなし配当（法法24①三）の取扱いとして整理されているためです。

なお，１号で規定する「利益の配当」とは，主に持分会社（合名会社や合資会社など）の配当を指し，「剰余金の分配」とは，主に相互会社の配当を指します。

また，特定投資信託（いわゆるＥＴＦ）の収益の分配の額については，**2** で説明する非支配目的株式等として益金不算入の対象とされています（措法67の６）。

(2) 短期所有株式等

短期所有株式とは，配当の支払いに係る基準日以前１カ月以内に取得して，基準日後２カ月以内に譲渡した場合の株式をいいます。配当の支払いに係る基準日とは，配当金の算出に関する期日であり，その日に所有している株主に対して配当金が支払われることになります。期末配当を念頭に置くと通常は決算期末日が基準日となります。

株式投資をしている人はよくご存じのことと思いますが，基準日（株式の受渡し期間があるため正確にはその数日前）までの株価は，配当含みの金額となりますが，基準日を過ぎた株式は，購入しても配当金が得られないためその分株価は下がりま

す（いわゆる権利落ち）。したがって，基準日以前1カ月以内に取得して，基準日後2カ月以内に譲渡するということは，配当含みで購入して，権利落ち後に売却するわけですから，理論的には，配当金に相当する分の売却損がでることになります（**図表9－2**参照）。

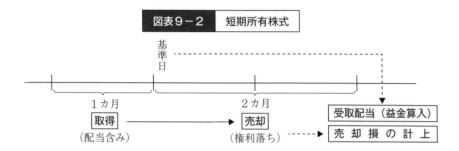

一方，基準日にはその株式を保有していたわけですから，その株式に係る配当金を受領します。そうすると，売却損と受取配当の益金不算入という二重の損を受けることになり，法人税の立場からは都合が悪いので，このような短期所有株式は受取配当の益金不算入制度の対象とはしないことにしています。

⑶　**自己株式の取得が予定されている株式の取得によって生じたみなし配当**

みなし配当の取扱いを理解することは，法人税法全体を理解する上で大変重要なのですが，ここでは自己株式の取得に限定してごく簡単に説明します。

自己株式の取得とは，自社が発行した株式を自ら取得することをいいます。税務上は，単なる有価証券の取得ではなく，株主への払戻しと考えます。つまり，株式を発行して資本を調達したのですから，その株式を自ら取得するということは，その株式を持っていた者に払い戻すのと同様の効果があるわけです。そして，払い戻した金額のうち資本金等の額を超える部分，すなわち，利益のたまりから支出した部分は配当として取り扱われます（**図表9－3**参照）。この配当は，法人税法で規定するみなし配当の一つです（法法24①五参照）。

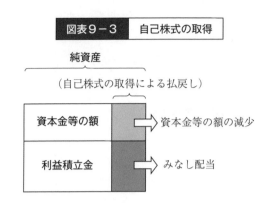

図表9−3　自己株式の取得

純資産

（自己株式の取得による払戻し）

| 資本金等の額 | → | 資本金等の額の減少 |
| 利益積立金 | → | みなし配当 |

一方，譲渡した側の処理はどうなるのでしょうか。

たとえば，簿価80の株式をその株式の発行法人に100で譲渡した場合には，会計上は，

| （借）現　　　　　金 | 100 | （貸）有　価　証　券 | 80 |
| | | 譲　　渡　　益 | 20 |

という仕訳になるはずです。有価証券の簿価よりも受領した対価が大きければ譲渡益が計上されますし，有価証券の簿価よりも受領した対価が小さければ譲渡損が計上されます。

ところが，税務上は，上述したとおり受領した対価のうち，みなし配当とされる場面が生じる場合があります。上記の例で，もし，みなし配当30が生じている場合には，譲渡した側の税務処理は，

| （借）現　　　　　金 | 100 | （貸）有　価　証　券 | 80 |
| 譲　　渡　　損 | 10 | 受　取　配　当 | 30 |

ということになります。つまり，受取配当という収益が加わったことで，その分，譲渡益が減じられるか，あるいは譲渡損が増えるということになるわけです。これは，見方をかえると，みなし配当が生じるような株式を発行法人に譲渡することで，課税所得計算上，譲渡損が増える（譲渡益が減る）ことに加えて，受取配当には課税されない（益金不算入となる）といった一種の「うまみ」が生じることになります（理論的にはべつに「うまみ」ではないのですが…）。

　そこで，本題に入りますが，この「自己株式の取得が予定されている株式の取得」とは，上記の「うまみ」をねらって，株式の発行法人に株式を譲渡することを予定して他からその株式を取得することを言います（**図表9－4**）。この場合には，譲渡対価のうち，受取配当となる部分，つまり，みなし配当については，受取配当の益金不算入は適用されず，その全額が益金の額に算入されます。これにより，課税所得を減少させることを目的とした租税回避的な行為を防ぐことになるわけです。

図表9－4	自己株式の取得が予定されている株式の取得によって生じたみなし配当

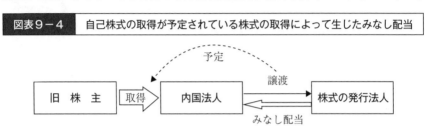

　ただし，100％子会社の株式をその子会社に譲渡する場合のように，完全支配関係にある法人間の取引についてはこの取扱いはありません。その場合には，譲渡損益を資本金等の額で調整することで譲渡損益を発生させない方法が採られています（法法61の2⑰）。

② 益金不算入額

　もう一度，① で紹介した条文の第1 項を見てみましょう。今度は，下線部分にご注目ください。

> **法人税法第23条（受取配当等の益金不算入）第1項**
> 　内国法人が次に掲げる金額（第一号に掲げる金額にあっては，外国法人若しくは公益法人等又は人格のない社団等から受けるもの及び適格現物分配に係るものを除く。以下この条において「配当等の額」という。）を受けるときは，その配当等の額（<u>関連法人株式等に係る配当等の額にあっては当該配当等の額から当該配当等の額に係る利子の額に相当するものとして政令で定めるところにより計算した金額を控除した金額とし，完全子法人株式等，関連法人株式等及び非支配目的株式等のいずれにも該当しない株式等（株式又</u>

上の条文の下線部分を簡単に要約すると次のようになります。

配当等の種類	益金不算入額
①　完全子法人株式等に係る配当等	その配当等の額の全額
②　関連法人株式等に係る配当等	その配当等の額から利子に相当する金額を控除した残額
③　①、②及び④以外の株式等に係る配当	その配当等の額の50％相当額
④　非支配目的株式等に係る配当等	その配当等の額の20％相当額

　　完全子法人株式等とは，配当等の額の計算期間を通じて100％保有している関
係（完全支配関係）にある場合の株式等をいいます。「配当等の額の計算期間」と
は，前回配当の基準日の翌日から今回配当の基準日までの期間をいいます（法令22
の2②）。3月決算法人の場合，年1回期末配当を行っている法人であれば，前回
配当の基準日は1年前の3月31日，今回配当の基準日は当期末の3月31日であるの
が普通です。この場合には，当期首である4月1日から当期末の3月31日の期間が
ここでいう配当等の計算期間ということになります。

　関連法人株式等とは，内国法人と当該内国法人との間に完全支配関係がある他の
内国法人が配当等の額の計算期間を通じて3分の1超を保有している関係にある場
合の株式等（完全子法人株式等を除く。）をいいます。配当等の額の計算期間の考
え方は，基本的には完全子法人株式と同様ですが，前回配当の基準日の翌日が，今
回配当の基準日から起算して6か月前の日以前である場合には，その6か月前の日
の翌日から今回配当の基準日までの期間が配当等の額の計算期間となります（法

令22の3②)。したがって，上の例では，9月30日が6か月前の日になりますから，その翌日である10月1日から当期末の3月31日までの期間，継続して3分の1超を保有しているかどうかが判断基準となります。

　非支配目的株式等とは，配当の基準日時点において，内国法人と当該内国法人との間に完全支配関係にある他の内国法人の保有割合が5％以下である場合の株式等をいいます。基準日時点での判定ですから，基準日に合わせて意図的に保有割合を調整することも可能となりますので，いわゆる短期保有株式等に該当するものがある場合には，これを除いて判定することとされています（法令22の3②)。

　完全子法人株式，関連法人株式及び非支配目的株式のいずれにも該当しない株式等はその他株式等といいます。結果として，配当等の基準日時点で5％超を保有し，かつ，配当等の額の計算期間を通じて3分の1超は保有していないような株式等ということができます。

　完全子法人株式等に係る配当等の額について全額が益金不算入となるのは，100％グループ間の資産の移転には課税関係を生じさせないという，いわゆるグループ法人税制の一環としての取り扱いとなります。また，非支配目的株式等に係る配当等について，20％しか益金算入を認めないのは，投資目的で保有している株式についてまで，配当等に係る所得税と法人税との二重課税の調整を厳格に行う必要はないと考えたからです。

　なお，完全子法人株式等及び配当の基準日において内国法人が直接に3分の1超を保有する株式等からの配当で令和5年10月1日以後に支払をうけるべきものについては，源泉徴収が不要となっていますのでご注意ください。

❸　関連法人株式等に係る配当等から控除する利子の額の計算

　❷で示した条文では，受取配当等の益金不算入額の計算においては，関連法人株式等に係る配当等の額から，利子の額を控除することとされています。これはなぜでしょうか。

　もともと法人税は収益から費用を差し引いた利益を基に所得を計算するので，本来は受取配当という収益から費用を差し引いた利益部分を益金不算入にすれば二重課税の調整が図られるはずです。仮に，銀行からお金を借りて株式を取得した場合，

その株式に係る受取配当金をそのまま益金不算入にすると，銀行に支払う利子は事実上他の所得から差し引かれることになってしまいます。そこで，このような利子は，経費として受取配当から控除することにしたわけです。

　しかし，現実には，借入金と株式の取得がひも付きになっていることはめったにありません。そこで，法人税法では利子の額を次のように計算することとしています（法令22）。

　なお，完全子法人株式については，グループ法人税制の一環として，また，非支配目的株式等やその他株式等については，計算が煩雑になることを避けるため，利子の額の控除は行わないこととされています。

【関連法人株式等に係る配当等の額から控除する利子の額の計算】

○　関連法人株式等に係る配当等の額の4％相当額とする。

○　その事業年度に係る支払利子の額の合計額の10％相当額が，関連法人株式等に係る配当等の額の合計額の4％相当額以下である場合には，次の算式により計算した金額を関連法人株式等に係る配当等の額から控除すべき利子の額とする。

$$\text{その適用事業年度に係る支払利子等の額の合計額の10％相当額} \times \frac{\text{その配当等の額}}{\text{その事業年度において受ける関連法人株式等に係る配当等の額の合計額}}$$

　上の取扱いをみてわかるとおり，関連法人株式等の取得のための借入金の利子の額を算定しているわけではなく，配当等の額の4％相当額という概算値をもって一律に控除することとされています。これは，制度の簡素化がその背景にあります。また，支払利子の額が少ない法人があることを踏まえ，その事業年度のおいて支払う利子の額の10％相当額を控除額の上限とされています。

| 第9章 | **3** | 別表の記載 |

設例

1　A㈱が当期（X2年3月期）に受領した配当金に関する情報は以下のとおりである。

甲株式会社からの配当金　1,500,000円

乙株式会社からの配当金　　200,000円

丙株式会社からの配当金　　100,000円

2　1で掲げた株式の保有状況は次のとおりである。なお，保有割合は，ここ数年間変化はない。

銘柄	配当等の計算期間	基準日	保有割合
甲株式	X年4月1日〜X1年3月31日	X1年3月31日	50%
乙株式	X年10月1日〜X1年9月30日	X1年9月30日	10%
丙株式	X年4月1日〜X1年3月31日	X1年3月31日	1%

3　支払利子の状況

当期中の支払利子は400,000円ですべて銀行からの借入金に対する利子である。

受取配当等の益金不算入に関する明細書

| 事業年度 | ×1・4・1 ×2・3・31 | 法人名 | A（株） |

別表八(一)　令五・四・一以後終了事業年度分

完全子法人株式等に係る受取配当等の額（9の計）	1	円	非支配目的株式等に係る受取配当等の額（33の計）	4	100,000
関連法人株式等に係る受取配当等の額（16の計）	2	1,500,000	受取配当等の益金不算入額 (1)+((2)-(20の計))+(3)×50%+(4)×(20%又は40%)	5	1,580,000
その他株式等に係る受取配当等の額（26の計）	3	200,000			

受取配当等の額の明細

完全子法人株式等
法人名	6		計
本店の所在地	7		
受取配当等の額の計算期間	8	・・　・・	
受取配当等の額	9	円	円

関連法人株式等
法人名	10	甲（株）	計
本店の所在地	11	××	
受取配当等の額の計算期間	12	×・4・1 ×1・3・31	
保有割合	13	50%	
受取配当等の額	14	1,500,000 円	150,000
同上のうち益金の額に算入される金額	15	0	0
益金不算入の対象となる金額 (14)-(15)	16	1,500,000	150,000
(34)が「不適用」の場合又は別表八(一)付表「13」が「非該当」の場合 (16)×0.04	17		
同上以外の場合 (16)/(16の計)	18	1	1
支払利子等の10%相当額 (((38)×0.1)又は(別表八(一)付表「14」))×(18)	19	40,000 円	40,000
受取配当等の額から控除する支払利子等の額 (17)又は(19)	20	40,000	40,000

その他株式等
法人名	21	乙（株）	計
本店の所在地	22	××	
保有割合	23	10%	
受取配当等の額	24	200,000 円	200,000
同上のうち益金の額に算入される金額	25	0	0
益金不算入の対象となる金額 (24)-(25)	26	200,000	200,000

非支配目的株式等
法人名又は銘柄	27	丙（株）	計
本店の所在地	28	××	
基準日等	29	×1・3・31	
保有割合	30	1%	
受取配当等の額	31	100,000 円	100,000
同上のうち益金の額に算入される金額	32	0	0
益金不算入の対象となる金額 (31)-(32)	33	100,000	100,000

支払利子等の額の明細

令第19条第2項の規定による支払利子控除額の計算	34	適用・不適用
当期に支払う利子等の額	35	400,000 円
国外支配株主等に係る負債の利子等の損金不算入額、対象純支払利子等の損金不算入額又は恒久的施設に帰せられるべき資本に対応する負債の利子の損金不算入額（別表十七(一)「35」と別表十七(二の二)「29」のうち多い金額)又は((別表十七(二の二)「34」と別表十七(二の二)「17」のうち多い金額)	36	0
超過利子額の損金算入額（別表十七(二の三)「10」）	37	0
支払利子等の額の合計額 (35)-(36)+(37)	38	400,000

次頁の別表四

前頁の別表八㈠

| 所得の金額の計算に関する明細書（簡易様式） | | 事業年度 | ○○ 4 ○○ 3 | 法人名 | A（株） | 別表四（簡易様式）令五・四・一以後終了事業年度分 |

区　　　分		総　額 ①	処　　　分		
			留　保 ②	社外流出 ③	
当期利益又は当期欠損の額	1	円	円	配当	円
				その他	
加算	損金経理をした法人税及び地方法人税（附帯税を除く。）	2			
	損金経理をした道府県民税及び市町村民税	3			
	損金経理をした納税充当金	4			
	損金経理をした附帯税（利子税を除く。）、加算金、延滞金（延納分を除く。）及び過怠税	5			その他
	減価償却の償却超過額	6			
	役員給与の損金不算入額	7			その他
	交際費等の損金不算入額	8			その他
	通算法人に係る加算額（別表四付表「5」）	9			外※
		10			
	小　　計	11			外※
減算	減価償却超過額の当期認容額	12			
	納税充当金から支出した事業税等の金額	13			
	受取配当等の益金不算入額（別表八「5」）	14	1,580,000		※ 1,580,000
	外国子会社から受ける剰余金の配当等の益金不算入額（別表八（二）「26」）	15			※
	受贈益の益金不算入額	16			※
	適格現物分配に係る益金不算入額	17			※
	法人税等の中間納付額及び過誤納に係る還付金額	18			
	所得税額等及び欠損金の繰戻しによる還付金額等	19			※
	通算法人に係る減算額（別表四付表「10」）	20			※
		21			
	小　　計	22			外※
仮 計 (1)+(11)-(22)	23			外※	
対象純支払利子等の損金不算入額（別表十七（二の二）「29」又は「34」）	24			その他	
超過利子額の損金算入額（別表十七（二の三）「10」）	25	△		※	△
仮 計 (23)から(25)までの計	26			外※	
寄附金の損金不算入額（別表十四（二）「24」又は「40」）	27			その他	
法人税額から控除される所得税額（別表六（一）「6の③」）	29			その他	
税額控除の対象となる外国法人税の額（別表六（二の二）「7」）	30			その他	
分配時調整外国税相当額及び外国関係会社等に係る控除対象所得税額等相当額（別表六（五の二）「5の②」）+（別表十七（三の六）「1」）	31			その他	
合 計 (26)+(27)+(29)+(30)+(31)	34			外※	
中間申告における繰戻しによる還付に係る災害損失欠損金額の益金算入額	37			※	
非適格合併又は残余財産の全部分配等による移転資産等の譲渡利益額又は譲渡損失額	38			※	
差 引 計 (34)+(37)+(38)	39			外※	
更生欠損金又は民事再生等評価換えが行われる場合の再生等欠損金の損金算入額（別表七（三）「9」又は「21」）	40	△		※	△
通算対象欠損金額の損金算入額又は通算対象所得金額の益金算入額（別表七の二「5」又は「11」）	41			※	
差 引 計 (39)+(40)±(41)	43			外※	
欠損金等の当期控除額（別表七（一）「4の計」）+（別表七（四）「10」）	44	△		※	△
総 計 (43)+(44)	45			外※	
残余財産の確定の日の属する事業年度に係る事業税及び特別法人事業税の損金算入額	51	△	△		
所得金額又は欠損金額	52			外※	

㈱

記載の仕方としては，特に難しいものはありません。まずは，受取配当金が完全子法人株式等，関連法人株式等，非支配目的株式等，その他株式等のいずれの株式からなされた配当なのかを区分けすることから始まります。この場合，**2**の**2**で記載したとおり，完全子法人株式等であれば，配当等の額の計算期間において100％継続して保有していたか，関連法人株式等であれば，前回配当の基準日の翌日が今回配当の基準日から起算して６か月前の日以前である場合には，今回配当の基準日の６か月前から継続して３分の１超を保有していたかといった点を確認することが重要です。別表では，配当等の計算期間を記載することになっていますので，省略することなくきちんと記載することで誤りをなくすことができます。

　また，関連法人株式等からの配当等がある場合には，支払利子に相当する金額を控除しますが，その事業年度に係る支払利子の額の合計額の10％相当額が，関連法人株式等に係る配当等の額の合計額の４％相当額を上回っているのであれば，当該４％相当額を配当等の額から控除することになりますので，「令第19条第２項の規定による支払利子控除額の計算34」欄は「不適用」となり，「35」欄から「38」欄までの各欄は空欄となります。

　設例では，配当等である1,500,000円の４％は60,000円となり，その事業年度に係る支払利子の額の合計額400,000円の10％相当額である40,000円を上回っているので，当該10％相当額が控除額の上限となります。

第10章

所得税額控除

　これまで説明してきた所得金額の計算ができれば，あとはそれに法人税率を乗じれば法人税額が算出されます。しかし，実務はそこで終わるわけではなく，そこからさらに税額控除という手続があります。

　税額控除には，下記のものがあります。

①　法人が受け取る利子・配当に対して源泉徴収された所得税の控除（所得税額控除）

②　海外から受け取った利子，配当，及び使用料に対して海外で課された源泉税や海外支店の所得に対して課された外国所得税に対する外国税額の控除（外国税額控除）

③　租税特別措置法により一定の政策目的から認められている税額控除

④　仮装経理に基づく過大申告の場合の更正に伴う法人税額の控除

　①及び②は二重課税の排除を目的としているもの，③及び④は政策的な目的から設けられているものです。

　本章では，二重課税の排除を目的としている制度として，ほぼ全ての会社に関係する所得税額控除について説明します。

1　所得税額控除の趣旨

　会社が，預金の利子や配当を受け取る際には，所得税の源泉徴収が行われています。普通預金の利子については，通常2月と8月にわずかな金額が入っていますが，あの金額は，15.315%（所得税及び復興特別所得税）の源泉徴収が行われた後の金額です。公社債の利子も同様に15.315%の源泉徴収が行われています。

　また，配当については，上場株式等の配当は15.315%，非上場株式等の配当は20.42%の源泉徴収が行われています。

　これらの税金は，法人の利子や配当に係る所得に対するものですが，根拠となる法律は法人税法ではなく所得税法です（復興特別所得税については後述します）。この辺りが少しわかりにくいかもしれません。これは，給与所得に代表されるように，所得税が広く源泉徴収制度を採用しているので，法人に対して支払われる利子・配当についても個人と合わせて徴収してしまおうという「徴収確保」の見地から，支払者に源泉徴収義務を課しているものです。もっとも，支払先が個人か法人かで源泉徴収をしたりしなかったりするのは支払側も大変なので，この措置は現実的ともいえます。

　しかし，当たり前ですが，法人の所得に課されるべき税金は法人税です。したがって，法人が負担したこれらの源泉所得税は，法人税を前払いしたものとして法人税の確定税額から控除することとされています。もし，法人税額よりも源泉徴収された所得税額の方が大きい場合には，その差額が還付されることになります。これが所得税額控除の趣旨です。

2　所得税額控除の取扱い

所得税額控除に関する取扱いで留意すべきポイントは次の三つです。

①	法人税額から控除する所得税額は損金不算入となること
②	株式の配当等に対する所得税は，元本の所有期間に応じた所得税が控除の対象となること
③	元本の所有期間に応じた所得税の計算には個別法と簡便法の二つがあること

以下，それぞれについて説明します。

1　控除対象となる所得税の損金不算入

　利子や配当に課された源泉所得税は，法人にとっては，コスト以外の何物でもないので，当然負担すれば費用計上されるものです。しかし，法人税額から控除する所得税額を損金のままにしておくと，所得金額からマイナスするのと法人税額からマイナスするのとで法人は二重の損を享受できることになってしまいます。そこで，法人税額から控除する所得税額については，これを損金不算入としています（法法40，**第3章**参照）。

　ただし，源泉所得税は，かならず法人税額から控除しなくてはいけないというものではありません。条文でも，「法人税額から控除する場合には，その所得税相当額は損金の額に算入しない」としているだけです。したがって，所得税額控除を適用しない場合には，その所得税額は損金の額に算入されます。また，源泉所得税のうち一部を所得税額控除の対象とし，他を損金算入するということも可能です。

　しかし，所得税額を損金算入するよりも法人税額から所得税相当額を控除する方が，納税者にとって有利であることは明らかです。

② 株式等の配当に係る所得税控除額の取扱い

配当等に係る所得税については，全額が控除の対象となるのではなく，元本である株式の所有期間に応じた所得税が控除の対象とされています（法令140の2①②）。

これは，例えば，個人が配当の支払いを受ける直前に法人に株式を売却すると，個人側では株式の譲渡所得として低い税負担となる一方，株式を取得した法人側では，配当を受けた後直ちにその株式を譲渡してしまえば，所得はほとんど零で，所得税だけが全額控除されることになります。このような税制上の抜け穴を塞ぐために，所有期間に応じた所得税額を控除の対象としたわけです。

なお，平成28年1月1日以後に支払を受ける公社債等の利子については，所有期間按分方式が廃止され，全額を控除することとされています（平成25.5改正法令附則②）。公社債の利子等については，上述したような個人の取引を介した租税回避の問題はないというのがその趣旨のようです。

③ 元本の所有期間に応じた所得税の計算

元本の所有期間に応じた所得税の計算で，特に注意すべきポイントは，「元本の所有期間」とは，法人の事業年度中に所有していた期間ではなく，配当等の計算期間中に所有していた期間であるという点です。この点さえ注意すれば，後は技術上の問題だけです。

具体的には，「個別法」と「簡便法」という二つの計算方法があり，有利な方を選択適用することになります。

(1) 個別法

個別法とは，利子，配当等の元本の銘柄ごとに次のように計算する方法をいいます（法令140の2②）。

$$
\begin{array}{c}
\text{控除の対象と} \\
\text{なる所得税額}
\end{array}
=
\begin{array}{c}
\text{配当等の所} \\
\text{得税の額}
\end{array}
\times
\dfrac{\text{分母の期間のうちその元本を所有していた期間の月数}}{\text{配当等の計算の基礎となった期間の月数}}
$$

(注) 小数点第3位は切り上げる

222

　上の算式で，「利子配当等の計算の基礎となった期間の月数」とは，元本が株式の場合には，前回の配当の基準日の翌日から今回の配当の基準日までの期間の月数をいいます。通常，年一回期末配当だけという会社であれば12カ月，中間配当があれば6カ月となります。上場会社であれば，株主総会の招集通知の資料に配当に関する事項が記載されていますので，そこを見れば基準日がわかりますし，中間配当があったかどうかということであれば会社のホームページや株式の専門誌等をみればすぐにわかります。

　また，集団投資信託（公社債投資信託等は除きます）の決算分配金の場合には，分配金の計算期間の月数を「利子配当等の計算の基礎となった期間の月数」として計算します（法基通16－2－8）。決算期等については運用報告書で確認することができます。なお，信託の一部解約に係る収益の分配については，信託の開始の日からその解約の日までの期間の月数となり，信託の終了による収益の分配については，信託の開始の日から終了の日までの期間の月数となります（同通達）。

(2)　簡　便　法

　簡便法は，次図のとおり，元本を2区分に分け，さらに，利子配当等の計算期間が1年以内か1年超かで分類し，それぞれについて，銘柄ごとに計算する方法です（法令140の2③）。

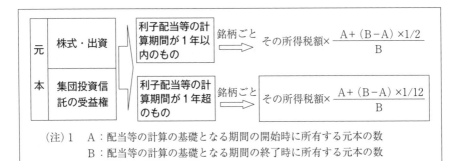

　上の計算式では，まず，利子配当等の計算期間の開始時よりも終了時の方が元本が少ない場合には所得金額の全額が控除できます（上図の（注）3参照）。

　次に，利子配当等の計算期間が1年以内のものについては，計算期間の終了時点

までの増加部分の元本数に2分の1を乗じています。これは，利子配当等の計算期間中に均等に増加した（又は計算期間のまん中で増加した）として計算していることになります。

さらに，利子配当等の計算期間が1年超のものについては，計算期間の終了時点までの増加部分に12分の1を乗じています。これは，投資信託の解約に係る収益に対する源泉所得税の控除からその理由が説明されています。つまり，信託の解約請求権は証券会社等にのみ与えられていますので，投資家から一部解約請求（買取請求）があった場合には，証券会社等が受益権を取得して信託の一部解約をすることになります。そうすると，解約に伴う収益の分配は証券会社に帰属し，その分配金に課される所得税は証券会社等の法人税から控除されることになります。証券会社等がその受益権を保有する期間は通常かなり短いということで12分の1という決めを置いたということです（昭和47年度「改正税法のすべて」参照）。

これらの計算式から，同一銘柄の売買を繰り返しているような場合には，「簡便法」の方が文字どおり簡便であることがわかります。逆に，長期にわたり元本が動かないという状況であれば，「簡便法」をあえて行う意味はありませんが，元本を追加取得した場合にはどちらが有利か計算してみる必要があります。一般的には，上記の計算式からすると，所有期間が配当等の計算期間の2分の1以上所有しているのであれば個別法の方が有利となるケースが多いものと思われます。

なお，「簡便法」と「個別法」は，元本の区分（株式等及び集団投資信託）ごとに選択が可能ですが，簡便法を選択した区分に属する元本についてはすべて簡便法を用いる必要があります。

4 復興特別所得税について

平成23年度の税制改正では，「東日本大震災からの復興のための施策を実施するために必要な財源の確保に関する特別措置法」（平成23年12月2日公布，以下「復興財源確保法」といいます。）により，復興特別法人税と復興特別所得税が創設されました。

このうち，復興特別法人税は，法人の各事業年度の所得の金額に対する法人税の額に10%の税率を乗じたものを法人税と同じ時期に申告・納付するという税金でし

たが，既に終了しています（３月決算法人では，平成25年３月期と平成26年３月期
の２期のみ課税）。

　一方，復興特別所得税は，所得税額の2.1％を付加的に課される税金です。課税
期間は，平成25（2013）年から令和19（2037）年までの25年間ということですから，
かなり長期にわたって課税が行われることになります。

　また，復興特別所得税は，源泉徴収義務者についても，平成25年１月１日から令
和19年12月31日までの間に生ずる所得について，源泉所得税を徴収する場合には，
復興特別所得税を併せて源泉徴収しなければならないこととされています（復興財
源確保法28）。

　したがって，平成25年１月１日以後支払われる利子，配当等については，従来
の源泉所得税に2.1％を上乗せした金額を源泉徴収することになります。もともと
の源泉所得税の率に2.1％相当分を上乗せした税率は次の表のとおりとなりますが，
実務上は，この率を乗じて源泉所得税額を算出し，源泉徴収することになります。
所得税と復興特別所得税を別々に計算して，それぞれ端数を切り捨てることはしま
せん（復興財源確保法31①）。

区　　　分	従来の税率	2.1％を上乗せした税率
預金や社債の利子・上場株式等の配当	15％	15.315％
非上場株式等の配当	20％	20.42％

５　復興特別所得税の控除・還付

　法人が各事業年度において，利子及び配当等につき課される復興特別所得税の額
は，その各事業年度において利子等又は配当等につき課される所得税の額とみなす
こととされています（復興財源確保法33①②，復興財源確保法令13）。したがって，
２ 及び ３ で説明した取扱いの所得税額に源泉徴収された復興特別所得税額を合
わせて，法人税の額から控除することになります。この場合，控除しきれなかった
金額がある場合には，その金額は還付されます。つまり，実務上は，復興特別所得
税を意識することなく，源泉徴収された金額をそのまま所得税額控除の取扱いに乗
せればよいということになります。

3 別表の記載

設例

当社は資本金8,000万円の中小法人である。

当期（○.4.1～○○.3.31）の所得税の納付状況は次のとおりである。,

(単位：円)

銘　柄　等	配 当 等 の計算期末元本数	利子・配当等 の 収 入	所得税額	配当等の計算期間	左のうち所有期間
A株式（上場）	2,000株	300,000	45,945	12か月	7か月
B株式（上場）	3,000株	600,000	91,890	12か月	2か月
C株式（非上場）	50,000株	500,000	102,100	12か月	12か月
D証券投資信託	3,000,000	240,000	36,756	12か月	9か月
E社債	5,000,000	750,000	114,862	－	－
普通預金	－	60,000	9,189	－	－

(注)　当期の別表四の「仮計23」欄は1,000万円であり，当期に納付した中間申告分の法人税額が60万円及び中間申告分の地方法人税額は61,800円である（いずれも納税充当金を取り崩して納付，他に申告調整項目はない）。

まず，上記の設例で配当等の計算期間中に取得しているのは，A株式，B株式及びD証券投資信託です。そこで，これらの株式及び投資信託について，個別法と簡便法で比較してみます。

○個別法

【A株式】

$$45,945 \times \frac{7}{12} = 26,801 \cdots\cdots ①$$

【B株式】

$$91,890 \times \frac{2}{12} = 15,315 \cdots\cdots ②$$

これらの株式に係る控除を受ける所得税額＝①＋②＝42,116

【D証券投資信託】

$$36,756 \times \frac{9}{12} = 27,567$$

○簡便法

【A株式】

$$45,945 \times \left[\frac{0 + (2,000 - 0) \times \frac{1}{2}}{2,000} \right] = 22,972 \cdots\cdots ①$$

【B株式】

$$91,890 \times \left[\frac{0 + (3,000 - 0) \times \frac{1}{2}}{3,000} \right] = 45,945 \cdots\cdots ②$$

これらの株式に係る控除を受ける所得税額＝①＋②＝68,917

【D証券投資信託】

$$36,756 \times \left[\frac{0 + (3,000,000 - 0) \times \frac{1}{2}}{3,000,000} \right] = 18,378$$

　この結果をみると株式については簡便法を，投資信託については個別法を使用した方が有利となります。

　この設例に基づいて別表を記載すると**図表10－1**のとおりとなります。所得税額の控除を適用する場合には，別表六㈠（所得税額の控除に関する明細書）を作成します。

　2 **2** と **3** で説明した内容を理解すれば，この別表の記載について特に迷うことはないと思います。どこから記載しても結構ですが，まずは個別法と簡便法の記載から始めるのが基本です。

図表10−1　所得税額控除に関する別表の記載

所得税額の控除に関する明細書

| 事業年度 | ： ： | 法人名 | | 別表六(一) 令五・四・一以後終了事業年度分 |

区　分		収　入　金　額 ①	①について課される所得税額 ②	②のうち控除を受ける所得税額 ③
公社債及び預貯金の利子、合同運用信託、公社債投資信託及び公社債等運用投資信託（特定公社債等運用投資信託を除く。）の収益の分配並びに特定公社債等運用投資信託の受益権及び特定目的信託の社債的受益権に係る剰余金の配当	1	810,000 円	124,051 円	124,051 円
剰余金の配当（特定公社債等運用投資信託の受益権及び特定目的信託の社債的受益権に係るものを除く。）、利益の配当、剰余金の分配及び金銭の分配（みなし配当等を除く。）	2	1,400,000	239,935	171,017
集団投資信託（合同運用信託、公社債投資信託及び公社債等運用投資信託（特定公社債等運用投資信託を除く。）を除く。）の収益の分配	3	240,000	36,756	27,567
割　引　債　の　償　還　差　益	4			
そ　　　の　　　他	5			
計	6	2,450,000	400,742	322,635

→ 次頁の別表四
→ 230頁の別表一

剰余金の配当（特定公社債等運用投資信託の受益権及び特定目的信託の社債的受益権に係るものを除く。）、利益の配当、剰余金の分配及び金銭の分配（みなし配当等を除く。）、集団投資信託（合同運用信託、公社債投資信託及び公社債等運用投資信託（特定公社債等運用投資信託を除く。）を除く。）の収益の分配又は割引債の償還差益に係る控除を受ける所得税額の計算

個別法による場合

銘　柄	収入金額 7	所得税額 8	配当等の計算期間 9	(9)のうち元本所有期間 10	所有期間割合 (10)／(9)(小数点以下3位未満切上げ) 11	控除を受ける所得税額 (8)×(11) 12
D証券投資信託	240,000 円	36,756 円	12 月	9 月	0.75	27,567 円

銘柄別簡便法による場合

銘　柄	収入金額 13	所得税額 14	配当等の計算期末の所有元本数等 15	配当等の計算期首の所有元本数等 16	(15)-(16)／2又は12（マイナスの場合は0）17	所有元本割合(16)+(17)／(15)(小数点以下3位未満切上げ)(1を超える場合は1)18	控除を受ける所得税額 (14)×(18) 19
A株式	300,000 円	45,945 円	2,000	0	1,000	0.5	22,972 円
B株式	600,000	91,890	3,000	0	1,500	0.5	45,945
C株式	500,000	102,100	50,000	50,000	0	1	102,100

その他に係る控除を受ける所得税額の明細

支払者の氏名又は法人名	支払者の住所又は所在地	支払を受けた年月日	収入金額 20	控除を受ける所得税額 21	参　考
		・　・	円	円	
		・　・			
		・　・			
		・　・			
計					

前頁の別表六(一)

所得の金額の計算に関する明細書

事業年度	：　：	法人名	

御注意　「52」の①欄の金額は、「②」欄の金額に「③」欄の本書の金額を加算し、これから・※・の金額を加減算した額と符合することになります。

区　分		総額①	留保②	社外流出　分 ③	
当期利益又は当期欠損の額	1	×× 円	×× 円	配当	円
加算 損金経理をした法人税及び地方法人税(附帯税を除く。)	2			その他	
損金経理をした道府県民税及び市町村民税	3				
損金経理をした納税充当金	4				
損金経理をした附帯税(利子税を除く。)、加算金、延滞金(延納分を除く。)及び過怠税	5			その他	
減価償却の償却超過額	6				
役員給与の損金不算入額	7			その他	
交際費等の損金不算入額	8			その他	
通算法人に係る加算額(別表四付表「5」)	9			外※	
	10				
小　計	11			外※	
減算 減価償却超過額の当期認容額	12				
納税充当金から支出した事業税等の金額	13				
受取配当等の益金不算入額(別表八(一)「5」)	14			※	
外国子会社から受ける剰余金の配当等の益金不算入額(別表八(二)「26」)	15			※	
受贈益の益金不算入額	16			※	
適格現物分配に係る益金不算入額	17			※	
法人税等の中間納付額及び過誤納に係る還付金額	18				
所得税額等及び欠損金の繰戻しによる還付金額等	19			※	
通算法人に係る減算額(別表四付表「10」)	20			※	
	21				
小　計	22			外※	
仮　計 (1)+(11)-(22)	23	10,000,000	○○○	外※	○○○
対象純支払利子等の損金不算入額(別表十七(二の二)「29」又は「34」)	24			その他	
超過利子額の損金算入額(別表十七(二の三)「10」)	25	△	△	※	△
仮　計 ((23)から(25)までの計)	26			外※	
寄附金の損金不算入額(別表十四(二)「24」又は「40」)	27			その他	
沖縄の認定法人又は国家戦略特別区域における指定法人の所得の特別控除額又は加算調整額(別表十(一)「15」若しくは別表十(二)「10」又は別表十一(一)「16」若しくは別表十(二)「11」)	28			※	
法人税額から控除される所得税額(別表六(一)「6の③」)	29	322,635		その他	322,635
税額控除の対象となる外国法人税の額(別表六(二の二)「7」)	30			その他	
分配時調整外国税相当額及び外国関係会社等に係る控除対象所得税額等相当額(別表六(五の二)「5の②」)+(別表十七(三の六)「1」)	31			その他	
組合等損失額の損金不算入額又は組合等損失超過合計額の損金算入額(別表九(二)「10」)	32				
対外船舶運航事業者の日本船舶による収入金額に係る所得の金額の損金算入額又は益金算入額(別表十(四)「20」、「21」又は「23」)	33			※	
合　計 (26)+(27)±(28)+(29)+(30)+(31)+(32)±(33)	34	10,322,635	○○○	外※	○○○
契約者配当の益金算入額(別表九(一)「13」)	35				
特定目的会社等の支払配当又は特定目的信託に係る受託法人の利益の分配等の損金算入額(別表十(八)「13」、別表十(九)「11」又は別表十(八)「16」)	36	△	△		
中間申告における繰戻しによる還付に係る災害損失欠損金額の益金算入額	37			※	
非適格合併又は残余財産の全部分配等による移転資産等の譲渡利益額又は譲渡損失額	38			※	
差　引　計 (34)から(38)までの計	39			外※	
更生欠損金又は民事再生等評価換えが行われる場合の再生等欠損金の損金算入額(別表七(三)「9」又は「21」)	40	△		※	△
通算対象欠損金額の損金算入額又は通算対象所得金額の益金算入額(別表七の二「5」又は「11」)	41			※	
当初配賦欠損金控除額の益金算入額(別表七(二)付表一「23の計」)	42	△	△		
差　引　計 (39)+(40)±(41)+(42)	43			外※	
欠損金等の当期控除額(別表七(一)「4の計」+(別表七(四)「10」)	44	△		※	△
総　計 (43)+(44)	45			外※	
新鉱床探鉱費又は海外新鉱床探鉱費の特別控除額(別表十(三)「43」)	46	△		※	△
農業経営基盤強化準備金積立額の損金算入額(別表十二(十四)「10」)	47	△	△		
農用地等を取得した場合の圧縮額の損金算入額(別表十二(十四)「43の計」)	48	△	△		
関西国際空港用地整備準備金積立額、中部国際空港整備準備金積立額又は再投資等準備金積立額の損金算入額(別表十二(十一)「15」、別表十二(十二)「10」又は別表十二(十五)「12」)	49	△	△		
特定事業継続力強化設備等の取得に係る特別な償却又は特別税額控除の益金算入額(別表十六)「21」~「11」)	50			※	
残余財産の確定の日の属する事業年度に係る事業税及び特別法人事業税の損金算入額	51	△	△		
所得金額又は欠損金額	52	10,322,635	○○○	外※	○○○

別表一 各事業年度の所得に係る申告書－内国法人の分……令五・四・一以後終了事業年度等分

税務署受付印	令和　年　月　日　税務署長殿	

納税地　電話（　　）　－

（フリガナ）
法人名

法人番号

（フリガナ）
代表者

代表者住所

通算グループ整理番号	
通算親法人整理番号	
法人区分	
事業種目	
期末現在の資本金の額又は出資金の額　円　非同族会社	
同非区分	特定同族会社　同族会社　非同族会社
旧納税地及び旧法人名等	
添付書類	

青色申告　一連番号

整理番号	
事業年度（至）	
売上金額	
申告年月日	

処理事項　通信日付印　確認　庁指定　局指定　指導等　区分

申告区分

税理士法第30条の書面提出有　　税理士法第33条の2の書面提出有

| 令和 | ○○ | 年 | 04 | 月 | 01 | 日 | 事業年度分の法人税　確定　申告書 |
| 令和 | ○○ | 年 | 03 | 月 | 31 | 日 | 課税事業年度分の地方法人税　申告書 |

（中間申告の場合の計算期間　令和　年　月　日）

適用額明細書提出の有無（有）

項目	No.	金額
所得金額又は欠損金額（別表四「52の①」）	1	10322635
法人税額（48）＋（49）＋（50）	2	1738704
法人税額の特別控除額（別表六(六)「5」）	3	1738704
税額控除超過額相当額等の加算額	4	
土地譲渡税額（別表三(二)「24」）＋（別表三(二の二)「20」）	5	000
同上に対する税額（62）＋（63）＋（64）	6	
課税留保金額（別表三(一)「4」）	7	000
同上に対する税額（別表三(一)「8」）	8	
法人税額計（2）－（3）＋（4）＋（6）＋（8）	9	1738704
分配時調整外国税相当額及び外国関係会社等に係る控除対象所得税額等相当額の控除額（別表六(五の二)「7」）＋（別表十七(三の十二)「3」）	10	
仮装経理に基づく過大申告の更正に伴う控除法人税額	11	
控除税額（((9)-(10)-(11))と(18)のうち少ない金額）	12	322635
差引所得に対する法人税額（9）－（10）－（11）－（12）	13	1416000
中間申告分の法人税額	14	600000
差引確定（中間申告の場合はその）法人税額（税額とし、マイナスの場合は（22）へ記入）	15	816000

項目	No.	金額
所得税の額（別表六(一)「6の③」）	16	322635
外国税額（別表六(二)「23」）	17	
計（16）＋（17）	18	322635
控除した金額（12）	19	322635
控除しきれなかった金額（18）－（19）	20	
所得税額等の還付金額（20）	21	
中間納付額（14）－（13）	22	
欠損金の繰戻しによる還付請求税額	23	
計（21）＋（22）＋（23）		

項目	No.	金額
この申告が修正申告である場合のこの申告により納付すべき法人税額又は減少する還付請求税額（57）	25	00
欠損金等の当期控除額（別表七(一)「4の計」＋（別表七(四)「10」）又は（別表七(四)「10」））	26	
翌期へ繰り越す欠損金額（別表七(一)「5の合計」）	27	

課税標準法人税額の計算		
所得の金額に対する法人税額（2）－（3）＋（4）＋（6）＋（9の外書）	28	1738704
課税留保金額に係る法人税額	29	
課税標準法人税額（28）＋（29）	30	1738000
地方法人税額（53）		179014
税額控除超過額相当額の加算額（別表六(二)付表六「14の計」）	32	
課税留保金額に係る地方法人税額（54）	33	
所得地方法人税額（31）＋（32）＋（33）	34	76472
分配時調整外国税相当額及び外国関係会社等に係る控除対象所得税額等相当額の控除額（別表六(五の二)「8」）＋（別表十七(三の十二)「4」）	35	
仮装経理に基づく過大申告の更正に伴う控除地方法人税額	36	
外国税額の控除額（((34)-(35)-(36))のうち少ない金額）	37	
差引地方法人税額（34）－（35）－（36）－（37）	38	179000
中間申告分の地方法人税額	39	61800
差引確定（中間申告の場合はその）地方法人税額（税額とし、マイナスの場合は（43）へ記入）（38）－（39）	40	117200

項目	No.	金額
外国税額の還付金額（67）	41	
中間納付額（39）－（38）	42	
計（41）＋（42）	43	

| この申告が修正申告である場合のこの申告により納付すべき地方法人税額（61） | 44 | 00 |

剰余金・利益の配当（剰余金の分配）の金額

残余財産の最後の分配又は引渡しの日　令和　年　月　日
決算確定の日　令和　年　月　日

還付を受けようとする金融機関等
銀行　本店・支店
金庫・組合　出張所
農協・漁協　本所・支所
預金
口座
ゆうちょ銀行の貯金記号番号
郵便局名等

※税務署処理欄

| 税理士署名 | |

税理士署名

事 業 年度等	○○・4・1 ○○・3・31	法人名			別表一次葉　令五・四・一以後終了事業年度等分

法 人 税 額 の 計 算

(1)のうち中小法人等の年800万円相当額 以下の金額 (1)と800万円×12のうち少ない金額)又は(別表 一付表「5」)	45	8,000 000	(45)の15％又は19％相当額	48	1,200,000
(1)のうち特例税率の適用がある協同 組合等の年10億円相当額を超える金額 (1)-10億円×12	46	000	(46)の　22％　相　当　額	49	
そ の 他 の 所 得 金 額 (1)-(45)-(46)	47	2,322 000	(47)の19％又は23.2％相当額	50	538,704

地 方 法 人 税 額 の 計 算

所得の金額に対する法人税額 (28)	51	1,738 000	(51)の　10.3％　相　当　額	53	179,014
課税留保金額に対する法人税額 (29)	52	000	(52)の　10.3％　相　当　額	54	

こ の 申 告 が 修 正 申 告 で あ る 場 合 の 計 算

法人税額の計算	この申告前の	法 人 税 額	55		地方法人税額の計算	この申告前の	確 定 地 方 法 人 税 額	58	
		還 付 金 額	56	外			還 付 金 額	59	
							欠損金の繰戻しによる 還 付 金 額	60	
	この申告により納付すべき法人 税額又は減少する還付請求税額 ((15)-(55))若しくは((15)+(56)) 又は((56)-(24))		57	外 00		この申告により納付 すべき地方法人税額 ((40)-(58))若しくは((40)+(59) +(60))又は(((59)-(43))+((60) -(43の外書)))		61	00

土 地 譲 渡 税 額 の 内 訳

土 地 譲 渡 税 額 (別表三(二)「25」)	62	0	土 地 譲 渡 税 額 (別表三(三)「21」)	64	00
同　　　　　　　上 (別表三(二の二)「26」)	63	0			

地 方 法 人 税 額 に 係 る 外 国 税 額 の 控 除 額 の 計 算

外 国 税 額 (別表六(二)「56」)	65		控除しきれなかった金額 (65)-(66)	67	
控 除 し た 金 額 (37)	66				

なお，別表六㈠の下段にある「その他に係る控除を受ける所得税額の明細」は，設例で掲げたもの以外のもの，たとえば，みなし配当に係る所得税や抵当証券の利息に係る所得税といったものが記載されます。

　控除を受ける所得税額（設例では別表六㈠「6③」欄）が算出されたら，必ずその金額を別表四で加算します。また，法人税額から控除するため，別表一の「所得税の額16」欄に転記します（別表一次葉における税額の計算では，令和5（2023）年10月現在の税率を使用しています。実際に税額を計算する際には，現時点での税率をご確認下さい）。

　なお，預金の利子については，若干の注意が必要です。

　たとえば，預金通帳に50,811円の利息の入金があったとします。普通預金についてはいちいち利息支払通知書が送付されないことも多いことから

（借）現　金　預　金	50,811	（貸）受　取　利　息	50,811

と記帳している例が中小企業等で見受けられます。この仕訳のままだと預金利息に係る所得税額控除を失念する可能性があります。また，損益には影響ありませんが，消費税法上は，受取利息は非課税売上なので，課税売上割合の計算を誤る可能性があります。したがって，入金された利息から所得税額及び復興特別所得税額を計算し，

（借）現　金　預　金	50,811	（貸）受　取　利　息	60,000
仮　払　法　人　税	9,189		

などと処理し，所得税額等を記帳しておくことを勧めます。上記の仕訳の場合には，期末に「仮払法人税」」を「法人税，住民税及び事業税」勘定に振り替えます。些細なことかもしれませんが参考にしてください。

第11章

青色欠損金

　法人税法では，青色申告をしている事業年度に生じた欠損金（青色欠損金）を次年度以降の所得と通算する仕組みと，前年度の所得と通算する仕組みを用意しています。前者を欠損金の繰越控除制度といい，後者を欠損金の繰戻還付制度といいます。

　令和4年10月に公表された国税庁の報道発表資料によると令和3年度のわが国の法人の64.3%は赤字法人となっています。したがって，これらの制度は実務上よくでてきますので，基本をしっかりと身につけておく必要があります。

欠損金の繰越控除制度の趣旨

欠損金の繰越控除制度の説明に入る前に，この制度の趣旨をみておきましょう。

法人税法上の欠損金額は，会計上の赤字ではなく，益金から損金を差し引いた値がマイナスとなる金額，つまり，別表四の最下段（「所得金額又は欠損金額52」欄）が△となる金額をいいます。条文では次のように定義しています。

法人税法第2条（定義）

　十九　欠損金額　各事業年度の所得の金額の計算上当該事業年度の損金の額が当該事業年度の益金の額を超える場合におけるその超える部分の金額をいう。

法人税で単に「欠損金」という場合には，この「欠損金額」を指します。

次に，欠損金額がなぜ次年度以降の事業年度の所得金額と通算できるのかということですが，それは，法人の税金を負担できる力（担税力）をどのようにみるかといった問題と密接に関わっています。

法人税は，基本的には事業年度ごとに所得金額を計算して，その所得金額を基に税金を算定する仕組みになっています。その意味では，単年度ごとに税負担を求めているといえます。しかし，もともと事業年度は人為的に区切られた期間に過ぎませんので，法人の担税力をみる場合には，ある程度，長期的に所得金額の推移を観察してみる必要があります。たまたま当期の所得金額がプラスだったとしても，前期以前がずっとマイナスだったというのであれば，会計上もおそらく累積的に赤字を抱えていると思われますし，税金を払える資金が潤沢にあるとはとても思えません。

そこで，一定期間内に所得金額と欠損金額がある場合にはそれを通算して担税力に見合った課税をしましょうというのが欠損金の繰越控除制度の趣旨です。

第11章 2 欠損金を巡る法人税法上の取扱い

　法人が欠損金額を繰り越す場合には，きちんと欠損金額を計算して証拠とともに記録，保存しておかなければなりませんので，青色申告をしていることが前提とされています（**3**　**1**　参照）。ただし，災害による資産について生じた損失については白色申告法人でも繰越控除することができます（法法58）。

　また，会社更生や私的整理等一定の事由が生じた場合に，債務免除や私財提供があったときには，債務免除益と繰越期間が切れてしまった欠損金（期限切れ欠損金）とを通算することにより，債務免除益に課税が起きないようにする制度があります（法法59）。

　このように，欠損金額の繰越控除を巡っては，法人が置かれた状況に応じていくつかの制度が用意されています。しかし，欠損金を巡る税務を考える上で，もう一つ大事な視点があります。それは，法人間における欠損金額の利用という側面からいくつかの制限が設けられているという点です。

　法人は，設立から解散まで常に固定的な業態で活動するわけではありません。合併等で二つの法人が一つになったり，他の法人の事業を取り込んだりすることがあります。法人税法では，グループ企業間等で行われるこれらの行為について，移転する経営資源に対する支配関係がそのまま継続するような場合には，一定の要件のもとでこれらの行為により生じる損益には課税関係を生じさせない制度（適格組織再編成に関する税制）があります。この制度においては，たとえば，繰越欠損金（一定期間繰り越されている控除未済の欠損金額）がある法人を吸収合併する場合には，そのまま支配が継続するという前提で取り込みますから，繰越欠損金もそのまま取り込む（合併法人に引き継ぐ）ことになります（法法57②参照）。このような制度の下では，わざと繰越欠損金を抱える法人とグループ関係になり，合併等を行うことで子会社の繰越欠損金を取り込もうといった発想が生まれてきます。

　また，もともとグループではない法人であっても，繰越欠損金を抱えていれば，その法人を買収して黒字の事業をやらせるといった発想も生まれてきます。

　このように，欠損金額の繰越控除は，自社で生じた欠損金額を次年度以降の所得金額と通算するという側面だけでなく，他社で生じた欠損金額を自社の所得金額と

通算する（あるいは，自社の欠損金額を他社の所得を引っ張ってきて埋め合わせる）という側面があるわけです。これらの側面に対しては，法人税法では欠損金額の繰越控除を制限する規定を置いています。

たとえば，資本関係を結んで直ちにその会社を合併した場合に，形式的には支配が継続する形で合併したとしても，資本関係を結ぶ以前からあるその会社の繰越欠損金額は引き継げないといった取扱いになっています（法法57③）。

また，法人が他の法人との間で特定支配関係（50％超の株式の保有関係）を結び他の法人を支配することとなった場合，その法人がそれまで休眠会社であったものが事業を再開するなど，支配前と支配後でその実態が著しく異なるときは，その法人の繰越欠損金について控除を認めないといった取扱いもあります（法法57の２）。

以上，少し長くなりましたが，法人税法上の欠損金を巡る取扱いについては，様々なものがあります。その主な項目を示したものが**図表11－1**です。これを見ておわかりになると思いますが，法人税法上の欠損金の取扱いをすべて理解するのはなかなか容易ではありません。

今回は，これらのうち，基本的なものとして，青色欠損金の繰越控除制度と繰戻し還付制度について説明します。

図表11－1	欠損金を巡る主な取扱いの概要（グループ通算制度を除く）

【欠損金の利用時期に関する取扱い】
○　青色欠損金の繰越控除（法法57①）
○　災害による損失金の繰越し（法法58）
○　期限切れ欠損金の利用（法法59）
○　青色欠損金の繰戻還付（法法80）

【法人間における欠損金の利用に関する取扱い】
○　組織再編税制における青色欠損金の取扱い（法法57②③④）
○　特定株主等に欠損等法人が支配された場合の欠損金の取扱い（法法57の２）
○　完全支配関係にある子会社の残余財産が確定した場合の欠損金の引継ぎ（法法57②③）

第11章 3 青色欠損金の繰越控除制度

1 制度の概要

まず，条文からみましょう。

法人税法第57条（欠損金の繰越し）（条文かっこ書きは適宜省略）

　　内国法人の各事業年度開始の日前10年以内に開始した事業年度において生じた欠損金額（この項の規定により当該各事業年度前の事業年度の所得の金額の計算上損金の額に算入されたもの及び第80条（欠損金の繰戻しによる還付）の規定により還付を受けるべき金額の計算の基礎となつたものを除く。）がある場合には，当該欠損金額に相当する金額は，当該各事業年度の所得の金額の計算上，損金の額に算入する。ただし，当該欠損金額に相当する金額が損金算入限度額（本文の規定を適用せず，かつ，第59条第3項及び第4項（会社更生等による債務免除等があつた場合の欠損金の損金算入）並びに第62条の5第5項（現物分配による資産の譲渡）の規定を適用しないものとして計算した場合における当該各事業年度の所得の金額の100分の50に相当する金額をいう。）から当該欠損金額の生じた事業年度前の事業年度において生じた欠損金額に相当する金額で本文の規定により当該各事業年度の所得の金額の計算上損金の額に算入される金額を控除した金額を超える場合は，その超える部分の金額については，この限りでない。

2～9（記載省略）

10　第1項の規定は，同項の内国法人が欠損金額（第2項の規定により当該内国法人の欠損金額とみなされたものを除く。）の生じた事業年度について確定申告書を提出し，かつ，その後において連続して確定申告書を提出している場合であつて欠損金額の生じた事業年度に係る帳簿書類を財務省令で定めるところにより保存している場合に限り，適用する。

11　次の各号に掲げる内国法人の当該各号に定める各事業年度の所得に係る第一項ただし書の規定の適用については，同項ただし書中「所得の金額の100

分の50に相当する金額」とあるのは，「所得の金額」とする。

一　第１項の各事業年度終了の時において次に掲げる法人（次号及び第３号において「中小法人等」という。）に該当する内国法人　当該各事業年度

　イ　普通法人（投資法人，特定目的会社及び第４条の３（受託法人等に関するこの法律の適用）に規定する受託法人を除く。第３号において同じ。）のうち，資本金の額若しくは出資金の額が１億円以下であるもの（第66条第５項第２号又は第３号（各事業年度の所得に対する法人税の税率）に掲げる法人に該当するもの及び同条第六項に規定する大通算法人を除く。）又は資本若しくは出資を有しないもの（保険業法に規定する相互会社及び同項に規定する大通算法人を除く。）

　ロ　公益法人等又は協同組合等

　ハ　人格のない社団等

（以下記載省略）

　上の条文から青色欠損金の繰越控除制度には次の４つのポイントがあることがわかります。

① 青色欠損金は最大10年間繰り越されること（第１項）

② 繰り越された欠損金額を損金算入できるのはその事業年度の所得金額の50％までであること（第１項）

③ 資本金が１億円以下の中小企業（資本金５億円以上の大法人に100％保有されている中小企業等は除かれる。）は②にかかわらずその事業年度の所得金額まで損金算入できること（第１項及び第11項）

④ 欠損金が生じた事業年度について青色申告書を提出し，かつ，その後においても連続して確定申告書を提出する必要があること（第10項）

　大企業に関しては，■1で説明したような「担税力」の観点からの欠損金の繰越控除制度の理解のしかたはもはや意味をなさなくなっていると言えるかもしれません。

　中小企業については，所得の全額が控除可能となりますが，上述のとおり，資本金５億円以上の大法人に100％保有されていたり，100％グループ内において複数の

大法人に株式の全部を保有されている場合には，50％の繰越控除制限がかかります。

　なお，中小企業等に該当しない法人について，再生計画の認可の決定等がった場合や新設法人については，最初の７年間は所得の全額を控除可能とする特例があります。この場合，再生債権等の全てが債務の免除や弁済等により消滅した場合や，当該法人の株式が金融商品取引所に上場された場合には，以後の事業年度は対象外となります（法法57⑪二，法令113の２）。

2 別表の記載

設 例

　青色申告法人（資本金 1 億2,000万円）である A 社は，当期（○ 6 年 4 月 1
日～○ 7 年 3 月31日）の繰越欠損金控除前の所得金額（別表四「差引計39」
欄）は，7,000,000円であった。また，過去の控除未済欠損金額は次のとおり
である。

事　業　年　度	控除未済欠損金額
○ 1 年 4 月 1 日～○ 2 年 3 月31日	600,000
○ 2 年 4 月 1 日～○ 3 年 3 月31日	3,600,000
○ 3 年 4 月 1 日～○ 4 年 3 月31日	1,500,000
○ 4 年 4 月 1 日～○ 5 年 3 月31日	2,800,000
○ 5 年 4 月 1 日～○ 6 年 3 月31日	1,200,000

　青色欠損金の繰越控除に関する別表は，「欠損金の損金算入に関する明細書」別
表七（一）を使用します。設例にある「控除未済欠損金額」とは，過年度に生じた
青色欠損金額で，すでに損金算入された（使用された）金額を控除した残額として
繰り越されてきた金額をいいます。

　この設例に基づいて別表を作成すると次のとおりとなります。

　記載の仕方は極めて簡単です。まず，前年度の申告書を用意して，その別表七㈠
の「翌期繰越額 5 」欄に記載されている金額を当期別表七㈠の「控除未済欠損金額
3 」欄に転記します。そして，控除前所得金額（別表 4 「43の①」）の50％を所得
控除限度額として 2 欄に記載し，その金額を控除未消欠損金額の古い順から充てて
いき，翌期繰越額を記載すれば完成です。

図表11－2　別表七㈠と別表四

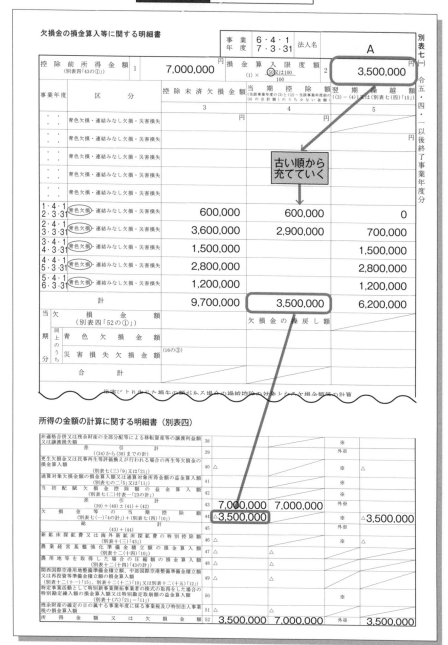

欠損金の損金算入等に関する明細書

事 業 年 度	6・4・1 7・3・31	法人名	A

控除前所得金額 （別表四「43の①」）	1	7,000,000 円	損 金 算 入 限 度 額 (1) × 50又は100／100	2	3,500,000 円

事業年度	区　　分	控 除 未 済 欠 損 金 額	当 期 控 除 額 （当該事業年度の(3)と(2)-当期控除前の (4)の合計額）のうち少ない金額）	翌 期 繰 越 額 ((3)-(4)又は(別表七(四)「15」)
		3	4	5
・ ・	青色欠損・連結みなし欠損・災害損失	円	円	円
・ ・	青色欠損・連結みなし欠損・災害損失			
・ ・	青色欠損・連結みなし欠損・災害損失			
・ ・	青色欠損・連結みなし欠損・災害損失			
・ ・	青色欠損・連結みなし欠損・災害損失			
1・4・1 2・3・31	青色欠損・連結みなし欠損・災害損失	600,000	600,000	0
2・4・1 3・3・31	青色欠損・連結みなし欠損・災害損失	3,600,000	2,900,000	700,000
3・4・1 4・3・31	青色欠損・連結みなし欠損・災害損失	1,500,000		1,500,000
4・4・1 5・3・31	青色欠損・連結みなし欠損・災害損失	2,800,000		2,800,000
5・4・1 6・3・31	青色欠損・連結みなし欠損・災害損失	1,200,000		1,200,000
	計	9,700,000	3,500,000	6,200,000
当 期 分	欠 損 金 額 （別表四「52の①」）		欠損金の繰戻し額	
	同上のうち　青 色 欠 損 金 額	(16の③)		
	災 害 損 失 欠 損 金 額			
	合 計			

古い順から充てていく

所得の金額の計算に関する明細書（別表四）

					※	
非適格合併又は残余財産の全部分配等による移転資産等の譲渡利益額 又は譲渡損失額	38			※	
差　　　引　　　計 （（34）から（38）までの計）	39			外※	
更生欠損金又は民事再生等評価換えが行われる場合の再生等欠損金の 損金算入額 （別表七(三)「9」又は「21」)	40	△		※ △	
通算対象欠損金額の損金算入額又は通算対象所得金額の益金算入額 （別表七の二「5」又は「11」)	41			※	
当 初 配 賦 欠 損 金 控 除 額 の 益 金 算 入 額 （別表七(二)付表一「23の計」)	42			※	
差　　　引　　　計 （39）+（40）±（41）+（42）	43	7,000,000	7,000,000	外※	
欠 損 金 等 の 当 期 控 除 額 （別表七(一)「4の計」)+（別表七(四)「10」)	44	△3,500,000		※	△3,500,000
総　　　　　　　　　計 （43）+（44）	45			外※	
新鉱床探鉱費又は海外新鉱床探鉱費の特別控除額 （別表十(三)「43」)	46	△		※	
農業経営基盤強化準備金積立額の損金算入額 （別表十二(十四)「10」)	47	△			
農用地等を取得した場合の圧縮額の損金算入額 （別表十二(十四)「43の計」)	48	△	△		
関西国際空港用地整備準備金積立額、中部国際空港整備準備金積立額 又は再投資等準備金積立額の損金算入額 （別表十二(十一)「15」、別表十二(十二)「10」又は別表十二(十五)「12」)	49	△			
特定事業活動として特別新事業開拓事業者の株式の取得をした場合の 特別勘定繰入額の損金算入額又は特別勘定取崩額の益金算入額 （別表十(六)「21」-「11」)	50			※	
残余財産の確定の日の属する事業年度に係る事業税及び特別法人事業 税の損金算入額	51	△	△		
所 得 金 額 又 は 欠 損 金 額	52	3,500,000	7,000,000	外※	3,500,000

最後に，当期控除額の合計（「4」欄の計）を別表四の「欠損金又は災害損失金等の当期控除額44」欄に移記します。資本金の額が1億円以下の法人であれば，設例では700万円の所得金額に対して970万円の控除未済欠損金額があるので，所得金額は0となり法人税額は算出されないことになりますが，大法人についてはこのように繰越欠損金の控除前の所得に対しての半分が課税される仕組みとなっています。

4　欠損金の繰戻還付

1　通常の場合

まず，条文をみてみましょう。

法人税法第80条（欠損金の繰戻しによる還付）（条文かっこ書きは適宜省略）

　　内国法人の青色申告書である確定申告書を提出する事業年度において生じた欠損金額がある場合には，その内国法人は，当該確定申告書の提出と同時に，納税地の所轄税務署長に対し，当該欠損金額に係る事業年度（以下この項及び第３項において「欠損事業年度」という。）開始の日前１年以内に開始したいずれかの事業年度の所得に対する法人税の額（附帯税の額を除くものとし，第68条（所得税額の控除），第69条第１項から第３項まで若しくは第18項（外国税額の控除）又は第70条（仮装経理に基づく過大申告の場合の更正に伴う法人税額の控除）の規定により控除された金額がある場合には当該金額を加算した金額とし，第69条第19項の規定により加算された金額がある場合には当該金額を控除した金額とする。以下この条において同じ。）に，当該いずれかの事業年度（以下この条において「還付所得事業年度」という。）の所得の金額のうちに占める欠損事業年度の欠損金額に相当する金額の割合を乗じて計算した金額に相当する法人税の還付を請求することができる。

2　（記載省略）

3　第１項の規定は，同項の内国法人が還付所得事業年度から欠損事業年度の前事業年度までの各事業年度について連続して青色申告書である確定申告書を提出している場合であつて，欠損事業年度の青色申告書である確定申告書（期限後申告書を除く。）をその提出期限までに提出した場合（税務署長においてやむを得ない事情があると認める場合には，欠損事業年度の青色申告書である確定申告書をその提出期限後に提出した場合を含む。）に限り，適用する。

4～8　（記載省略）

9　第１項の規定による還付の請求をしようとする内国法人は，その還付を受

けようとする法人税の額，その計算の基礎その他財務省令で定める事項を記載した還付請求書を納税地の所轄税務署長に提出しなければならない。

10　税務署長は，前項の還付請求書の提出があつた場合には，その請求の基礎となつた欠損金額その他必要な事項について調査し，その調査したところにより，その請求をした内国法人に対し，その請求に係る金額を限度として法人税を還付し，又は請求の理由がない旨を書面により通知する。

（以下記載省略）

租税特別措置法第66条の12（中小企業者の欠損金額等以外の欠損金の繰戻しによる還付の不適用）

　　　法人税法第80条第1項並びに第144条の13第1項及び第2項の規定は，次に掲げる法人以外の法人の平成4年4月1日から令和6年3月31日までの間に終了する各事業年度において生じた欠損金額については，適用しない。ただし，清算中に終了する事業年度（通算子法人の清算中に終了する事業年度のうち当該通算子法人に係る通算親法人の事業年度終了の日に終了するものを除く。）及び同法第80条第4項又は第144条の13第9項若しくは第10項の規定に該当する場合のこれらの規定に規定する事業年度において生じた欠損金額，同法第80条第5項又は第144条の13第11項に規定する災害損失欠損金額並びに銀行等保有株式取得機構の欠損金額については，この限りでない。

一　普通法人（投資信託及び投資法人に関する法律第二条第十二項に規定する投資法人及び資産の流動化に関する法律第二条第三項に規定する特定目的会社を除く。）のうち，当該事業年度終了の時において資本金の額若しくは出資金の額が一億円以下であるもの（当該事業年度終了の時において法人税法第66条第5項第2号又は第3号に掲げる法人に該当するもの及び同条第6項に規定する大通算法人（以下この号及び次項において「大通算法人」という。）を除く。）又は資本若しくは出資を有しないもの（保険業法に規定する相互会社及びこれに準ずるものとして政令で定めるもの並びに大通算法人を除く。）

（以下記載省略）

　欠損金の繰戻還付制度は，欠損金額が生じた期（欠損事業年度）の前期（欠損事業年度の期首以前１年以内に開始した事業年度……還付所得事業年度）に欠損金額を繰り戻して法人税額を還付する制度です。この制度は，上の条文からの五つのポイントがあることがわかります。

1	欠損事業年度及び還付所得事業年度ともに青色申告書を提出し，欠損事業年度については，期限内に青色申告書を提出していること（法法80①③）
2	還付金額は，下記の算式により計算されること（法法80①） 前期の法人税額×当期の欠損金額／前期の所得金額
3	還付請求書を，欠損事業年度の確定申告書の提出と同時に提出する必要があること（法法80①⑨）
4	所轄税務署長の調査により還付額が確定すること（法法80⑩）
5	資本金が１億円を超える法人及び資本金が１億円以下でも資本金が５億円を超える大法人に100％持たれている等の中小企業については適用がないこと（措法66の12①一）

　法人に欠損金額が生じた場合，**3**で説明した繰越控除制度により所得との通算が可能ですが，長期にわたり業績の回復が期待できない場合など，必ずしも繰越欠損金額の全てが次年度以降の所得金額と通算できるとは限りません。そこで，欠損金の繰越控除制度を補完する意味から，欠損金を過去の所得と通算して過去の所得に基づく税金を還付する制度を設けています。これを欠損金の繰戻還付制度といいます。ただし，繰戻期間は１年間に限定され，かつ，現在では中小企業のみに認められています。また，欠損金の繰越控除は要件を満たせば自動的に適用されるのに対し，欠損金の繰戻還付の適用は，法人の選択によります。

　上記のポイントのうち，**4**についてはやや説明を要するかもしれません。

　欠損金の繰戻還付請求書が提出されると，所轄の税務署が調査をすることになっています。しかし，必ずしも通常の税務調査のような調査が全て行われるというわけではありません。たまたま税務調査の対象としてすでに選定されているような場合には通常の税務調査が行われることがありますが，そうでなければ，大体は電話等で確認するか，確定申告書の内容がシンプルなものであれば特に何も連絡がないまま請求どおりに還付されることが多いのではないかと思われます。還付請求書が

提出されるとその提出期限から３カ月経過後には還付額に還付加算金を付すこととされていますので（法法80⑪），多くの場合３カ月以内には何らかの処理がなされます。なお，欠損金の繰戻しによる還付請求書を提出した法人に対して還付所得事業年度に係る法人税が還付される場合，当該事業年度に確定した地方法人税額があるときは，法人税の還付の額に10.3％を乗じて計算した金額が併せて還付されます（地方法人税法23）。

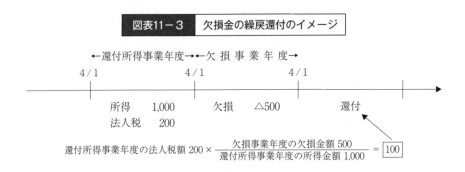

図表11－3　欠損金の繰戻還付のイメージ

2　解散等の事実が生じた場合の特例

　清算中の事業年度に生じた欠損金や解散等の事実が生じた場合の欠損金については，法人の規模に関係なく，欠損金の繰戻還付請求ができることとされています（法法80④，措法66の13①）。

　ここでいう解散等とは解散（適格合併による解散は除きます），事業の全部の譲渡，更生手続の開始，事業の全部の相当期間の休止又は重要部分の譲渡をいいます。このような事実が生じて発生した欠損金額は，繰越控除制度では補てんすることはできないことから，法人の規模には関係なく繰戻還付請求が認められているわけです。

　解散等の事実が生じた場合の繰戻還付請求が通常の場合と異なる点は次のとおりです（**図表11－4**参照）。

①	事実が生じた日の属する事業年度と，その前期（事実が生じた日前一年以内に終了したいずれかの事業年度）に欠損金額が生じていれば，これらの期の前期（これらの事業年度開始の日前1年以内に開始する事業年度）に欠損金額を繰り戻して法人税の還付を請求できる。
②	事実が生じた日以後1年以内に還付請求書を提出する。
③	事実の詳細を示す資料を還付請求書に添付する。

図表11－4　解散等の事実が生じた場合の特例

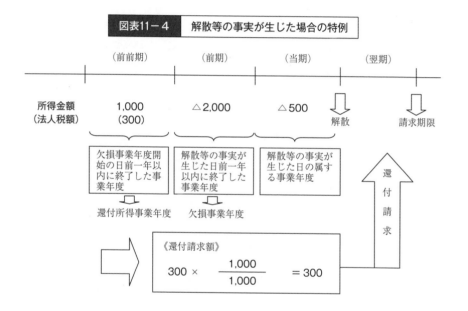

第11章 5 欠損金の繰戻還付請求書の具体例

設例

青色申告法人であるＡ社（資本金8,000万円）の当期（01年４月１日〜02年３月31日）は，以下のとおり欠損金が生じたため，欠損金の繰戻還付請求を行うこととした。

当期 欠損金額（別表一「所得金額又は欠損金額１」の金額）△600万円

前期 所得金額（別表一「所得金額又は欠損金額１」の金額）1,000万円

差引所得に対する法人税額（別表一「14」欄の金額）151万円

所得税額控除（別表一「税額控除13」欄の金額）20万円

（前期（00年４月１日〜01年３月31日）の法人税確定申告書別表一（部分））

上の設例に沿って，欠損金の繰戻しによる還付請求書を記載すると**図表11−5**のとおりとなります。

欠損金の繰戻しによる還付請求書の記載例は，**図表11−5**のとおりです。各欄

に沿って記載すればよいので比較的簡単です。「欠損金額(1)」欄には，当期の欠損金額である600万円を記入します。「同上のうち還付所得事業年度に繰り戻す欠損金額(2)」欄は，前年の所得金額が，「(1)」欄に記載した欠損金額以下の場合にはその金額が限度となります。これは，欠損金の繰戻還付制度が，当期の欠損金額と前年の所得金額とを通算する制度である所以です。

　「所得金額(3)」欄は，前年の所得金額（別表一の「1」欄に記載された金額）を記載します。もし，前年に調査があり，修正申告を提出したり更正処分を受けている場合には，修正申告の所得金額又は更正後の所得金額を記載します。「控除税額(8)」欄は，所得税額控除や外国税額控除がある場合にその控除額（別表一の「12」欄に記載された金額）を記載します。所得税額は法人税の前払いとして，外国税額は，国際的な二重課税を排除する観点から控除されているに過ぎず，法人はその分の法人税を負担しているわけですから，これらの控除税額は当然に還付の対象となるわけです。

欠損金の繰戻しによる還付請求書

※整理番号	
常通税グループ整理番号	

（税務署受付印）

令和02年 5 月29日

確定申告と同時に提出

税務署長殿

納　税　地	〒
	電話（　　　）　　−
（フリガナ）	
法 人 名 等	
法 人 番 号	|　|　|　|　|　|　|　|　|　|　|　|　|
（フリガナ）	
代 表 者 氏 名	
代 表 者 住 所	〒
事 業 種 目	業

所得税法等の一部を改正する法律（令和2年法律第8号）による改正前の法人税法（以下「令和2年旧法人税法」といいます。）第80条の規定に基づき下記のとおり欠損金の繰戻しによる法人税額の還付を請求します。

記

欠 損 事 業 年 度	自　平成・令和01年 4 月 1 日 至　平成・令和 02年 3 月31日		還付所得事業年度	自　平成・令和00年 4 月 1 日 至　平成・令和01年 3 月31日	
区	分			請 求 金 額	※ 金 額
欠損事業年度の欠損金額	欠　　損　　金　　額	(1)		6,000,000	この欄は記載しない
	同上のうち還付所得事業年度に繰り戻す欠損金額	(2)		6,000,000	
還付所得事業年度の所得金額	所　　得　　金　　額	(3)		10,000,000	
	既に欠損金の繰戻しを行った金額	(4)			
	差引所得金額（（3）−（4））	(5)		10,000,000	
還付所得事業年度の法人税額	納 付 の 確 定 し た 法 人 税 額	(6)		1,510,0 00	
	仮装経理に基づく過大申告の更正に伴う控除法人税額	(7)			
	控　　　除　　　税　　　額	(8)		200,000	
	使 途 秘 匿 金 額 に 対 す る 税 額	(9)		0 0	
	課税土地譲渡利益金額に対する税額	(10)			
	リ ー ス 特 別 控 除 取 戻 税 額	(11)			
	法人税額（（6）+（7）+（8）−（9）−（10）−（11））	(12)		1,710,000	
	既に欠損金の繰戻しにより還付を受けた法人税額	(13)			
	差引法人税額（（12）−（13））	(14)		1,710,000	
還 付 金 額 （（14）×（2）／（5））		(15)		1,026,000	
請 求 期 限	令和02年 5 月31日		確定申告書提出年月日	平成・令和02年 5 月29日	

還付を受けようとする金融機関等	1　銀行等の預金口座に振込みを希望する場合	2　ゆうちょ銀行の貯金口座に振込みを希望する場合
	○×　銀行　○○　本店（支店） 金庫・組合　　　　出 張 所 漁協・農協　　　　本所・支所	貯金口座の記号番号　　　− 3　郵便局等の窓口での受け取りを希望する場合 郵便局名等
	普通　預金 口座番号 ○○○○○○	

この請求が次の場合に該当するときは、次のものを添付してください。
1　期限後提出の場合、確定申告書をその提出期限までに提出することができなかった事情の詳細を記載した書類
2　令和2年旧法人税法第80条第4項の規定に基づくものである場合には、解散、事業の全部の譲渡等の事実発生年月日及びその事実の詳細を記載した書類
3　特定設備廃棄等欠損金額に係る請求である場合には、農業競争力強化支援法施行規則第20条第1項の証明に係る同条第2項の申請書の写し及び当該証明に係る証明書の写し

（規格 A 4）

税 理 士 署 名	

※税務署処理欄	部門	決算期	業種番号	番号	整理簿	備考	通信日付印	年 月 日	確認

04.06 改正

（令和4年4月1日前開始事業年度等分）

欠損金の損金算入等に関する明細書		事業年度	01・4・1 02・3・31	法人名		別表七(一)

控 除 前 所 得 金 額 (別表四「43の①」)	1	円	損 金 算 入 限 度 額 (1) × 50又は100 / 100	2	円

事業年度	区　　　分	控除未済欠損金額 3	当 期 控 除 額 (当該事業年度の(3)と((2)−当該事業年度前の(4)の合計額))のうち少ない金額 4	翌 期 繰 越 額 ((3)−(4))又は(別表七(四)「15」) 5
・・	青色欠損・連結みなし欠損・災害損失	円	円	
・・	青色欠損・連結みなし欠損・災害損失			円
・・	青色欠損・連結みなし欠損・災害損失			

	計				
当 期 分	欠 損 金 額 (別表四「52の①」)	6,000,000	欠損金の繰戻し額		
	同上のうち 青 色 欠 損 金 額	6,000,000	6,000,000		0
	災 害 損 失 欠 損 金 額	(16の③)			0
	合　　計				

　また，法人税法57条1項で，繰越欠損金から繰戻還付を受けるべき金額の計算の基礎となった欠損金額を除く旨がかっこ書きで規定されています（**3 1** 参照）。設例では，当期に発生した欠損金額600万円は全額繰り戻すので翌期に繰り越す欠損金は0になります。法人税確定申告書別表七(一)では上記のとおり記載します。

　なお，欠損金の繰戻還付制度があるのは法人税のみであり，地方税で所得を課税標準とする事業税には適用がないことには留意が必要です。すなわち，事業税においては，欠損金は常に繰越控除の対象とされるため，法人税において欠損金の繰戻還付制度を適用した場合には法人税の繰越欠損金と事業税の繰越欠損金とにその分差が生じることになります。

　また，道府県民税及び市町村民税の法人税割については，欠損金の繰戻還付制度の適用により法人税が還付された場合には，還付を行った事業年度以後10年以内の各事業年度において発生した道府県民税及び市長村民税の法人税割の課税標準である法人税額から順次控除されることになります（地方53⑫一，321⑫一）。

251

第12章

売上・費用に係る
益金・損金の算入時期

　ここまでで一通り法人税の基礎的な事項をおさえたことになります。

　この章では，益金及び損金の算入時期の問題を取り上げます。

　なぜ，この項目をここで取り上げるのか不思議に思われるかもしれません。第2章で説明しましたが，法人税の所得計算は企業会計を前提としています。したがって，益金・損金の算入時期の問題は，日々の会計処理の中で概ね解決されていると言えます。

　しかし，実は税務調査において，売上や費用の計上時期がズレていたために否認されるケースが大変多く見受けられるのも事実です。

　そこで，税務調査に有効に対応する意味を込めて，次章「税務調査とその対応」を説明する前にこの項目を説明しておきたいというのがここで取り上げる理由です。

1 売上に係る益金の算入時期

法人税法第22条≪各事業年度の所得の金額の計算≫において，益金の額に算入すべき金額は，別段の定めがあるものを除いて，会計上の収益の額とする旨の規定が置かれていることについては，第2章で説明しました。その収益の額をいつの時点でいくら計上すればよいのかといった点について法人税法では次のように規定しています。

法人税法第22条の2（収益の額）

内国法人の資産の販売若しくは譲渡又は役務の提供（以下この条において「資産の販売等」という。）に係る収益の額は，別段の定め（前条第四項を除く。）があるものを除き，その資産の販売等に係る目的物の引渡し又は役務の提供の日の属する事業年度の所得の金額の計算上，益金の額に算入する。

2　内国法人が，資産の販売等に係る収益の額につき一般に公正妥当と認められる会計処理の基準に従つて当該資産の販売等に係る契約の効力が生ずる日その他の前項に規定する日に近接する日の属する事業年度の確定した決算において収益として経理した場合には，同項の規定にかかわらず，当該資産の販売等に係る収益の額は，別段の定め（前条第四項を除く。）があるものを除き，当該事業年度の所得の金額の計算上，益金の額に算入する。

3　内国法人が資産の販売等を行つた場合（当該資産の販売等に係る収益の額につき一般に公正妥当と認められる会計処理の基準に従つて第一項に規定する日又は前項に規定する近接する日の属する事業年度の確定した決算において収益として経理した場合を除く。）において，当該資産の販売等に係る同項に規定する近接する日の属する事業年度の確定申告書に当該資産の販売等に係る収益の額の益金算入に関する申告の記載があるときは，その額につき当該事業年度の確定した決算において収益として経理したものとみなして，同項の規定を適用する。

4　内国法人の各事業年度の資産の販売等に係る収益の額として第一項又は第二項の規定により当該事業年度の所得の金額の計算上益金の額に算入する金額は，別段の定め（前条第四項を除く。）があるものを除き，その販売若しく

は譲渡をした資産の引渡しの時における価額又はその提供をした役務につき通常得べき対価の額に相当する金額とする。

5　前項の引渡しの時における価額又は通常得べき対価の額は，同項の資産の販売等につき次に掲げる事実が生ずる可能性がある場合においても，その可能性がないものとした場合における価額とする。

一　当該資産の販売等の対価の額に係る金銭債権の貸倒れ

二　当該資産の販売等（資産の販売又は譲渡に限る。）に係る資産の買戻し

6・7　（記載省略）

上の条文についてポイントをまとめると次のとおりです。

1　収益の計上時期は目的物の引渡し又は役務の提供の日（引渡し等の日）の属する事業年度に計上する（第1項）

2　公正処理基準にしたがって，引渡し等の日に近接する日の属する事業年度の確定決算で収益計上することもできる（第2項）

3　1及び2により確定決算で収益計上していない場合でも，申告調整により益金算入すれば収益計上として認められる（第3項）

4　収益の額として益金の額に算入する金額は時価である（第4項）

5　4の時価には，貸倒れや返品の可能性がある場合においてその影響を織り込むことはできない（第5項）

　上記のポイントの1から3は収益の計上時期の問題であり，4と5は収益の計上金額の問題です。そして，この規定ができたのは収益認識に関する会計基準の制定が背景にあるので，以下それぞれについて説明します。

1　収益の計上時期

　ポイントの1にあるように，収益の計上のタイミングは，引渡し等の日が基準となっています。一般にこれを「引渡基準」といいます。この引渡し等の日には当然のことながら幅があります。棚卸資産の場合，工場から出荷した日，相手方に着荷した日，相手方が検収した日，相手方がそれを使える状態にした（使用収益ができ

ることとなった）日など場合によっては数週間の開きが生じる場合もあります。

　法人税法では，上述したいずれの日で収益計上してもよいのですが，大事なことは毎期継続して同一のタイミングにするということです（法基通2－1－2）。なぜなら，売り手の都合等で計上時期を勝手に変えることは，法人税の世界で当局が最も嫌う「利益操作」につながるからです。この場合，全部の売上先を統一的にひとつのタイミングにしなければならないということではありません。取引先毎に決めていただいて問題はないものと思われます。

　ポイントの2にある「近接する日」とは，引渡し等の日以外の日で収益計上しても合理性がある一定の日を言います。例えば，委託販売では，委託先から売上計算書をもらわないと売上がわからないことになります。このような場合には売上計算書の到達日をもって収益計上することに合理性があります（法基通2－1－3）。また，電気やガスなど検針をしないとどのくらい顧客が使用したかわからないというものについては検針日をもって収益計上することに合理性があります（法基通2－1－4）。これらの日は，厳密には引渡し等の日には当たりませんが，法人税法上これらの日に売上として収益計上することも認められているわけです。

　なお，ポイントの3に示したように，決算書で収益計上していない場合には，申告調整で益金算入すれば収益計上したとみなされますが，決算書において引渡し等の日やそれに近接する日で収益計上しているものを申告調整で別のタイミングに変えることはできません（上の条文の3項括弧書きの波線部分）。なぜなら，決算書上の処理は間違っていないので申告調整する理由がないからです。

❷　収益認識に関する会計基準と法人税法上の取扱い

　❶で掲げた法人税法22条の2の規定は，平成30年の税制改正で新たに整備されたものです。その趣旨は，これまで通達中心に示されてきた収益計上時期の取扱いを法律として明確に規定しようというものですが，その背景にあるのが，平成30年3月に企業会計基準委員会から公表された「収益認識に関する会計基準（企業会計基準第29号）」です。この基準に従って計上された収益も法人税法第22条第4項≪各事業年度の所得に対する法人税の課税標準≫に規定する「公正妥当な会計処理の基準に従った」処理に該当すると考えられるわけですが，その全てが法人税法上認

　められるものではないことから，その認められない部分を別途法律で明示する必要
があります。そこで，法人税法では，同項に規定する別段の定めとして法人税法22
条の２及び政令規定を整備するとともに法人税基本通達の「収益等の計上に関する
通則」部分を大幅に見直すことで，収益認識に関する会計基準との異同点を明らか
にしました。

　したがって，法人税法上，まず収益に当たるかどうかについては法人税法22条の
２項で判断し，その計上時期や金額の適否については，法人税法22条の２で判断す
るという建付になったわけです。

　前置きが長くなりましたが，収益認識に関する会計基準の主要となる考え方を一
口でいうと「顧客に対して約束した財やサービスの移転について，その約束を果た
すときに（あるいは果たすにつれて），その移転と交換して得られると見込まれる
対価の額で収益を認識する。」というものです。基本的には，**1**で説明した引渡基
準の取扱いと大きく異なるものではありません。

　しかし，収益認識に関する会計基準では次の五つのステップを通じて収益を捉え
ることとし，財やサービスの履行の義務ごとに価格を見積もるとともに，履行義務
を充足する（上で説明した「約束を果たす」）ことで収益を認識するということな
ので，従来の取扱いとはやや趣が異なる場面が生じ得ます。

収益を認識するための５つのステップ

ステップ１　顧客との契約の識別

ステップ２　契約における履行義務（収益認識の単位）を識別

ステップ３　取引価格の算定

ステップ４　契約における履行義務に取引価格を配分

ステップ５　履行義務を充足した時に又は充足するにつれて収益を認識

　例えば，機械の販売と一定期間の保守サービスとが対価の区別なく契約されてい
る場合，従来では，機械の販売代金として捉える傾向が強かったと思われますが，
会計基準では収益認識の単位の識別（ステップ２）において取引価格を機器の販売
と保守サービスの提供が別々の履行義務として捉えることができる場合（例えば，
標準型の機械で保守サービスも一般的で他の企業も提供可能な場合など）にはそれ
ぞれの履行義務に対して収益を見積もり，それぞれの履行義務の充足時において収

益を認識するといったことが求められます。

　特に，役務提供については，従来はどちらかというと一定の契約期間満了をもって「引渡終了」と単純に判断することもあったのですが，収益認識の会計基準に従うと，保守業務や清掃サービスなど義務の履行につれて相手が便益を享受するもの等については，期間経過に応じて収益計上しなければならないことになりますので注意が必要です。

　収益認識の会計基準は，主に金融商品取引法の規制の適用対象会社や会社法上の会計監査人を設置している会社が適用対象とされており，中小企業は従来通りで特に問題はありませんが，上場会社の子会社など，会計処理の基準を大会社と合わせている中小企業も多く，広範囲に影響があるものと思われます。

　また，収益認識に関する会計基準を適用する義務がない中小企業にあっても，取引によってはこの会計基準を選択し，それに合わせた税務処理を行うこともできるので，少なくとも法人税法22条の2と関連する法人税基本通達の内容は理解しておいた方がよいと思われます。

③　収益として計上する金額

　❶のポイントの4で，収益の額として益金算入されるのは時価だと言いました。この場合の時価とは第3者間取引において付される価額だと言い換えることができます。一方，収益認識に関する会計基準では，割戻しや掛売りした場合の利息相当額など，対価が変動する可能性がある部分を「変動対価」と位置づけ，あらかじめその増減を見込んで売上を計上することとされています。この変動対価も法人税法上は時価の一環として取り扱っています。例えば，値引きや割戻しについて客観的な算定基準に基づいて行われることが相手方に明らかにされている場合や内部的に決定されている場合には，法人税法上，収益の額の算定にこの値引きや割戻し額を計算に含め，その分を減額した金額を収益の額として取り扱う旨を明らかにしています（法基通2－1－1の11）。

　しかし，収益認識に関する会計基準では，貸倒れのリスクのある売掛金について，収益を減額するものや，返品権付取引により将来返品されると見込まれる部分について収益を減額することも，変動対価として取り扱っていますが，法人税法上は，

それらの収益の減算は，時価の算定とは別の要因によって対価の一部が受け取れなくなるものと見ます。したがって，収益の額はそれらの減算はないものとして益金に算入しなければならないことになります（**1**のポイント5）。なお，貸倒れが生ずる可能性があることにより売掛金勘定等の金額としていないもの（金銭債権計上差額）は，その金額を貸倒引当金勘定への繰入とみなす取扱いが別途整備されています（法令99）。

2 費用に係る損金の算入時期

　会社が計上する費用について法人税法上いつの時点で損金の額に算入されるのかということに関しては，次の条文があります。

法人税法第22条（各事業年度の所得の金額の計算）第3項

　　内国法人の各事業年度の所得の金額の計算上当該事業年度の損金の額に算入すべき金額は，別段の定めがあるものを除き，次に掲げる金額とする。

一　当該事業年度の収益に係る売上原価，完成工事原価その他これらに準ずる原価の額

二　前号に掲げるもののほか，当該事業年度の販売費，一般管理費その他の費用（償却費以外の費用で当該事業年度終了の日までに債務の確定しないものを除く。）の額

三　当該事業年度の損失の額で資本等取引以外の取引に係るもの

　法人税法22条は所得の計算に関する通則を定めたものですが（第2章 **2** 参照），ここでは第3項を取り上げます。この条文の2号では，償却費以外の費用については事業年度終了の日までに債務が確定しているものが当期の損金となる旨が明らかにされています（条文中の括弧書き波線部分）。

　債務が確定しているとはどういう状態をいうのかについては，次のとおり法人税基本通達に明らかにされています。

法人税基本通達2－2－12（債務の確定の判定）

　　法第22条第3項第2号《損金の額に算入される販売費等》の償却費以外の費用で当該事業年度終了の日までに債務が確定しているものとは，別に定めるものを除き，次に掲げる要件の全てに該当するものとする。

(1)　当該事業年度終了の日までに当該費用に係る債務が成立していること。

(2)　当該事業年度終了の日までに当該債務に基づいて具体的な給付をすべき原因となる事実が発生していること。

(3)　当該事業年度終了の日までにその金額を合理的に算定することができる

> ものであること。

　この通達をみると，債務が確定しているというためには，①債務の成立，②具体的な給付をすべき原因事実の発生，③金額の合理的な算定という３つの要件をみたさなければならないことがわかります。この要件を具体的な例として表すと次のようになります。

① 　債務の成立

　　　⇒ 　空調設備が故障したので修理業者との間で修理に関する契約を交わした。

② 　具体的な給付をすべき原因事実の発生

　　　⇒ 　修理業者が故障した空調設備の修理を完了した。

③ 　金額の合理的な算定

　　　⇒ 　あらかじめ，契約において金額が具体的に確定していた。

　上記のような状態であれば，期末時において修繕費として当期の損金の額への算入が可能です。

　一般的に，役務提供に係る請負契約にあっては，契約に基づく役務の完了時点で損金の額に算入されることになると思われます。逆に言えば，契約が当期中に行われていても，役務の提供が完了していない状態ならば，損金の額に算入することはできません。その意味では，実務上は上記②の要件が損金算入の可否を決めるもっとも重要な要件と言えるのではないか思われます。

　なお，企業会計では，期間損益を正確に把握するために，収益とそれを生み出すために要した費用は，同一の会計年度に計上することが要請されています。一般的にはこれを「費用収益対応の原則」と呼んでいますが，法人税における所得計算においてもこの考え方が，法人税法第22条第４項に規定するいわゆる公正処理基準によって求められていると言えます。したがって，売上原価のように収益と直接紐つき関係にあるものは当該収益と同じ年度に原価（損金）として計上することになりますし，販管費のように直接紐つき関係にない費用はその期に発生したものが費用（損金）として計上されることになります。

3 引渡基準と債務確定基準の実務上の留意点

　売上に係る益金算入時期と費用に係る損金算入時期の基本的な考え方を踏まえた上で，実務上の留意点として，特に税務調査を念頭において説明したいと思います。

　税務調査については次章で詳しく説明しますが，ここでは，売上計上時期や費用の計上時期に誤りがあり，それが税務調査で指摘されるとどうなるのかという点について取り上げます。

　例えば，当期中に商品を相手に引き渡しているのに売上の計上が翌期になっている場合や，頼んだ作業が終わっていないのに支払手数料等を計上してしまった事実が判明した場合には，別表四上，「売上計上もれ」又は「支払手数料否認」といった項目で所得に加算する処理を行います。税務調査でそれらの事実が判明した場合には修正申告（あるいは更正処分）という形で所得加算により増加した法人税を納付しなければならなくなるとともに，加算税として過少申告加算税であれば増加税額に対して10％（加重部分があれば15％）が賦課されることになります（そのほか通常であれば延滞税が賦課されるとともに地方税にも負担が生じます）。

　そこで，もっと具体的なケース，例えば，売上計上漏れの場合「当期中に商品を引き渡したのにも関わらず，翌期に請求書を発行した。」という事実があるといったケースや，費用の前倒し計上の場合「まだ作業が終わっていないのに期末に下請先から請求書を取り寄せた。」という事実があるといったケースを考えましょう。

　こういったケースが税務調査で発覚すると，調査官から「翌期の売上としたかったから故意に請求書の発行を翌期にしたに違いない」とか「費用を前倒し計上したかったから故意に請求書を取り寄せたに違いない」という発想から増加税額に対して重加算税を賦課しようとする場合があります。重加算税とは，法人の処理誤り等で税額が増える場合に，その誤りが仮装隠ぺいに基づくものである場合に増加税額の35％の割合で賦課されるペナルティです。単にペナルティの負担が重くなるだけではありません。当局は重加算税を賦課した法人に対しては「この会社は不正を働く会社だ」というレッテルを貼ってしまいます（この点については次章で再度説明します）。

　実は，税務調査ではこのような場面がとても多いのを実感しています。誤りがな

いようにするのが一番ですが，日常多くの仕事に携わっている担当者がついうっかりミスをすることはある意味仕方がない面もあります。

こういったケースに対処するには重加算税の意味をよく理解しておく必要があります。

国税通則法　第68条（重加算税）

　第65条第1項（過少申告加算税）の規定に該当する場合（かっこ書き省略）において，納税者がその国税の課税標準等又は税額等の計算の基礎となるべき事実の全部又は一部を隠ぺいし，又は仮装し，その隠ぺいし，又は仮装したところに基づき納税申告書を提出していたときは，当該納税者に対し，政令で定めるところにより，過少申告加算税の額の計算の基礎となるべき税額（その税額の計算の基礎となるべき事実で隠ぺいし，又は仮装されていないものに基づくことが明らかであるものがあるときは，当該隠ぺいし，又は仮装されていない事実に基づく税額として政令で定めるところにより計算した金額を控除した税額）に係る過少申告加算税に代え，当該基礎となるべき税額に100分の35の割合を乗じて計算した金額に相当する重加算税を課する。

　上に掲げた条文は，重加算税の条文ですが，この条文では「国税の課税標準等又は税額等の基礎となるべき事実」に仮装隠ぺいがあると重加算税を課すと書いてあります。

　売上や費用の計上時期に関して「課税標準の基礎となるべき事実」とは何でしょうか。もうお分かりですね。売上に関していうと「引渡し等の事実」であり，費用に関して言うと「債務が確定している事実……さらに言えば具体的な給付をすべき原因事実が発生しているという事実」です。そこに「仮装隠ぺい」があるかどうかが重加算税が賦課されるか否かの判断の分かれ目となります。

　もう一度，先ほどの調査官の発想を見てみましょう。「翌期の売上に計上したかったはずだ」とか「費用を前倒し計上したかったからに相違ない」というのは主観の問題です。不正の動機にはなり得ますが「仮装隠ぺい」を立証するには不十分です。当局が「仮装隠ぺい」を立証するためには「（本当は当期に引き渡したのに）商品を翌期に引き渡したことにした」ことや，「（本当は頼んだ作業が終わって

いないのに）当期中に作業が終わったことにした」ことを証拠とともに明らかにする必要があるわけです。

　もちろん上述のような動機が納税者側にあることが明確に示されている場合には他の認定事実を積み上げた上での総合的な判断で「仮装隠ぺい」の認定を受けるケースはあり得ます。ただし，納税者側にそこまでの動機がない場合には，ここでご説明したことを十分踏まえて調査官に説明することが重要です。「たかが期間損益の問題」と軽く考えると大きな代償を払うことにもなりかねません。

　売上や費用の益金・損金算入時期に関する税務調査対応ということでは，まずは上記の法律知識を身に付けておくことが大切です。

第13章

税務調査とその対応

　最終章として税務調査とその対応を取り上げます。皆さんは調査官に対して具体的にどう対応したらよいのかといった実践的なことに関心がおありかとは思いますが，それにはまず税務調査そのものを的確にイメージできていることが重要です。そこで，今回は，税務調査とはそもそも何なのか，どのように行うのか，法的根拠は何かといった点に重点を置いて説明したいと思います。

　なお，税務調査に基づく更正処分等の結果，「当局と争う」ということになれば，法人税の実務は争訟（不服申立て及び訴訟）としての実務に移っていきます。しかし，ここでは，争訟については，手続関係をごく簡単に触れるという程度に止めることにします。税務調査は，「問題なく終わらせる」ことが何よりも重要と考えるからです。

税務調査とは何か

第13章 1

1 税務調査の意義

　確定申告書を完成させ，税務署に提出し税金を納めれば，その事業年度に係る法人税の実務は差し当たり終了となります。しかし，本当に終わったわけではありません。

　税務署では，電子申告により提出された申告書について，データを基幹システムに保存し，担当する部門（税務署所管法人は各税務署の法人課税部門，国税局所管法人は各国税局調査部の担当部門）が申告内容をパソコン画面でチェックします。申告書が紙で提出された場合には，申告書本体は担当部門に回付され，記載内容がチェックされます。

　突然，税務署等から「実は税務調査に伺いたいのですが……」という電話を受けたことがある社長さんや経理担当の方がいらっしゃるかもしれません。それは，税務署等の担当部門が内容をチェックした結果，「この法人は税務調査をして申告の中身を調べた方がいい」という結論に達したからです。

　どのような法人が，このような電話を受けやすいのかということについては，後で述べることにして，ここで申し上げたいことは，「確定申告書さえ提出してしまえば実務は終わり」ということには決してならないということです。むしろ，課税当局との関係は，確定申告書の提出時点から始まります。

　税務調査に関しては，国税通則法第7章の2（国税の調査）に規定が置かれており，税務当局の「質問検査権」を定めた上で，「事前通知」や「調査結果の説明」等具体的な手続を定めています。また，関連する通達として「国税通則法第7章の2（国税の調査）関係通達」（以下，「通達」といいます）が発遣されています。この通達の1－1で，調査の意義を次のように明らかにしています。

　　法第7章の2において，「調査」とは，国税（カッコ内省略）に関する法律の規定に基づき，特定の納税義務者の課税標準等又は税額等を認定する目的その他国税に関する法律に基づく処分を行う目的で当該職員が行う一連の行為

> （証拠資料の収集，要件事実の認定，法令の解釈適用など）をいう。

　調査という行為そのものの意義については上述のとおりですが，納税者側からみると，税務調査は「税務署の人が何日か会社に来て，帳簿や領収書などいろいろなものを見ながら発する質問に一生懸命答えているうちに，最後には税金を払わなくてはならなくなる一連のできごと」というイメージがあります。このイメージに則していうと，「税務調査とは，課税庁が申告内容を帳簿などで確認して，誤りがあれば是正を求める一連の行為である」ということができるかと思います。

　わが国の法人税法は，申告納税制度の下で構築されていることは言うまでもありません。したがって，法人が提出した確定申告書は，一応正しいものとして取り扱われます。しかし，すべての法人が正しい申告をするとは限りません。わざとではなくてもついうっかりミスをするということも考えられます。そこで，当局としても，税務調査を行うことによって，誤りがあればこれを正す必要が生じるわけです。

　なお，今回説明の対象としている税務調査は，一般に任意調査と言われているものです。よく新聞に脱税記事が載っていますが，本来「脱税」は，国税通則法第11章《犯則事件の調査及び処分》の各規定に基づく調査，いわゆるマルサによる強制調査に基づいて検察が起訴し，最終的には裁判で刑罰が確定するものです。私達が通常「税務調査」という場合には，査察による「強制調査」ではなく，納税者の協力の下で進められる任意調査のことをいいます。新聞記事では一応書き分けていて，任意調査によるものは大抵「課税もれ（不正がある場合には所得隠し）」などと表現しているようです。

２　税務調査を巡る最近の傾向

　参考までに，法人に対する税務調査（実地調査）の状況を国税庁の報道発表資料をもとに**図表13－1**に示しました。まず，調査件数のところを見ていただくと，令和1年以降大きく減少しているのは新型コロナ感染症の影響であることは言うまでもないことですが，平成23事務年度から平成24事務年度にかけてガタンと落ちているのは，平成23年の国税通則法の改正で当局の調査手続きが増大し，1件当たりの調査に要する日数が増加したことによります。

この表の調査件数と非違件数を見ると調査を受けた法人の75％近くが何らかの非違があったため修正申告あるいは更正処分があったことがわかります。さらに，不正発見割合を見ると調査を受けた法人の約20％に不正計算があったことがわかります。不正計算とは，事実を仮装したり隠ぺいしたりして所得や税額を少なく見せる行為をいいます。

調査件数や申告漏れ所得金額は，その時の経済・社会状況により変化しますが，非違割合や不正発見割合は大きく動いていないように見えます。しかし，これらの割合を決して低下させず，高めていきたいと考えるのが当局です。そして，そのためにたゆまぬ努力を重ねているのも事実です。

実は，国税職員の数は筆者が国税の職場に就職した昭和の時代と現在とでさほど大きくは変わりませんが，法人数は1.5倍以上も増加しています。加えて，調査手続きの増加によって，調査件数を確保していることは当局にとって決して容易なことではないわけです。

図表13－1　法人税の課税事績について

（参考）法人税に係る調査状況の推移（国税庁報道発表資料より抜粋）

項目 ＼ 事務年度	平成23	24	25	26	27	28
調査件数（千件）	129	93	91	95	94	97
非違件数（千件）	92	68	66	70	69	72
不正件数（千件）	25	17	17	19	18	20
不正発見割合（％）	19.6	18.3	18.6	19.5	19.7	20.4
申告漏れ所得金額（億円）	11,749	9,992	7,515	8,232	8,312	8,267

項目 ＼ 年度等	29	30	令和1	2	3	
調査件数（千件）	98	99	76	25	41	
非違件数（千件）	73	74	57	20	31	
不正件数（千件）	21	21	16	7	9	
不正発見割合（％）	21.0	21.0	21.6	26.5	22.7	
申告漏れ所得金額（億円）	9,996	13,813	7,802	5,286	6,028	

（注）　事務年度とは，7月から翌年6月までの期間をいう。

　当局が税務調査の実績を上げていくためには，職員数を増やすことが難しいとすると，次の二つの方策しかありません。

①　税務調査以外の事務に従事している職員を調査に振り向ける。

②　税務調査を行った納税者からは必ず非違（できれば不正）が見つかるようにする。

　①は例えば，税務署では従来税目毎に納税者に対する窓口がありましたが，今は一本化されています。また，業務のDX化を進め，内部事務に携わる職員の数を減らそうとしています。複数の税務署の内部事務を１か所で行ういわゆるセンター化もこの文脈で理解できます。

　②は，国税職員の調査能力の向上を図ることもさることながら，調査対象を的確に選定することが何より重要となります。ここではあまり深くは触れませんが，そのためには情報の収集がこれまで以上に重要な意味を持ちます。近年，他国の税務当局との間で情報交換が義務化されたり，マイナンバー等により各種の情報と納税者との紐づけを徹底しようとする動きもその一環として位置づけられます。国税庁のホームページによれば，将来的には当局にある大量のデータをAIを用いて分析し調査対象を効果的，効率的に選定していくことを目指しているようです。

　先に掲げた表を見ると，徐々にではありますが，税務調査の充実に向けた施策の効果が出てきているようにも見えます。

❸　税務調査の目的

　国税通則法に規定されている調査手続の一環として納税者に通知される「調査の目的」は，単に「申告内容の確認」といった程度しか通知されませんが，税務調査の真の目的は，申告納税を担保し適正な課税を実現することにあります。これをわかりやすく言うと，誤りを正して適正な課税を行うとともに，他の納税者，特に不正計算によって課税を免れようとする納税者に対する牽制と緊張感の醸成を図り，それによって善良な一般納税者の信頼を高めることが目的であると言えます。

　しかし，税務調査の目的は総論としては理解できても，いざ，税務調査の連絡が入ると，一納税者にとってみれば「課税逃れなんてしていないのになんでウチにくるの？」という問いになります。

そこで次に調査対象となりやすい法人について説明します。

2　どのような法人が調査されやすいか

　税務調査の最大のテーマは大口・悪質な納税者に対する厳正な調査です。このことは，国税庁がホームページ上で発信する様々な文書にも記載されています。ということは，法人についていえば，「不正計算が想定される法人」がまず調査の対象になりやすいということができます。

　では，不正計算が想定される法人とはどのような法人なのでしょうか。一般的にいうと次の四つの状況にある法人は，不正計算が想定される法人ということができると思います。

①	過去の税務調査で不正計算が把握されていること
②	不正計算が想定される資料情報があること
③	マスコミ情報やたれ込みによる情報があること
④	不正発見割合の高い業種に属していること

　残念ながら，提出された申告書から不正計算がわかることはありません。また，税務調査に入っても不正計算を立証し得る証拠資料は容易には表に現れません。帳簿も申告書も，もともと辻褄があうように出来上がっているからです。ベテランの調査官になると「何かにおう」というところをまさに職人技で掘り進んで行きます。

　何を申し上げたかったかというと，選定の段階では，外形的にしかその法人を判断できないということなのです。そして，代表的なメルクマールとして上の四つを取り上げたわけです。

　①は，主に法人税に対するコンプライアンスの問題です。ただし，不正計算は必ずしも税負担の軽減が目的であるとは限りません。たとえば，表に出したくない交際費等の支出があったり，業績の平準化や予算の消化といったものが動機の背景になることもあります。いずれにしても過去の税務調査で不正計算が見つかると「この会社はそういう体質があるんだな」との印象をもたれてしまいます。

　②の資料情報には，■1■2で言及した情報全般が入りますが，特に，たとえば「売上を除外している」「簿外の取立口座がある」「外注先から現金をバックさせ個人口座に入金している」等々，調査などの際に把握した裏取引や偽装取引に関する

情報があれば，即，調査着手ということになります。これに関連して，③に示した情報についてもガセネタであることもままありますが，調査対象とするインセンティブが強く働きます。

④は，「不正発見割合の高い10業種」というものを毎年国税庁が報道発表しています（**図表13－2**参照）。

図表13－2　不正発見割合の高い10業種

順位	令1事務年度	令和2事務年度	令和3事務年度
1	バー・クラブ	バー・クラブ	その他の道路貨物運送
2	その他の飲食	外国料理	医療保険
3	外国料理	美容	職別土木建築工事
4	パチンコ	医療保険	土木工事
5	大衆酒場，小料理	生鮮魚介そう卸売	その他の飲食
6	自動車修理	一般土木建築工事	化粧品小売
7	土木工事	職別土木建築工事	美容
8	一般土木建築工事	中古品小売	機械修理
9	貨物自動車運送	医療関連サービス	一般土木建築工事
10	美容	土木工事	貨物自動車運送

令和3年度は新型コロナ感染症の影響があるものと思われますが，この表をみると「バー・クラブ，パチンコ，美容……」といった業種が並んでいます。これらはいわゆる現金商売といわれている業態であるものが多く，契約書や領収書といった証票類がなかったり，保管状況が不十分だったりする場合があります。また，その他の業種でも不透明な支出が見受けられたりして，統計的に不正計算を行っていた法人の割合が高かった業種です。したがって，これらの業種に属していると，それはそれで調査の選定対象になりやすいということがいえるわけです。

もちろん，上述の四つに該当する法人だけが選定対象になるわけではありません。先ほど述べたとおり，申告書そのものは大抵辻褄があっていますから，何期か並べてみて，ちょっとした動きがあればそれもまた調査選定の根拠となっていきます。たとえば，確定申告書や事業概況書のデータから，売上の伸びに比して所得の増加が少なかったり，売上や仕入に比べ棚卸が少なかったりといった計数上のアン

バランスがある場合や，損益計算書の項目として多額の交際費支出や特別損失が計上されていたり貸借対照表の項目として仮払金や代表者からの借入金が増加しているなど「これは直接会社に行って聞いてみたい」という気持ちが起きれば調査の選定対象になっていきます。これらは，必ずしも課税所得の計算に誤りがあることを示すものではありません。調べてみて何も問題はないということも当然でてきます。 **1** **3** で述べた「なんでウチにくるの？」という疑問はこの辺りが原因とも言えそうです。

3 税務調査の手順

税務調査には，選定，着手，終了，処分という四つの段階があります（**図表13－3**）。このうち，私達納税者側の目に直接触れる部分は「着手」から「終了」までと処分の結果受領することになる「処分通知」です。

図表13－3 税務調査の段階

納税者にとっての税務調査

以下，それぞれの段階について概要を説明します。

1 選 定

(1) 選 定

選定とは，申告データ，過去の調査内容及び資料などを基に調査する納税者を選ぶことを言います。どのような観点から選ぶのかといったことについては，すでに**2**で説明しましたのでここでは省略します。

(2) 準 備 調 査

選定の対象となった事案については，準備調査を行います。準備調査とは，選定された理由を念頭に置き，申告書や過去の調査事績などから，どこをどのように調査するかといった「実地調査の作戦」を立てることを言います。ただし，この段階では，まだ机上で行う頭の体操に過ぎませんから，実際に会社に臨場すると全く違った経緯をたどることがあるのも事実です。

❷　着　　　手

そして準備調査が終わればいよいよ実地調査に入ります。調査の着手とは一般にこの時点を指します。

(1)　事 前 通 知

国税通則法では，事前通知についてかなり細かく規定されており，国税職員は，調査において質問検査権の規定（後述）に基づく質問や関係資料の提示提出を求めることのほか，日時，場所，目的，税目，対象期間などといった項目を事前に納税者等に通知しなければならないこととされています。これらの項目をきちんと事前通知しないと法律違反となってしまいます。また，例外として，事前通知を要しない場合についても国税通則法で規定されています。

なお，事前通知の前段階として，調査日程の調整等のために納税者（税理士等がいる場合には税理士等）に連絡し，一定の事項を通知しますが（これを国税通則法では「調査通知」といいます），その際，納税者の都合が悪ければ柔軟に日程を変えるのが普通です。

(2)　実 地 調 査

実地調査は，法人等の概況把握のための聴き取りから始まり，準備調査で頭に入れてきたことと聴き取った概況を基に，帳簿調査を開始するのが一般的です。帳簿調査とは，会計帳簿と証憑とを突き合わせて，帳簿に記載された情報が事実かどうか，そして，その事実が税法に照らして正しく扱われているかどうかを確認する一連の作業をいいます。その際，必要に応じて，取引内容や取引に至った事情などを代表者や取引担当者から聴き取るなど，事実を誤認することなく正確に把握することが要求されます。

なお，このような作業は，小規模な法人であれば2日もあればほぼ終了します。逆に，大企業では，何カ月もかかる場合があります。

(3)　反 面 調 査

証憑の保存に不備があったり，納税者の答弁が不明確であるなど，調査先での実地調査ではどうしても正確な事実の把握が困難である場合には，取引先に臨場し，取引内容を調査することがあります。これを一般的に「反面調査」といいます。

❸ 終了・処分

(1) 修正申告の勧奨・是認通知

実地調査が終了し，非違が認められた場合には，調査担当者は，納税者にその内容を説明します。また，調査担当者は，納税者に対し修正申告を勧奨します。この場合，修正申告をするか更正処分を受けるかは納税者の選択に委ねられますが，修正申告をすると，調査の結果に不服があっても，本税部分については不服申立てができません（賦課決定される加算税については，不服申立てが可能です）。したがって，調査の結果に不服がある場合には，更正処分を受ける必要があります。

ただし，修正申告をした後よくよく検討した結果，その修正申告が過大であると認められた場合には，法定申告期限から5年以内（欠損金額を増加させる場合には10年以内）であれば，更正の請求をすることができます。

この更正の請求が仮に認められなかった場合には，その処分に対して不服申立てをすることができます。

なお，調査の結果，非違が何もなかった場合には，是認通知を行います。

(2) 処 分 通 知

調査終了後は，調査担当者は，調査で把握した資料を整理して組織上の決裁を受けます。同時に，更正処分の場合には，更正の通知書及び加算税（過少申告加算税又は重加算税）の賦課決定通知書とともに更正の理由書を作成します。また，修正申告書の提出があった場合には，加算税の賦課決定通知書（加算税を賦課する理由も記載されます）を作成します。

調査が終了してこれらの通知書が納税者の元に届くのには調査が事実上終了してから約1カ月程度かかるのが普通です。

第13章 4 税務調査の法的根拠

　税務署の職員といえども一公務員に過ぎません。何の権限もなく納税者に質問したとしても「どうしてそんな質問ができるの？」と聞かれたとたん何も言えなくなってしまいます。

　そこで，税法では調査担当者に質問検査権を付与することで納税者に対し税務調査ができる行政上の権限を与えています。

　そのうち，法人税に関する質問検査権は次のように規定しています。

> **国税通則法第74条の2（当該職員の所得税等に関する調査に係る質問検査権）**
>
> 　国税庁，国税局若しくは税務署（以下「国税庁等」という。）又は税関の当該職員（税関の当該職員にあつては，消費税に関する調査（第131条第1項（質問，検査又は領置等）に規定する犯則事件の調査を除く。以下この章において同じ。）を行う場合に限る。）は，所得税，法人税，地方法人税又は消費税に関する調査について必要があるときは，次の各号に掲げる調査の区分に応じ，当該各号に定める者に質問し，その者の事業に関する帳簿書類その他の物件を検査し，又は当該物件（その写しを含む。次条から第74条の6まで（当該職員の質問検査権）において同じ。）の提示若しくは提出を求めることができる。
>
> 一　（記載省略）
>
> 二　法人税又は地方法人税に関する調査　次に掲げる者
>
> 　　イ　法人
>
> 　　ロ　イに掲げる者に対し，金銭の支払若しくは物品の譲渡をする義務があると認められる者又は金銭の支払若しくは物品の譲渡を受ける権利があると認められる者
>
> 三・四　（記載省略）
>
> 2・3　（記載省略）
>
> 4　第1項に規定する国税庁等の当該職員のうち，国税局又は税務署の当該職員は，法人税又は地方法人税に関する調査にあつては法人の納税地の所轄国税局又は所轄税務署の当該職員（・・・・・納税地の所轄国税局又は所轄税務署

以外の国税局又は税務署の所轄区域内に本店，支店，工場，営業所その他これらに準ずるものを有する法人に対する法人税又は地方法人税に関する調査にあつては当該国税局又は税務署の当該職員を，それぞれ含む。）に，（中略）それぞれ限るものとする。

5　法人税等（法人税，地方法人税又は消費税をいう。以下この項において同じ。）についての調査通知（第六十五条第五項（過少申告加算税）に規定する調査通知をいう。以下この項において同じ。）があつた後にその納税地に異動があつた場合において，その異動前の納税地（以下この項において「旧納税地」という。）を所轄する国税局長又は税務署長が必要があると認めるときは，旧納税地の所轄国税局又は所轄税務署の当該職員は，その異動後の納税地の所轄国税局又は所轄税務署の当該職員に代わり，当該法人税等に関する調査（当該調査通知に係るものに限る。）に係る第一項第二号又は第三号に定める者に対し，同項の規定による質問，検査又は提示若しくは提出の要求をすることができる。

（後略）

　まず，１項柱書き及び２号をみると，当局の職員は，法人税の調査について必要があるときは，法人に対し質問し，法人の事業に関する帳簿書類その他の物件を検査し，その物件の提示若しくは提出を求めることができると規定していることがわかります。そして，４項をかっこ書きをはずして読むと，この質問検査をすることができる職員は，法人の納税地の所轄国税局又は所轄税務署の当該職員に限るとしています。これらの規定があるからこそ，所轄税務署（国税局）の担当者は納税者たる法人に対する税務調査ができるわけです。

　また，１項２号ロでは，質問検査の相手方として，得意先や仕入先等の取引先が規定されています。この規定があるので反面調査ができることになります。

　また，納税者に質問検査できるのは，納税地を所轄する税務署若しくは国税局の職員に限るとしながらも，４項のかっこ書きでは，法人の支店，工場又は営業所といったものがある場合には，それらを所轄する国税局若しくは税務署の職員にも質問検査権を与えています。たとえば，遠方に支店が複数ある場合，本店を調査している調査官がいちいち支店に出向いて調査するのではなく，その支店がある地域を所轄する国税局や税務署の職員が調査した方が効率的である場合があります。この

ような調査手法を「連携調査」といいますが，規模がある程度大きな法人になると
こうした手法が採られることが多く，そのための質問検査権の規定がこれに当たり
ます。さらに，５項では，調査通知（**2**(1)参照）後に納税地の異動があった場合
には旧納税地の税務署の職員にも質問検査権を与えています。これは，納税地を
転々とすることで税務調査をかわそうとする法人への対応です。

なお，質問検査を受ける側においてこれを拒んだ場合には罰則規定が別途ありま
す。国税通則法128条２号及び３号では，上述の質問検査に対し，答弁せず若しく
は偽りの答弁をし，又は検査を拒み，妨げ若しくは忌避した者，あるいは，帳簿書
類その他の物件の提示・提出に応じず，又は虚偽記載の帳簿書類その他の物件を提
示・提出した者に対しては，１年以下の懲役または50万円以下の罰金に処せられる
ことになっています。

通常の税務調査でこの罰則規定が適用されることはまずありませんが，質問検査
権に対しては受忍義務があることは理解しておく必要があります。

なお，国税通則法では税務調査手続に関してどのような規定があるのか以下に項
目を示しましたので参考にしてください。

【調査の着手時】
・　調査の事前通知等（通則法74の９）
・　事前通知を要しない場合（通則法74の10）

【調査の着手から終了までの間】
・　質問検査権（通則法74の２～74の６）
・　提出物件の留置き（通則法74の７）
・　特定事業者等への報告の求め（通則法74の７の２）
・　権限の解釈（通則法74の８）
・　官公署等への協力要請（通則法74の12）
・　身分証の携帯（通則法74の13）
・　預貯金者等情報の管理（通則法74の13の２）
・　口座管理機関の加入者情報の管理（通則法74の13の３）
・　振替機関の加入者情報の管理（通則法74の13の４）

【調査の終了時】

- ・ 是認通知（通則法74の11①）
- ・ 調査結果の説明（通則法74の11②）
- ・ 修正申告の勧奨（通則法74の11③）
- ・ 税務代理人への通知等（通則法74の11④）
- ・ 再調査（通則法74の11⑤）

第13章　5　税務調査とその対応

　税務調査の対応に極意があるとは考えていません。税務調査の対応の仕方については，様々な方がいろいろな言い方で説明されておられますが，結局のところは，法人税の各取扱いに対する理解を深め，適切な処理をしておくということに尽きると思います。つまり，まず，やっておくべきことは，会社の様々な活動に対する税法上の取扱いを理解しておくということです。そして，税法上，適正な処理をした上で，その事実関係を示す書類を整理しておくということが重要と考えます。

　「なんだ，当たり前じゃないか」とがっかりされるかもしれません。しかし，税務調査による否認のほとんどは，こうした当たり前のことが十分ではなかったことが原因であるといっても過言ではありません。交際費に当たるのか当たらないのか，当期に計上すべき売上なのか翌期に計上すべき売上なのか，関係会社に対する費用は寄附金に当たらないか，等々，これらは事実を整理すれば税法上の取扱いは自ずと明確になります。そして事実を示す書類を整理保存しておくことで，調査の不用意な展開を防ぐことができます。仮に調査官が誤った見解を示した場合には自信をもって反論することができるのです。そして，いよいよこちら側に誤りがあったというのであれば，その調査を良い機会として捉え，是正していけばよいのです。

　なお，どうしても処分に納得できないということになれば，不服申立ての手続に入っていきます。処分を受けてから3カ月以内に税務署（国税局の調査であれば国税局）に再調査の請求をするか国税不服審判所に審査請求をするかを選択します。また，再調査で納税者の主張が通らなかった場合には，1カ月以内に国税不服審判所に審査請求することができます。そして，審判所の裁決の結果，残念ながら主張が通らなかった場合には，最終的には訴訟を提起するかどうか判断していくことになります。**図表13-4**では，手続の流れを簡単に記載しましたので参考にしてください。

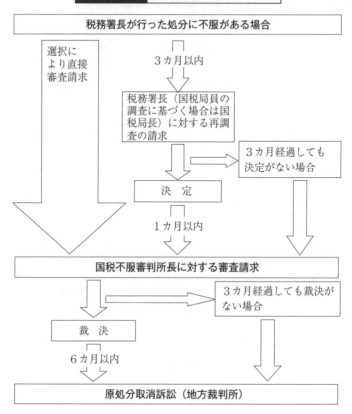

図表13-4　不服申立ての手続の概要

税務署長が行った処分に不服がある場合

選択に
より直接
審査請求

3カ月以内

税務署長（国税局員の調査に基づく場合は国税局長）に対する再調査の請求

3カ月経過しても決定がない場合

決　定

1カ月以内

国税不服審判所長に対する審査請求

3カ月経過しても裁決がない場合

裁　決

6カ月以内

原処分取消訴訟（地方裁判所）

用 語 索 引

著 者 紹 介

菅原　英雄（すがはら　ひでお）

東京国税局調査第二部調査官をはじめ，国税庁調査課係長（移転価格税制担当），東京国税局調査第一部調査審理課総括主査，同局調査第一部特別国税調査官付総括主査などを歴任後，平成19年税理士登録。

現在，企業顧問・社外監査役をするかたわら，講演活動，執筆活動を行う。

税務会計研究学会会員，日本税務会計学会委員。中央大学講師。

イチからはじめる
法人税実務の基礎〔第5版〕

2014年 1 月10日 初　版発行
2015年 4 月10日 改訂版発行
2016年11月10日 第 3 版発行
2019年 6 月20日 第 4 版発行
2023年10月20日 第 5 版発行

著　者　菅原英雄
発行者　大坪克行
発行所　株式会社 税務経理協会
　　　　〒161-0033東京都新宿区下落合1丁目1番3号
　　　　http://www.zeikei.co.jp
　　　　03-6304-0505

印　刷　株式会社　技秀堂
製　本　牧製本印刷株式会社
デザイン　原宗男(カバー，イラスト)

 本書についての
ご意見・ご感想はコチラ

http://www.zeikei.co.jp/contact/

ISBN978-4-419-06962-9　C3032

© 菅原英雄 2023 Printed in Japan